プロブレム
Q&A

# ひとりでも闘える労働組合読本

三訂増補版

［リストラ・解雇・倒産の対抗戦法］

■

ミドルネット・著

緑風出版

プロブレムQ&A

目次

プロブレムQ&A

## I　労働組合づくりはどうしたらいいか


Q1 労働組合はなぜ必要なのですか
日本の労働組合は本当に労働者の役に立っているのですか。労働運動の果たしてきた歴史的役割は大きいといわれますが、労働組合はこれからも必要ですか。
16

Q2 労働組合をつくると不利益があるのではないでしょうか
組合をつくると、クビや減給になるのではありませんか。就業規則違反に問われるようなことはありませんか。対抗する方法や救済方法を教えてください。
18

Q3 会社の労働組合を抜けるとクビになるのでは
ユニオンショップとは何ですか。何のためにあるのですか。本当に労働者をクビにできるのですか。なぜ、労働者が労働組合を自由に選択できないのですか。
20

Q4 労働組合に関する法律はどのようになっているのですか
ストライキで会社に損害を与えても損害賠償を求められたり、刑事罰を課せられないのはなぜですか。どんな法律でそうきまっているのですか。
22

Q5 労働組合をつくると不利益があるのではないでしょうか
組合をつくると、クビや減給になるのではありませんか。就業規則違反に問われるようなことはありませんか。対抗する方法や救済方法を教えてください。
24

Q6 一人でも入れる組合、新しい形態の組合とはどんな組合ですか
個人加盟方式の組合は、企業別組合とどこが違うのでしょうか。どんな組合があり、どんな労働者が加入していますか。組合員個人の意思は尊重されますか。
26

Q7 労働組合をつくったら会社に届出するのですか
労働組合をつくるときは会社に絶対バレないように、ということですが、それではいつ会社に結成通知や団交申し入れをすればいいのですか。
28

Q8 労働組合の資格証明というのはどのようなものですか
法内組合とはどんな組合ですか。法内組合とそうでない組合とは何がどう違うのですか。法内組合の資格をとるためにはどんな要件と手続が必要ですか。
30

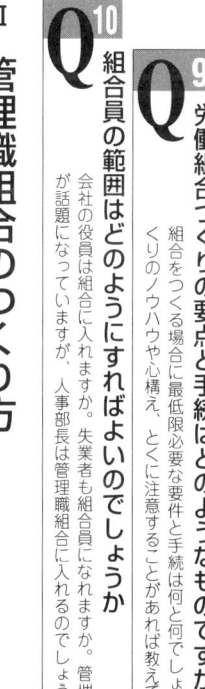

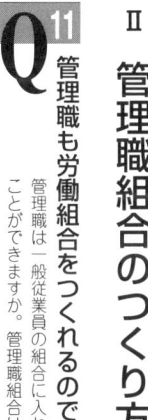

プロブレムQ&A

Q17 管理職組合はどんな活動をしていますか
管理職組合はリストラ攻撃などの個別の労働紛争の相談にものってくれるのですか。労働相談やアフターケアの仕組みや活動の実態を教えてください。 62

Ⅲ 非正規労働者と正規労働者の働き方は違うのですか

Q18 非正規労働とは、どのような働き方ですか
新聞紙上などで「非正規」「非正社員」などという言葉を見ますが、この定義はどのようになっているのでしょうか。正規雇用との違いはどこにあるのですか。 68

Q19 パートだから正社員と待遇が違うのは仕方ないのでしょうか
パートで十年以上働いています。正社員と同じように働いているのですが、時給制で賃金は半分、ボーナスもありません。これは仕方がないのでしょうか。 72

Q20 契約の打ち切りと解雇は違うのですか
契約社員として働いていたのですが、先日、会社が契約を打ち切ると言ってきました。解雇ではなく打ち切りと言っているのですが、どう違うのですか。 75

Q21 派遣のシステムはどうなっているのですか
現在、求職活動中です。先日、ハローワークに行ったら、正社員の仕事が少なく派遣の仕事を紹介されました。派遣のシステムはどうなっているのでしょうか。 77

Q22 偽装請負ってなんですか
マスコミなどで「偽装請負」ということを聞きますが、これはどのような働き方で、どんな法律に違反しているのでしょうか。 80

Q23 個人事業主ってなんですか
求人広告を見て会社に面接に行ったら個人事業主としての契約になるといわれました。個人事業主ってなんですか。就職なのにこれってどういうことなのですか。 82

Q24 非正規で働く者はどう闘えばいいのですか
会社には労働組合がありますが、正社員しか加入できません。非正規で働くわたしたちはどのように闘えばいいのでしょうか。 84

## Ⅳ　労働者を守る法律はどのようになっているのですか

Q25 労働者の権利はどのように闘いとられてきたのですか　88
労働運動はいつごろからはじまったのですか。労働者の団結する権利やストライキに対する刑事罰の免責は、どのように闘いとられてきたのですか。

Q26 労働三法とは何ですか　90
日本国憲法と労働三法とはどのような関係にあるのですか。憲法に生存権的基本権といわれるものと労働基本権は同じものなのでしょうか。

Q27 労働契約、労働協約と就業規則の関係は　93
使用者の労働契約締結時の労働条件明示義務と、就業規則との関係はどのようになっているのですか。労働条件の対等な決定は、現実に行なわれていますか。

Q28 規制緩和で労働法はどうなるのですか　98
労働基準の規制緩和とか雇用の流動化など、労働運動が弱体化しているなかで、こうした流れに対抗する法規制や制度整備は大丈夫なのでしょうか。

Q29 解雇自由のルール化、雇用の流動化とは何ですか　100
このところ労働基準法の改正が何年かおきに繰り返されています。今回は解雇自由のルール化をめぐって攻防があったということですが、解雇規制の行方は。

Q30 労働契約法とはどんな法律ですか　104
労働契約法と労働基準法はどこが違うのですか。なぜ、これまで労働契約のルールをきめる法律がなかったのですか。労働契約法の問題点を教えてください。

## Ⅴ　労働者を守る救済機関にはどんなところがありますか

Q31 不当労働行為とはどのようなことですか　106
会社が団体交渉に応じないのは不当労働行為だと聞いたことがありますが、他にどんな不当労働行為がありますか。救済制度はどうなっていますか。

プロブレムQ&A

Q32 労働問題が発生したらどうしたらいいのですか
労働問題がおきたらどこへ相談に行けばいいのですか。救済機関はどんなところがありますか。職場いじめのような問題にも相談にのってくれるのでしょうか。
114

Q33 「労政（主管）事務所」とはどんなところですか
行政機関でも、労働問題について相談やあっせんをしてくれると聞いていますがどこへ行けばいいのですか。組合結成のアドバイスや援助も得られますか。
119

Q34 「労働基準監督署」は何をする署なのですか
個人の労働紛争を労働基準監督署に訴えることができますか。どんな権限をもって何を監督しているのですか。どんな場合に力になってくれるのでしょうか。
121

Q35 「都道府県労働局」が行なう個別労働関係紛争解決システムを教えてください
個人の労働紛争を労働基準監督署に相談することができますか。相談の窓口や紛争解決の仕組みはどうなっているのでしょうか。どんな問題が解決できますか。
123

Q36 「労働委員会」はどんな役割を果たしているのですか
労働組合でなければ労働委員会に救済申立ができないのですか。不当労働行為とは何ですか。労働委員会の救済命令にはどういう効力があるのですか。
125

Q37 「裁判所」でも労働問題を取り上げてくれるのですか
訴訟は時間がかかると聞いていますが、それでも訴訟すべきなのでしょうか。時間がかからない訴訟もあるのですか。訴訟費用のことも心配です。
135

Q38 労働審判制度と裁判はどこが違うのですか
労働審判は裁判にくらべて費用も安く、申立てから解決までのスピードが格段に速いということですが、他にどんな特徴や問題点がありますか。
141

Ⅵ 弁護士はどんな手助けをしてくれますか

Q39 弁護士とはどんな職業ですか
どんな弁護士に相談すればいいのですか。労働問題専門の弁護士はいるのですか。弁護士に訴訟を依頼するときの心得、弁護士との付合い方を教えてください。
146

Q40 どんなときに弁護士に頼んだらいいのですか
労働組合をつくったら配置転換を言い渡され、拒否すると業務命令違反で解雇すると言われました。団体交渉にも応じません。弁護士に相談すべきでしょうか。 149

Q41 弁護士を頼むといくら位かかるのですか
弁護士を頼み、訴訟をおこすとしても、訴訟費用、弁護士費用が心配です。弁護士費用は高いと聞いていますが、弁護士費用はどのようになっているのですか。 151

Q42 弁護士はどこで紹介してくれますか
日頃の付合いがないので知り合いの弁護士がなく、どこで弁護士を頼んだらいいのかわかりません。いい弁護士を紹介してくれるところを教えてください。 153

Ⅶ 組合はどう闘ったらいいのか

Q43 組合より会社が強いのは当たり前では
資本主義社会では資本の論理が貫徹するしかなく、現にリストラという名目のもとに労働者が迫害を受けています。労働組合は労働者を守れないのでしょうか。 156

Q44 団体交渉ってなんですか
団交しても何も解決しません。そういう交渉態度は許されるのでしょうか。経営問題も団交の議題にできますか。団交申し入れはどのようにしたらいいですか。 158

Q45 交渉の心得とテクニックを教えてください
団体交渉に臨む心構え、交渉を組合ペースで有利にすすめる戦略、交渉力強化の戦術、交渉が行き詰まったときの転進作戦を教えてください。 164

Q46 ストライキをやると、労使とも大変なのではないですか
最近は、春闘のときにもストライキがなくなりましたが、なぜなのですか。ストをやると会社がつぶれる、ということを聞きますが、それは本当の話ですか。 166

Q47 ストライキの効果的なやり方を教えてください
ストライキをやるときの工夫、効果的な打ち方を教えてください。ストライキの他に、法的にゆるされる組合の対抗手段にはどんなものがありますか。 169

プロブレムQ&A

Q48 組合の対抗手段、争議戦術にはどんなものがありますか
ストライキ、サボタージュ、順法闘争など、どんな争議戦術があるのか、それぞれの争議戦術の性格と特徴、効果とリスクについて具体的に教えてください。 171

Q49 会社の敷地内で組合の集会を開けますか
会社の敷地内で組合の集会を開こうとしたところ、会社が施設管理権を主張してきました。会社のなかには憲法が保障する集会の自由は及ばないのでしょうか。 179

Q50 ビラまき、デモ行進などの宣伝活動は自由にできますか
街頭でのデモ行進やビラ配布は、事前の届け出や許可が必要なのでしょうか。会社の施設や敷地内でのビラ貼りやビラまきは、自由にできるのでしょうか。 181

Q51 会社の経営にまで組合はタッチできるのですか
組合が、社長の退陣や交代を要求したり、それを要求してストライキをすることは違法でしょうか。経営権には、組合はいっさい介入できないのでしょうか。 183

Q52 マスコミの利用、記者会見で注意するポイントは
労働問題を専門に扱う記者クラブはあるのですか。記者クラブへの申し込みはどのようにすればいいのですか。記者会見のやり方も教えてください。 185

Ⅷ 倒産・企業再編とどう闘うか

Q53 「会社が潰れそうだ」という場合の労働相談はどこにすればいいのですか
会社が倒産しそうだ、という場合、賃金や雇用はどうなるのですか。賃金や雇用を守るためにどうすればいいのですか。どこへ相談に行けばいいのでしょうか。 188

Q54 倒産と破産はどう違うのですか
倒産と破産は違うということですが、倒産してもまだ再建の可能性があるということでしょうか。どんな場合に倒産になり、破産するとどうなるのでしょうか。 191

Q55 倒産は予知できますか
会社が倒産するという危険信号は、どんなところに注意していればわかるのですか。販売不振や赤字経営への転落・累損の他にどんな徴候が見られますか。 199

Q56 「倒産型」労働問題がおきたらどう対処すればいいのですか
倒産と闘うには、労働者が団結しなければ闘い抜けない、ということですが、その上で、労働債権や労働者の権益を守るためにどう対処すればいいのですか。 201

Q57 整理、破産、会社更生で、会社はどうなるのですか
会社が倒産したあと、結局、会社はどうなるのでしょうか。再建できるのか、消滅するしかないのか、そこに至る整理手続にはどんな違いがあるのですか。 206

Q58 新しい倒産法といわれる民事再生法とはどんな法律ですか
和議法に代わる民事再生法は、これからの日本の倒産法制の中核を占める法律だということですが、どんな背景と特徴をもつ法律ですか。 208

Q59 会社の合併・分割で労働契約上の権利義務はどうなりますか
会社分割は営業譲渡とどこが違うのか、なぜ労働契約承継法が会社分割制度とセットで導入されたのか、企業再編リストラとは何か、教えてください。 213

Q60 企業再編・リストラとの闘い方を教えてください
会社分割を理由とする解雇や労働条件の切り下げは許されるのか、会社分割に対抗するためにどういう闘い方ができるのか教えてください。 216

# IX 組合運営はどうしたらいいか

Q61 組合規約はどのようにつくるのですか
組合規約できめておかなければならないこと、その際、注意すべきことは何ですか。法内組合にするには、どんな規約にしなければなりませんか。 220

Q62 組合の会議では自由に発言できないのでは
組合の会議で執行部の見解と異なる意見を表明したり、組合員としての権利を主張して積極的に提言することは、むしろ望ましいことだと思うのですが。 225

Q63 組合に入ると集会や行動に動員させられるのでは
上からの指示や要請にしたがわず、動員を拒否した場合、処分されるのでしょうか。個人の意思を無視した強制的な動員でも処分になるのでしょうか。 227

プロブレムQ&A

Q64 労働組合は個人の問題を取り上げてくれないのでは
ホワイトカラーの場合、仕事のやり方が個別化する方向にあり、また、就業規則で一律に、会社の都合を一方的に押しつけられることにも不安を感じています。 229

Q65 組合役員は会社がきめるのでは
労働組合の役員は、大会で組合員の直接無記名投票によって選出されるということですが、あらかじめどこかできめられ、大会は単なる儀式としか思えません。 231

Q66 組合費はどのくらいの額で、どのように支払うのですか
組合費は、組合によって差があるのですか。活動のわりには組合費が高いのでは。臨時組合費や選挙活動カンパの徴収にも応じなければならないのでしょうか。 233

X 読まれるビラや機関紙のつくり方

Q67 ビラや機関紙にどんな役割があるのですか
機関紙やビラで組合の方針や意思を伝達することは重要ですが、さらに積極的に活用するために、機関紙やビラには他にどんな役割があるのか教えてください。 236

Q68 機関紙にどんな内容の記事を載せれば読んでもらえますか
組合の機関紙はあまり組合員に読まれないということですが、どんな紙面づくりをすれば読んでもらえますか。読者の興味を引きつける秘訣をご教授ください。 238

Q69 具体的にどう取材し、どうやって記事を書けばよいのですか
取材の仕方、記事の書き方について具体的にご伝授ください。機関紙作成のシステムづくり、ニュースソースの開拓はどのようにすればよいのですか。 240

Q70 イラストやカットの工夫、安い印刷所の探し方・選び方を教えてください
イラストやカット、レイアウトを工夫してビジュアルで読みやすい機関紙やビラを安く、手際よくつくるには、どんな方法や機器がありますか。 242

XI 組合と上部団体、政党とはどういう関係ですか

Q71 労働組合をつくったら上部団体に入らなければならないのですか
上部団体とはどんな組織で、どんな役割を果たしているのですか。「単産」とはどんな組合ですか。「連合」も上部団体になるのですか。
246

Q72 上部団体、地域にはどんな労働組合の組織がありますか
ナショナルセンターとかローカルセンターは、どんな組織ですか。産業別組織の「単産」と地域組織はどのように組織的につながっているのですか。
248

Q73 労働組合は政党の下部組織で、寄付までしているのでは
労働組合は、政府・政党・企業から自由でなければならないと聞いていますが、給与から選挙カンパが天引きされるのはどういうことでしょうか。
252

Q74 組合役員はみんな政党に入っているのではないですか
組合役員が特定政党の方針を組合に押しつけてくる一方で、会社の意向で組合役員が選ばれ、「御用組合」になっています。こんなことでいいのでしょうか。
254

Q75 組合は選挙のとき、特定の政党や候補者を支持・推薦するのでは
労働組合が、特定政党や企業のなかからの立候補者を「組織ぐるみ選挙」として組合員に押しつけるようなことは、組合の自殺行為ではないのでしょうか。
256

余談雑談① 管理職組合の資格証明書の取り方・32
余談雑談② 管理職組合にはじめての労委救済命令・48
余談雑談③ マック店長残業問題訴訟について・60
余談雑談④ 中高年追い出しと私たちの闘い・65
余談雑談⑤ ワーキングプアの逆襲—日雇派遣最大手グッドウィルと闘う・86
余談雑談⑥ 首切りとバカンス・96

プロブレムQ&A



写真＝高須利明
本文イラスト＝堀内　朝彦

プロブレムQ&A

# I

# 労働組合づくりはどうしたらいいか

# Q1 労働組合はなぜ必要なのですか

**日本の労働組合は本当に労働者の役に立っているのですか。労働運動の果たしてきた歴史的役割は大きいといわれますが、労働組合はこれからも必要ですか。**

現在の社会では、働いて賃金《ちんぎん》を得ることにより生計《せいけい》をたてている人たちが大多数を占めています。すべての経営者《けいえいしゃ》が労働者《ろうどうしゃ》の立場にたって経営を行なう良心的な人たちであればいいのですが、賃金や退職金《たいしょくきん》は安ければ安いほうがいい、時間外《じかんがい》手当《てあて》なしでできるだけ長い時間働いて欲《ほ》しい、景気《けいき》の悪いときには社員を簡単にクビにできればいい、と都合のいいことばかりを考えたがる経営者が大多数であるというのが現実です。労働者が賃金や労働時間《ろうどうじかん》を改善《かいぜん》して欲しいと望んでも、団結《だんけつ》しない労働者一人ひとりの声や会社に対する発言権《はつげんけん》は問題にならないほど弱く、逆に、文句《もんく》をいうような労働者はクビにしてしまえということになりかねません。

日本のサラリーマンのなかには、労働組合《ろうどうくみあい》を毛《け》嫌《ぎら》いする人が見受けられますが、日本の労働運動《ろうどううんどう》の問題点は、すくなくとも過去において組合が労働者のためでなく、「労使協調《ろうしきょうちょう》」といわれる会社べったりの姿勢であったり、特定の政党の道具にされてきた点にあると思われます。

---

労働市場の流動化

雇用契約には、期間の定めのない契約（無期契約）と、期間の定めのある契約（有期契約）がある。有期契約の労働者（パート、アルバイト、臨時工、季節工など）は、ほぼ非正規従業員である。

しかし歴史的に見ますと、イギリスで産業革命《さんぎょうかくめい》がはじまって以来、労働者はきわめて劣悪《れつあく》な条件と環境《かんきょう》のもとで働くことを強《し》いられてきました。労働者が低賃金《ていちんぎん》と長時間労働《ちょうじかんろうどう》のもとで資本家《しほんか》に搾取《さくしゅ》されてきた状況を改善していくうえで、労働運動《ろうどううんどう》の果たした役割は大きなものがありました。日本でも高度《こうど》経済成長《けいざいせいちょう》時代には、春闘を闘えば大幅賃上《おおはばちんあ》げや時間短縮が達成される恵まれた環境にありました。しかし、春闘によって賃金や労働条件が右肩上《みぎかたあ》がりによくなる時代はもはや終焉《しゅうえん》したと考えざるをえません。

アメリカ企業《きぎょう》のリストラを手本《てほん》として、日本の企業は今後、労働市場《ろうどうしじょう》の一層の流動化をはからなければならないという論調が幅をきかせています。しかし、先進国のなかで、アメリカのような解雇自由《かいこじゆう》という国は例外的であり、また、アメリカが一貫して貧富《ひんぷ》の格差《かくさ》が拡大する大きな社会問題を抱えていることを忘れてはなりません。国際的な労働基準《ろうどうきじゅん》であるＩＬＯ（国際労働機関《こくさいろうどうきかん》）の、一九六三年「使用者の発《はっ》意《い》による雇用《こよう》の終了に関する勧告《かんこく》第一九八号」および一九八二年「使用者の発意による雇用の終了に関する条約第一五八号」でも、企業が一方的な都合で労働者を解雇することを禁止しています（日本、アメリカは未批准《みひじゅん》）。

現在のきびしい経済環境下においては、多くのサラリーマンにとって雇用不安は身近な現実の問題です。しかし、労働者がみずからの地位《ちい》と労働条件を守り、すすんで向上をはかるためには、いまこそ労働組合をつくり団結することがいちばん有利です。禍《わざわい》を転じて福となす、ピンチこそチャンスです。

---

その非正規従業員の労働者全体に占める比率が年々上昇し、二〇〇五年現在、三二・六％になっている。さらに、派遣労働者の利用や独立自営業者との契約という形態をとって、解雇規制を受けずに労働供給を受ける外部労働力の利用が進行している。これを、労働市場もしくは雇用の流動化という。（「雇用の流動化」を参照）

**ＩＬＯ条約と勧告**

ＩＬＯ（International Labour Organization）は、ヴェルサイユ条約に基づき、国際労働立法促進のための常設機関として一九一九年にスイスのジュネーブに創立された。現在は国連経済社会理事会の専門諮問機関。主な事業は、国際労働立法に関する条約案の決定、労働条件・社会保障についての各国への勧告。条約は義務創設文書、勧告は義務の創設を目的とするものではなく基準規定文書。条約は批准によって拘束力のある国際文書になるのに対し、批准手続きを前提としない勧告は国内措置の指針である。わが国の条約批准状況は芳しくない。

## Q2 労働組合をつくると不利益があるのではないでしょうか

**組合をつくると、クビや減給になるのではありませんか。就業規則違反に問われるようなことはありませんか。対抗する方法や救済方法を教えてください。**

組合を結成しようと準備していることが会社にもれた場合、あるいは、組合を結成した場合、会社をクビになるのではないか、減給《げんきゅう》されるのではないか、転勤《てんきん》や配転《はいてん》をさせられるのではないか、なんらかの処分を受けるのではないか、などさまざまな不安をもたれる方も多いのではないかと思います。

組合結成の準備を行なうこと、組合員であること、組合に加入したこと、などについて会社がこれを忌《い》み嫌《きら》ってその人を解雇《かいこ》したり、不利益《ふりえき》な取扱《とりあつか》いをすることは法律できびしく禁じられています。労働組合法《ろうどうくみあいほう》第七条に、使用者はそういう行為をしてはならない、不当労働行為《ふとうろうどうこうい》に該当《がいとう》するとしてはっきり禁止しています（組合結成をさまたげることは労組法第七条三号で禁止している支配介入、また、組合結成を理由に執行部の役員、活動家および組合員を減給したり、遠隔地《えんかくち》に転勤させることは同条一号で禁止している不利益取扱いないし前記三号に該当し、いずれも不当労働行為とされます）。しかし、法律で禁じられていても、会社はさまざまな口実《こうじつ》を設けて、組合をつくった人間に対する不利

益な取扱いや解雇《かいこ》などをしてくることがしばしばあるのが現実です。

一例をあげると、組合をつくった人の言動を毎日のように調べ、「遅刻《ちこく》が多い」「他の従業員との人間関係がうまくいかない」「取引先とのトラブルが多い」などのもっともらしい理由をならべたてて、就業規則違反《しゅうぎょうきそくいはん》だとして解雇してくるようなこともあります。こうしたケースでは、会社が話合いでどうしても解雇を撤回《てっかい》しないときは、組合は地方労働委員会《ちほうろうどういいんかい》に救済《きゅうさい》を申立て、不当労働行為に該当するかどうかを争うことになります（Q36参照）。就業規則等のたて前は別として、会社の本音《ほんね》は「組合をつくったことに対する仕返し、組合つぶし」にあるわけですから、地労委は「この解雇は不当労働行為に該当《がいとう》し無効」という救済命令を出すはずです。

組合をつくるときや、その準備をすすめている段階、結成した後の活動などの際には、会社がどういう対抗措置《たいこうそち》をとってくるか、普段から注意を怠《おこた》らないよう心がけなければなりません。就業規則違反で揚《あ》げ足《あし》をとられないためには、まず就業規則を熟知《じゅくち》しておかなければなりません。なかには、就業規則に法的な妥当性《だとうせい》を欠く規定を設けている会社もあります。また、会社が不当労働行為にあたる発言や行動を行なっているかどうかを日頃から注意しておき、問題と思われる発言や行動があるような際には、できるだけ記録を残しておくようにつとめます。会社の発言をテープレコーダーで隠し取りしておく方法もあります。労働委員会や裁判所《さいばんしょ》に救済を申立《もうした》てたり提訴《ていそ》する場合には、そうした記録がいっそう役立つことになります。

**就業規則**

労働基準法は、常時一〇人以上の労働者がはたらく事業場に就業規則の作成と行政官庁（労働基準監督署）への届出を義務づけている（第八九条）。就業規則は、賃金や労働時間などの労働条件はもとより、労働者が職場で守るべき服務規律その他、労働者の職場における権利・義務を包括的に定めた一種の「職場の法律」である。使用者は、就業規則の作成・変更にあたっては、当該事業場の労働者の過半数を組織する労働組合か、そのような組合がなければ、労働者の過半数を代表する者の意見を聴き、就業規則の届出の際にその意見を記した書面を添付する（第九〇条）とともに、就業規則を常時各作業場の見やすい場所に掲示するか、備え付ける等の方法によって労働者に周知しなければならない（第一〇六条第一項）。なお、就業規則の法的効力についてはQ27を参照。

## Q3 会社の労働組合を抜けるとクビになるのでは

**ユニオンショップとは何ですか。何のためにあるのですか。本当に労働者をクビにできるのですか。なぜ、労働者が労働組合を自由に選択できないのですか。**

労組法第七条一号但書《ただしがき》に、「労働組合が特定の工場事業場《こうじょうじぎょうじょう》に雇用される労働者の過半数を代表する場合において、その労働者がその労働組合の組合員であることを雇用条件とする労働協約《ろうどうきょうやく》を締結《ていけつ》することを妨げるものではない」という規定があります。これがいわゆる、ユニオンショップといわれるものです。労働組合と会社が締結した労働協約のなかにユニオンショップ条項（ユ・シ条項）がある場合、組合員がその労働組合を脱退したり、除名《じょめい》されたりして組合員でなくなると、その労働者は会社の従業員としての身分《みぶん》（雇用）も失う。すなわち、会社がユ・シ条項にしたがって、もしくは、ユ・シ条項を理由としてその労働者を解雇しても、不当労働行為にはならないという規定です。

ユニオンショップが問題になるのは、会社にすでに存在している組合がいわゆる御用組合《ごようくみあい》で、会社のいいなりになって従業員の立場に立たないにもかかわらず、ユニオンショップ協定をむすんでいるような場合です。現在加入している組合が従業員

---

御用組合
使用者の支配・介入を受けて自主性を失った労働組合。また、使用者との協調を重んずるあまり組合の意思決定や行動にあたって組合員たる労働者の利益を企業の利益に従属させるような組合。往々にして、御用組合の幹部は組合員のためではなく、みずからの出世、利得のために使用者と密着し、癒着している。英米では、会社組合とか黄色組合ともいう。会社組合（Company Union）とは、第一

を守ってくれないので、別の組合をつくったところ、加入している組合から除名され、同時に会社から解雇されたということがおこります。それでは、このようなケースはすべて、労組法第七条一号但書の不当労働行為にはあたらない、ということなのでしょうか。過去には、こうしたケースに対して解雇無効を争う訴訟《そしょう》が提起されました。しかし現在では、「労働者の組合選択の自由及び他の労働組合の団結権《だんけつけん》を侵害《しんがい》する」（最高裁判決《さいこうさいはんけつ》／平成元年）として、組合員がその組合を自由な意思により脱退し、脱退と同時に、他の組合に加入するか新たに組合を結成する場合には、ユ・シ協定の効力は脱退者には及ばない、ということですでに判例《はんれい》上では決着がついています。

そもそも、ユニオンショップは労働組合の組織強化・拡大、会社の組合組織切崩《きりくず》しを防止《ぼうし》する趣旨《しゅし》の規定です。したがって、ユ・シ協定は、組合が従業員全員を組織しているという強大な団結力を背景に、会社に対する強い発言権を維持する目的でむすばれたはずです。しかし、現状の御用組合化した弱体な労働組合、会社主導の労使関係のもとでは、その趣旨に反して、組合の団結強化を阻害し、労使協調から会社の組合に対する組織対策、さらには組合支配の手段に化しています。

以上のとおり、会社の労働組合（企業別組合《きぎょうべつくみあい》）を脱退したことを理由とする解雇は、法的にはみとめられませんので、現在すでに会社のなかにユ・シ協定を締結している労働組合があったとしても、憲法第二八条が保障《ほしょう》する勤労者の団結権に基づいて新たに労働組合を結成することができ、そのために、既存の組合を脱退し、もしくは、組合から除名されたとしても、そのことを理由に解雇されることはありません。

---

次世界大戦後から一九三〇年代にかけて、アメリカ独占資本が自主的労働組合の進出を阻止するためにつくり出した従業員代表制のことで、労使対等の立場での団体交渉権をもつものではない。しかし今日では、カンパニー・ユニオンは御用組合と同じ意味に用いられる。

**判例と裁判例**

裁判所は、具体的な訴訟事件を処理するなかで、法律問題について法律解釈や法的判断を行なう。このような裁判所の先例的判断のうち、後の裁判において従われる可能性の高いものを「判例」という。とりわけ重要なのは最高裁判決であり、なかでも最高裁が法の一般的な解釈なり、一般的なルールを示したり、立法的な解釈を行なってルールを創造したものはたいへん重要である。これに対して、下級審の判決は「裁判例」と呼ばれる。

# Q4 労働組合に関する法律はどのようになっているのですか

**ストライキで会社に損害を与えても損害賠償を求められたり、刑事罰を課せられないのはなぜですか。どんな法律でそうきまっているのですか。**

日本国憲法《にほんこくけんぽう》は第二八条で、勤労者の団結する権利、団体交渉《だんたいこうしょう》その他の団体行動《だんたいこうどう》をする権利をみとめており、この憲法の趣旨を具体的に保障することを目的として労働組合法がつくられています。

労働組合法は、労働者が使用者《しようしゃ》との交渉において対等《たいとう》の立場にたつことを促進《そくしん》することにより労働者の地位を向上させること、労働者がその労働条件について交渉するためにみずから代表者を選出すること、その他の団体行動を行なうために自主的に労働組合を組織し団結することを擁護《ようご》すること、ならびに、労働協約を締結《ていけつ》するための団体交渉をすること及びその手続を助成することを目的としています（労組法第一条一項）。

一人ひとりでは弱い労働者が団結し、使用者と対等な立場にたって労働者の地位を向上させ、かつまた勝手なまねをさせないためにも労働組合が必要なのです。使用者が労働条件の改善要求を聞きいれなければ、ストライキを行なうこともできま

---

**刑事免責と民事免責**

労働三権が保障されている（憲法二八条）法的効果として、正当な労働組合の行為は、「法令又は正当な業務による行為は、罰しない」（刑法第三五条）の適用を受ける。また、債務不履行や不法行為責任を問われることもない。

すし、労働組合の団体交渉その他の正当な行為に対しては、刑事《けいじ》罰《ばつ》を課せられません（刑事《けいじ》免責《めんせき》／労組法第一条二項）。ただし、いかなる場合においても暴力《ぼうりょく》の行使は、正当な行為とみとめられません。また、労組法第八条は、「使用者は、同盟罷業《どうめいひぎょう》その他の争議《そうぎ》行為《こうい》であって正当なものによって損害《そんがい》を受けたことの故をもって、労働組合またはその組合員に対し賠償《ばいしょう》を請求《せいきゅう》することができない」と、民事《みんじ》免責《めんせき》を定めています。その他にも、Ｑ２でも述べたように、労働組合の正当な行為を理由とする不利益取扱いは不当労働行為とみなされます（労組法第七条一号）。このように労働組合には、使用者と対等な立場にたてるよう、私法規範《しほうきはん》をこえて多様な保護が与えられています。

　実際にストライキを行なわなくとも、労働組合の存在は使用者の攻撃に対する抑《よく》止《し》力になります。とくに、昨今のように、多くの企業でリストラが行なわれるような状況では、労働組合の重要性は一段と増してきています。ただし、労働組合の歴代《れきだい》の幹部が次々に会社の出世コースに乗っていくような御用組合は、本当に労働者の立場にたっているかどうか疑問です。最近の企業不祥事《ふしょうじ》の多くは、労働組合がきちんと機能《きのう》し、会社に対するチェック機能を発揮《はっき》していれば防止できたはずといわれます。

　もし、会社に御用組合しか存在せず、組合員を守り、会社の経営をチェックする役割を果たしていないのであれば、新しく別の組合をつくるしかありません。会社のなかで別組合をつくることがむずかしいのであれば、一人でも加盟できる個人加盟方式《こじんかめいほうしき》の労働組合に加入するということもできます。

---

**労働組合の正当な行為**

　労働組合の正当な行為とは、必ずしも組合の機関決定や公式の支持を要しない（長野地裁判決／昭和四十年）。また、所属労働組合の現にとっている活動方針に沿ったもののみに限られない（神戸地裁判決／昭和四十六年）。

**リストラ**

　リストラクチュアリングの略。企業が経済環境の変化に対応して、成長を維持し、収益力を高めるために行なう事業再構築のこと。具体的には、成長部門への資源再配分、不採算部門からの撤退などにより実施される。しかし現在、日本で行なわれているリストラは、アメリカではダウンサイジングと呼ばれるものであり、固定費の主要素である人件費を削減してコストを減少させ、企業収益の改善をはかる後向きのリストラである。こうした人員削減を意味するリストラは、雇用情勢を悪化させるため、消費活動を鈍らせ、マクロ経済の回復を遅らせる要因ともなる。また、リストラの主たる対象が、中高年ホワイトカラー、管理職ということも問題である。

# Q5 労働組合をつくると不利益があるのではないでしょうか

**組合をつくると、クビや減給になるのではありませんか。就業規則違反に問われるようなことはありませんか。対抗する方法や救済方法を教えてください。**

現在の日本において主流《しゅりゅう》を占める、最も多い労働組合の形態は、企業単位《きぎょうたんい》につくられた企業別組合（企業内組合ともいいます）です。連合《れんごう》加盟の、日本を代表する製造業のビックビジネスや運輸・電力・情報など公益性《こうえきせい》の高い企業の労働組合がその代表です（単一組織、連合体組織の二とおりありますが、とくに巨大企業の企業別組合は企業連《きぎょうれん》と呼ばれます）。その他に、同一の職業に従事する労働者によって組織される職業別《しょくぎょうべつ》・職能別《しょくのうべつ》組合（クラフトユニオン）、地域単位で組織され、個人でも加入できる地域合同《ちいきごうどう》労組《ろうそ》、コミュニティ・ユニオンなどがあります。

企業別組合のなかにはいわゆる御用組合で、ほとんど実質的に組合員の味方にならないような組合も数多く見受けられます。近年発生している企業不祥事の多くは、Q4で述べたように労働組合が正常に機能し、経営者に対するチェック機能が果たされていれば防止できたはずです。また、労働組合のなかった企業に新たに労働組合を結成しても、組合員の拡大がむずかしく、少数組合のままで、なかなか経営者

---

地域合同労組

主として中小企業の労働者を、企業から独立した外部にある組織に個人加盟の方式で組織する労働組合。既存の労働組合の地域組織、ローカルセンターや地区労などに配置された専従オルグが、本部として面倒をみられる一定の地域にある労働者を結集するものである。組織形態としては、地域的に職種別ないし業種別に、あるいはそれにかかわりなく（一般合同労組という）、労働者を個人加盟のかたちで（あるいは、を原則として）組織するものである（Q13、Q71を参照）。

と対等な立場にたてない事例も見受けられますし、最近では、規《き》制緩和《せいかんわ》の流れのなかで労働基準法改正が行なわれる（一九九八・二〇〇三年）など、労働組合にとって不利なうごきも出てきています。こうした状況からみて、今後いっそう企業別組合以外の労働組合の重要性が高まってくると考えられます。企業別組合に所属しながら同時に、個人加盟の組合にも加入するという二重加盟についても、真剣に考える価値がありそうです。

過去において日本経済の高度成長を支えてきた、終身雇用《しゅうしんこよう》、年功《ねんこう》制度、そして企業別組合の「日本的経営」は、いまや制度疲労《せいどひろう》をきたし、あちこちにほころびが広がっています。もともと中小企業では「日本的経営」など幻想《げんそう》にすぎなかったとも言えますし、いまは大企業でも経営者は「日本的経営」を放棄《ほうき》したがっています。時代の流れのなかで世界的な大競争時代へ向かっている現在、労働組合のあり方も従来のわく組にとらわれず、根本的に見直すとともに、さまざまな可能性を追求すべきときにきています。

いま、労働者に求められているのは、みずからの雇用や労働条件はみずからで守るという自立精神をもつことです。これまでのように、精神的に企業や国に依存していたのでは雇用や労働条件を守ることは容易でなくなってきています。労働組合の必要性を感じていない人たちも大勢いますが、これからの時代には、労働組合の必要性を痛感《つうかん》する場面に遭遇《そうぐう》する可能性が高まっています。そのときに、いまの企業別組合が頼りにならないのであれば、みずから新しい組合づくりを追求するしかありません。

---

**コミュニティ・ユニオン**

コミュニティ・ユニオンは、パート、アルバイト、派遣労働者などの非典型雇用労働者や女性労働者など職業や業種を問わず地域で働き、地域で生活する労働者を組織する地域密着型の労働組合である。また、労働者固有の問題に限らず、生活者としての労働者個人の視点から幅広い問題にも取り組む、社会運動的性格を合わせもつ。個人加入が原則であり、労働者の個別利益の実現をはかる相談型、苦情処理型のユニオンである。

**日本的経営**

戦後の経済復興・発展に、終身雇用、年功賃金、企業内組合（労使協調路線）等のいわゆる「日本的経営」が果たした役割は大きく、また、効率的なシステムとして、国際的にも評価された。

しかし、右肩上がりの経済成長のストップとともに、「日本的経営」の欠点も表面化した。「日本的経営」は異分子の排除、労働者・労働組合の自主性・自立性の阻害などの欠点をもち、その欠点が日本経済の構造改革をすすめるにあたって重荷になっていると指摘されている。

# Q6 一人でも入れる組合、新しい形態の組合とはどんな組合ですか

**個人加盟方式の組合は、企業別組合とどこが違うのでしょうか。どんな組合があり、どんな労働者が加入していますか。組合員個人の意思は尊重されますか。**

日本では、企業単位《きぎょうたんい》につくられる企業別組合《きぎょうべつくみあい》が普通ですが、欧米では、一人ひとりの労働者が直接、産業別《さんぎょうべつ》の全国組合（日本の単位産業労働組合に相当）に個人加盟《こじんかめい》します（Q71参照）。大企業の企業別組合はたいていユニオンショップ（Q3参照）とチェックオフを行なっていますから、労働者は組合意識があってもなくても、会社に入れば自動的に組合員になり、組合費を給与から天引《てんびき》されます（チェックオフ）。しかし、企業別組合は、労働条件を向上させるチャネルを企業内にしかもっておらず、基本的には企業内運動でしかないために、労働組合としてのさまざまな欠陥《けっかん》をもっています。実際のところ、「労働組合は個人の問題を取り上げてくれないのでは」と悩んでいる組合員もけっしてすくなくありません（Q64を参照）。

欧米の常識《じょうしき》からすれば、労働組合は「つくる」ものではなく、「入る」ものです。したがって、労働者の選択は個人加盟以外にはなく、やや逆説的《ぎゃくせつてき》にいえば、個人加盟の組合こそが本当の組合なのです。また、組合に入る入らないは、個人の自由意

思できめるべき問題です。個人加盟の組合の例として、プロ野球労組《やきゅうろうそ》（日本プロ野球選手会）があります。プロ野球選手にはトレードがありますから、もちろん、球団ごとの企業別組合ではありません。全国組織のプロ野球労組に選手個々が、みずからの意思で個人加盟しています。

　プロ野球労組は、いわゆる職能《しょくのう》ユニオン（クラフト・ユニオン）です。個人加盟の職能ユニオンにはこの他に、日本音楽家《にほんおんがくか》ユニオン、出版労連《しゅっぱんろうれん》傘下《さんか》の出版ユニテイおよび出版NETS、コンピュータ・ユニオン（電算労《でんさんろう》所属）、フォーラムジャパン（観光労連《かんこうろうれん》所属）、東京土建一般労働組合《とうきょうどけんいっぱんろうどうくみあい》、などがあります。クラフトとは手工的熟練《しゅこうてきじゅくれん》のことですが、現代の職能ユニオンはもっと幅広いプロフェッショナルを含むものです（一人親方《ひとりおやかた》などの業者的《ぎょうしゃてき》な労働者も含まれます）。そうしたプロのフリー労働者の、職《しょく》能的同一性《のうてきどういつせい》を統一の原点においているのが職能ユニオンです。

　東京管理職《とうきょうかんりしょく》ユニオンも管理職の組合を名のる点では一種の職能ユニオンです。銀《ぎん》行産業労働組合《こうさんぎょうろうどうくみあい》（略称：銀産労）は、全国の銀行産業とその関連会社ではたらくすべての労働者（臨時《りんじ》・嘱託《しょくたく》・パート・派遣労働者《はけんろうどうしゃ》・出向者《しゅっこうしゃ》などを含むすべての労働者）が「だれでも、ひとりでも加入できる全国単一の産業別組合」です。

　労働者の結集軸《けつしゅうじく》には、以上の「職能《しょくのう》」「業種《ぎょうしゅ》」の他に「地域《ちいき》」があります。コミユニテイ・ユニオンや地域合同労組が、個人加盟の「地域」の労働組合です。組合員は商店街など「地域を職場とする」労働者が中心であり、主婦パートなど多士済々《たしさいさい》です。

---

〈一人でも入れる労働組合〉

・日本音楽家ユニオン（東京都新宿区下落合三―二一―一NKフジビル九階　☎〇三―五九八二―一一七一　組合員数六三〇六人）

・出版労連・東京合同出版労働組合（東京都文京区本郷一―一〇―九富士ビル三階　☎〇三―三八一六―二九一一　組合員数七四一四人）

・電算労・コンピューターユニオン（東京都台東区根岸二―二五―六タブレット根岸ビル二階　☎〇三―五六〇三―四五七〇　組合員数一八一七人）

・観光労連（観光・航空貨物産業労働組合連合会東京都千代田区三崎町三―五―六造船会館四階　☎〇三―三二三〇―一七二一　組合員数三万一七八三人）

・東京土建一般労働組合（東京都渋谷区代々木二―一八―四　☎〇三―三三七九―一四二一　組合員数一二万一〇〇〇人）

# Q7 労働組合をつくったら会社に届出するのですか

**労働組合をつくるときは会社に絶対バレないように、ということですが、それではいつ会社に結成通知や団交申し入れをすればいいのですか。**

組合結成の会社に対する届出《とどけで》（通告《つうこく》）は、組合結成《くみあいけっせい》の効力《こうりょく》とは無関係です。労働組合法は、組合の要件《ようけん》（第二条「自主性《じしゅせい》」、第五条第二項「民主性《みんしゅせい》」）について定めているだけで、結成の手続や登録《とうろく》等についてはなんの規定も定めていません。したがって、労働者が主体となって、自主的に労働条件の維持改善《いじかいぜん》を目的として結成すれば、会社がなんと言おうと適法《てきほう》な組合であり（自由設立主義《じゆうせつりつしゅぎ》といいます）、法の保護を受けることができます。会社に届出をするかどうか、会社に届出する場合はどのようなタイミングで行なうか、こうしたことはすべて組合が自主的に判断する事柄《ことがら》です。

一般的には、社内に問題があり、社員に不満があるから組合が結成されるはずですから、会社にとって組合は招かざる客です。したがって、組合をつくるにあたっては、会社に絶対バレないよう秘密裡《ひみつり》にすすめなければなりません。もし、会社が事前に知ると、多くの場合、会社は、組合結成の中心メンバーに対する解雇・転勤、あるいは従業員に組合に加入しないよう、もしくは脱退するようおどかすなど、組合結成に対するさまざまな妨害《ぼうがい》・干渉《かんしょう》（支配介入《しはいかいにゅう》の不当労働行為）を行なってきます。

結成大会をすませたら、どのタイミングで会社に通告するかが次のポイントです。会社への通告は、組合結成の効力とは無関係ですが、なんのために組合を結成するのかといえば、労働条件の維持改善について会社と交渉するのが目的ですから、会社に結成を通告し、要求申入書《ようきゅうもうしいれしょ》を提出しないかぎり交渉（団体交渉《だんたいこうしょう》）ははじまりません。団体交渉は、労使関係システムの中核的位置を占めるものです。労組法第一条一項に、この法律は「使用者と労働者との関係を規制する労働協約を締結するための団体交渉《だんたいこうしょう》をすること及びその手続を助成することを目的とする」とあるように、労働協約の締結は団体交渉の結果にほかなりません。したがって、会社との団交《だんこう》を有利にするタイミングで通告することがたいせつです。

組合結成の通告に対して、会社は、「組合員全員の名簿《めいぼ》を提出しなければ組合としてみとめない」、「法律のみとめる組合ではない」（管理職組合《かんりしょくくみあい》の場合など）など、組合否認《ひにん》の姿勢でのぞんでくることが往々《おうおう》にしてあります。こうした会社の主張にしたがう必要はありませんし、団交拒否《だんこうきょひ》は不当労働行為になります。結成直後の組合は組合員の数もまだ少なく、従業員の認知度も低いのが普通ですから、会社の切崩《きりくず》し工作を受けないよう注意し、従業員のあいだに支持を広げることにつとめ、加入者を増やすことに全力をそそぎます。また、会社に組合の適法性について口をはさませないためには、事前に組合の資格証明《しかくしょうめい》をとっておくことが効果的です。

---

**結成大会**

結成大会は組合がスタートするための重要な大会である。ここで、組合規約や活動方針、会社に対する要求をきめ、役員を選出すれば、組合結成の手続きが完了する。結成大会と同時に組合を公然化する必要はないが、組合結成大会で大事なことは、組合組織化の段階では秘密裡にやってきたからその延長線上でやるのではなく、明るく活気のある大会を演出することである。組合結成を機会にとくに注意すべきことは、会社に不当労働行為をさせないことである。会社側は陰に陽に、組合の弱い層をねらって不当労働行為をかけてくるから、あらかじめそれに対する注意を組合員に徹底して対策しておく必要がある。

# Q8 労働組合の資格証明というのはどのようなものですか

**法内組合とはどんな組合ですか。法内組合とそうでない組合とは何がどう違うのですか。法内組合の資格をとるためにはどんな要件と手続が必要ですか。**

労働組合は、労働組合法に定める労働組合の要件《ようけん》（第二条「自主性」、第五条二項「民主性」）を満たしていれば、労働組合としての法律的要件をそれで満たしています。これを法内組合といいます。しかし、労組法は第二条において、「役員《やくいん》、人事《じんじ》・労務《ろうむ》に関与《かんよ》する監督的地位《かんとくてきちい》にある労働者など、使用者の利益代表者《りえきだいひょうしゃ》を組合員とするもの」（但書一号）、「組合運営につき使用者の経理《けいり》上の援助《えんじょ》を受けるもの」（但書二号）（以上、但書一・二号を「自主性」の要件という）は「労働組合」とみとめられないとし、また、第五条二項は、組合規約に一定の事項を記載すべきことを要求（「民主性」の要件という）したうえで、労組法第二条および第五条二項の要件に適合《てきごう》することを、労働委員会（Q28参照）に証拠《しょうこ》を提出して立証《りっしょう》しなければ、「この法律に規定する手続に参与《さんよ》する資格を有せず、且《か》つ、この法律に規定する救済を与えられない」（労組法第五条一項）としています。

この法律に規定する「手続」とは、(1)法人登記《とうき》のための法人格取得《ほうじんかくしゅとく》（第一一条）、

---

**法内組合と法外組合**

「労組法上の労働組合」すなわち「労組法第二条但書および第五条二項」の要件規定に適合する労働組合を「法内組合」、また、それ以外の労働組合を「法外組合」と一般に呼びならわしている。しかし、「法外組合」であっても「自主的」な組合であれば、裁判例は一貫してその組合員に対して不当労働行為が成立すると判示している（Q9参照）。

(2)一定地域の同種労働者への労働協約の拡張適用申立《かくちょうてきようもうしたて》(第一八条)、(3)労働委員会の労働者委員候補者の推薦《すいせん》等(第一九条七項)、の各手続のことです。

労働委員会の資格審査を受けようとする場合は、①組合規約、②組合役員名簿(会社における役職名があれば付記)、③会計決算書《けっさんしょ》(または予算書)、④非組合員の範囲を示す一覧表、等を添付《てんぷ》して「労働組合資格審査申請書《ろうどうくみあいしかくしんさしんせいしょ》」を提出します。審査の結果、法適合《ほうてきごう》であれば適合する旨を記載した「資格決定書《しかくけっていしょ》」の写し、もしくは、「資格証明書《しかくしょうめいしょ》」が交付されます。

この「資格証明書」があれば、組合の主たる事務所のある地区の法務局《ほうむきょく》で法人登記《ほうじんとうき》することができ(労組法第一一条一項)、費用はかかりません。なお、資格証明を受けても必ずしも法人登記する必要はありません。しかし、法人登記をしておけば、預金利息が非課税になる(所得税法第一一条一項、法人税法第七条)、組合に不動産等の財産があれば登記できる、等のメリットがあります。法人登記をするしないにかかわらず、会社に組合結成通告をする前に、あらかじめ労働委員会に申請して「資格証明書」を貰っておけば、会社が組合の適法性について口をさしはさめむことはまずできなくなります。また、労働委員会という公の機関が適法とした組合であれば、組合員や他の従業員に安心感を与えることになり、組合員の拡大にも寄与します。

「資格証明書」には、①法適合の文言、②労働組合の名称、③事務所の所在地、④代表者の役職氏名、⑤決定の日付、⑥証明書交付の日付、等が記載されています。

---

**権利能力なき社団(Q57参照)**

法人登記しない労働組合は人格がないので、一般の社団と同じように「権利能力なき社団」として扱われる。「権利能力なき社団」は、訴訟能力を認められているので(民事訴訟法第二九条)、労働組合名で訴訟を提起することができる。「権利能力のない社団といい得るためには、団体としての組織を備え、多数決の原則が行われ、構成員の変更にもかかわらず団体そのものが存続し、その組織によって代表の方法、総会の運営、財産の管理その他団体としての主要な点が確定しているものでなければならない」(最高裁判決/昭和三九年)。

余談雑談①

# 管理職組合の資格証明書の取り方

一九九四年四月に組合を結成し、その直後に会社に結成通知しました。当時は管理職組合《かんりしょくくみあい》の存在自体が今よりもすくなく、団体交渉の過程で、会社側の担当役員から管理職組合の合法性について疑念《ぎねん》がある旨の指摘がありました。

そこで、この問題に決着をつけるために、法人登記《ほうじんとうき》の資格証明を取ることにしました。私自身、資格証明書の取得についてほとんど知識がなく、そこでまず、東京都地方労働委員会（都労委）に相談に行くことにしました。

都労委は東京都庁第一本庁舎三五階にあり、法人登記の資格証明書を取得したい旨の話をすると、相談窓口の方は気軽に相談に応じてくれました。「労働組合資格審査申請書《ろうどうくみあいしかくしんさしんせいしょ》」とともに、組合規約、組合役員名簿、会計予算書、非組合員範囲を示す一覧表、等を提出すれば良いとのことでした。

後日、これらの資料を添付して申請書を都労委に提出しました。提出の際にいくつかの質問を受けましたが、申請書は簡単に受理されました。申請書を提出してから一週間ぐらいして、都労委の担当者の方から会社の職制について電話で質問があり、口頭で説明しました。それから二週間ぐらいして、適合決定が下りたので証明書を受け取りにくるようにという電話連絡がありました。申請してから約一カ月で、資格証明書が交付されましたが、あっ気ないほど簡単であったというのが実感です。

組合活動についてはまったく素人であった私ですら、簡単だと思えたのですから、とくに専門的知識がなくともだれでも法人登記の資格証明を受けることができるはずです。労働委員会が資格証明書を交付するということは、その組合が労働法上適法な労働組合であるということを公の機関がみとめたことになりますから、資格証明書の写しを会社に提出すれば、すくなくとも会社側は、組合の合法性について口出ししなくなるはずです。

後から考えてみますと、組合結成と同時に資格証明書を取得しておけば、会社側と組合の合法性について議論する必要はなかったわけです。

これから新たに組合を結成しようとされる方には、組合結成と同時に資格審査申請を行ない、資格証明書を取得されることをお勧めします。

〔アメリカン・エキスプレス管理職組合　西岡京〕

# Q 9 労働組合づくりの要点と手続はどのようなものですか

**組合をつくる場合に最低限必要な要件と手続は何と何でしょうか。組合づくりのノウハウや心構え、とくに注意することがあれば教えてください。**

「労働組合」の法律的要件はQ7〜8に述べたとおりであり、労働組合をつくるための手続についてとくに法律上の規定はありません。いわゆる「一人組合」は原則として「労働組合」とはみとめがたいとされますが、労働組合の団体性ということから二人以上の労働者があつまれば、結成大会を開き、規約（できれば、当面の活動方針（要求案）も）を承認して役員を選出するだけで、労働組合をつくれます。

労組法第二条本文は労働組合の「実質的要件」を規定したものとされており、この「実質的要件」を満たす労働組合を「憲法上の労働組合」といいます。団結の自由と自治の法理《ほうり》から、それだけで「労働組合」としての法主体性がみとめられるべきですが、労組法第二条但書および第五条二項に規定する要件（これらを「形式的要件」といいます）を満たさなければ、「労組法上の労働組合」としてみとめられません。ただし、「形式的要件」を欠くだけの労働組合は、ただ単に労組法第五条一項所定の不利益を受けるにとどまります（これについても、Q8をご参照ください）。

---

憲法上の労働組合

日本国憲法は、その二五条で生存権、一七条で労働権を「すべての国民」に保障している。そして、二八条では労働三権を「勤労者」の権利として保障している。したがって、労働三権は憲法によって「勤労者」に保障された特殊労働者的な権利であり、いわゆる「法外組合」も「憲法上の労働組合」として労働基本権（労働権および労働三権）を保障される。「憲法上の労働組合」とは、労組法第二条本文の①「労働者」が主体となって自主的に、②労働条件の維持改善その他経済的地位の向上を図ることを「主たる目的」として組織する、③「団体」（又は「その連合体」）の実質的要件をみたす「労働組合」をいう。

さて、二人以上の仲間がいれば組合をつくれることはわかりましたが、次に、基礎的な組合づくりの要点とはどのようなものでしょうか。「組合づくりにノウハウはない」といわれます。もちろん、ノウハウもしくはノウハウらしきものがまったくないはずはありませんが、おそらくこれは、「組合づくりのノウハウは、単なるテクニックではない」ということでしょう。組合づくりは、あくまで自己責任において、人まねではなく、そのつど考え、仲間と相談しながら、悩みつつ楽しみつつ、また、考えるだけではなく行動しながら、やっていくものだということでしょう。

とくに注意しなければならないことは、組合づくりの失敗はゆるされないということです。いったん失敗すると、多くの犠牲者《ぎせいしゃ》が出ます。例えば、Q13に、「新しく労働組合をつくるときの最小限必須《ひっす》の要諦《ようてい》」八項目が掲げられ、その(1)は、「会社には絶対秘密裡にすすめる」となっています。組合づくりの失敗のなかで、組合結成前に組合づくりのうごきが、往々にして会社にバレてしまうことがあります。バレる原因はいろいろありますが、だれかスパイがいて経営者に密告するというようなことではなく、むしろ、組合をつくることに自信がなくて、不安と心配にかられ、つい組合づくりの仲間以外の人に、不用意に話したり、相談したりするようなことから、経営者にバレてしまうケースがけっしてすくなくありません。組合づくりの信念が不足しているのです。

規約づくりについては、Q61をご参照ください。

# Q10 組合員の範囲はどのようにすればよいのでしょうか

会社の役員は組合に入れますか。失業者も組合員になれますか。管理職組合が話題になっていますが、人事部長は管理職組合に入れるのでしょうか。

会社の業務に従事する者のうち、以下の委任関係《いにんかんけい》にある役員以外は、すべて「労働者」です。会社の役員（取締役《とりしまりやく》、会計参与《かいけいさんよ》および監査役《かんさやく》）は株主総会《かぶぬしそうかい》で選任され、会社との関係は、民法の「委任」（民法第六四三条以下）に関する規定にしたがいます（会社法第三三〇条）。

しかし、会計参与と監査役は会社の取締役、使用人との兼任《けんにん》を禁止されていますが（会社法第三三三条、第三三五条）、取締役については兼任を禁止されていない（但し、委員会設置会社の取締役は当該委員会設置会社の使用人との兼任はできない）ので、取締役でありながら、部長、支店長、工場長などの役職を兼任している者がいます。例えば、取締役営業部長の肩書をもつ者は、この使用人兼務役員《しようにんけんむやくいん》です。このような使用人兼務役員は、兼務する使用人の範囲で「労働者」であり、労働法の適用を受けます。例えば、役員報酬《やくいんほうしゅう》プラス賃金として報酬を受け取っていて、報酬の不払いがあるときは、賃金部分については労働基準法違反になります（労働基準法第九条に規定する「労働者」、すなわち「事業に使用される者で、賃金を支払われる者」に該当）。

取締役は、取締役会《とりしまりやくかい》の構成員として、「会社の業務執行の決定、取締役の職務の執行の監督」する等と規定されています（会社法第三六二条）。しかし、使用人兼務役員（取締役）は、使用人部分において、会社の指揮命令を受けて会社の業務に従事する者ですから、実際のところ、取締役の方は名目にすぎません。兼務役員でなくても、日本では、大企業の取締役会はかなり形式化しており、中小企業では形式さえほとんど行なわれず、いずれも、取締役とは名ばかりです。現に、ゾンネボード（製薬・薬品）事件では、裁判所が、常務取締役兼営業本部長、取締役兼工場長も「労働者」であるとして、解雇無効と判断しました。

労働基準法《ろうどうきじゅんほう》（第九条）と労働組合法（第三条）とでは、「労働者」の規定の仕方が若干、異なります。労基法は、労働者が現にはたらく職場における労働条件の規制を目的とする法律であり、労組法は、労働組合運動の主体としての労働者として把握《はあく》されるものであり、現に特定の企業に使用されていることは要件でなく、「失業者」も含まれます。組合員の範囲は、組合員が自主的にきめることができます。

その他に、組合員の範囲で問題になるのは管理職の取扱いです。労組法第二条は、但書一号の「使用者の利益を代表する者」の参加を許すものは、「労組法上の労働組合」ではないとし、第五条一項は、「この法律に規定する手続に参与《さんよ》する資格を有せず、且つ、この法律に規定する救済を与えられない」としています。この点については、Q8およびQ14をご参照ください。

---

**取締役と執行役員**

一九九七年五月、ソニーが取締役の人数を三八名から一〇名（うち三名は社外取締役）に減らし、その他の取締役を含めて執行役員（三四名）による新しい経営体制を発表し話題になった。経営の意思決定機関と業務執行機関を分離して、取締役会は意思決定を行ない、執行役員は取締役会の決定にしたがって、その監視監督のもとに業務執行にあたるという米国流の執行役員制度の導入である。米国では取締役会の下に業務執行役員（オフィサーという）がおり、取締役会がオフィサーの任免権をもっている。取締役（一〇名前後）のうち七～八割は社外取締役である。

二〇〇六年に制定された新会社法において、委員会設置会社に「一人または二人以上の執行役を置かなければならない」（会社法第四〇二条一項）ことになった。会社とは委任関係（第四〇二条三項）で、業務の執行にあたる（会社法第四一八条）。

プロブレムQ&A

# II 管理職組合のつくり方

# Q11 管理職も労働組合をつくれるのですか

**管理職は一般従業員の組合に入れますか。管理職だけで労働組合をつくることができますか。管理職組合は法内組合としてみとめられるのですか。**

管理職《かんりしょく》が労働組合に加入したり、労働組合を結成することができないというのは誤りであり、俗説です。

労働組合法第三条は「職業の種類を問わず、賃金、給料その他これに準ずる収入によって生活する者」を「労働者」と定め、民法《みんぽう》第六二三条は「雇傭《こよう》ハ当事者ノ一方カ相手方《あいてがた》ニ対シテ労務《ろうむ》ニ服《ふく》スルコトヲ約《やく》シ相手方カ之ニ其報酬ヲ与《あた》フルコトヲ約スルニ因《よ》リテ其効力《そのこうりょく》ヲ生《しょう》ス」として、この労務に服するものを「雇用労働者《こようろうどうしゃ》」と定めています。すなわち、管理職は法律上「労働者」以外のなにものでもありません。

また、憲法第二八条は「勤労者《きんろうしゃ》の団結する権利及び団体交渉その他の団体行動をする権利は、これを保障する」としています。この場合の「勤労者」とは賃金、給料その他で生活する「労働者」のことですから、管理職は憲法上の団結権、団体交渉権、そしてストライキ権を含む団体行動権が保障されています。

したがって、管理職が労働組合に加入したり、労働組合を結成することは自由であり、なんのさしつかえもありせん。一般従業員で組織する労働組合に加入することもできますし（ただし、一般従業員の労働組合が規約で管理職を非組合員としている場合は、その組合に加入することはできません）、管理職だけの労働組合を結成することもできます。いずれの場合も労働組合は、組合員である管理職の賃金や労働条件について会社と団体交渉を行なう権利があります。

しかし、バブル不況が長引き、管理職がリストラの標的《ひょうてき》になる以前は、管理職になると組合を脱退し非組合員になるという協定を労使のあいだでとり結んできたため、あたかも管理職が労働組合をつくったり、組合員になる資格がないと管理職自身思い込み、世間でも誤って受けとめられてきました。とりわけ会社側は、故意《こい》かよくわからないままに、管理職は労組法第二条但書一号の「使用者の利益を代表する者」に該当《がいとう》するから組合員資格がないとして、管理職組合および管理職が加入している組合は労働組合ではない、したがって、団体交渉に応じられない、という主張を一つ覚えのように執拗《しつよう》に繰り返しています。

しかし、管理職も「労働者」であり、「労働者」であるかぎり、その職位や権限にかかわりなく、憲法で保障される団結権、団体交渉権、そしてストライキ権を含む団体行動権をもっています。すなわち、もし仮にそれが労組法第二条の「使用者の利益を代表する者」に該当する管理職の加入をゆるす労働組合であっても、それはあくまで労組法第二条但書一号不適合の労働組合というだけのことです。

しかし、ここで注意しなければならないのは、この条文は「但し、左の各号の一

---

**整理解雇の四要件**

一九七三年の石油ショック後に、下級審の「裁判例」（Q3を参照）の積みかさねによって「整理解雇法理」が確立された。すなわち、次の四要件を備えていない整理解雇は、解雇権の濫用として無効とするという法理である。

(1)　人員削減の客観的な経営上の必要性がなければならない。

(2)　整理解雇を行なう前に種々の雇用調整措置を試み、解雇回避義務を尽くさなければならない。

(3)　被解雇者の選定は、客観的・合理的な選定基準を設定し、公平に適用して行なわなければならない。

(4)　整理解雇に先だって、労働組合・労働者に対し、必要性と方法等について十分に説明・協議しなければならない。

に該当するものは、この限りでない」と労組法第二条本文の但書（但書一～四号）に除外扱いとして書かれたものであり、労組法第二条本文は「この法律で『労働組合』とは、労働者が主体となって自主的に労働条件の維持改善その他経済的地位の向上を図ることを主たる目的として組織する団体」と定めています。したがって、管理職組合が「労働者」が自主的に組織する「労働組合」であるかぎり、憲法第二八条上の労働組合であることになんら変わりはありません。また、「使用者の利益を代表する者」についても、会社側が主張するように、すべての管理職が「使用者の利益を代表する者」に該当するわけではありません。「使用者の利益を代表する者」とは、役員および人事部長など人事に関して直接の権限を持つ監督的地位にある労働者、および、人事・労務部門のスタッフなど労働関係の機密《きみつ》に接し職務上の責任が組合員としての責任に直接にてい触する監督的地位にある労働者などごく一部の管理職にかぎられ、実際には会社側の主張とは逆にかなり限定されます（具体的にどのような管理職が「使用者の利益を代表する者」に該当するかは、Q14をご参照ください）。

労組法第二条但書一号不適合の労働組合（いわゆる法外組合）は、労働委員会に不当労働行為の救済申立はできませんが、裁判所に団結権侵害の救済訴訟を提起することができます。また、解雇などの不利益処分を受けた場合も同様、その解雇などの不利益処分を違法として裁判所に訴訟を提起することができます。

# Q12 ユニオンショップ協定があるから管理職組合をつくれないのでは

会社に二つ以上の組合がある時、ユ・シ協定の効力はどうなりますか。会社とユ・シ協定を結んでいる組合を脱退して他の組合に加入しても解雇されませんか。

ユニオンショップ協定とは、労働組合が会社の従業員を労働組合に一括加盟《いっかつかめい》させるため会社ととり結ぶ協定のことをいいます。労働組合が主に企業単位につくられているわが国において、大企業の企業別組合を中心に広く行なわれています。労働協約のなかにユニオンショップ条項として、例えば次のように書かれています。

〔完全ユニオンショップ〕

第○条　会社の従業員は、第○条で非組合員とされる者のほか、この組合の組合員でなければならない。会社は、組合に加入しない従業員および組合を脱退しまたは組合を除名された従業員はこれを解雇する。

〔尻抜けユニオンショップ〕

第○条　〔完全ユニオンショップ〕と同じ。但し、会社が解雇することについて業務上支障あるとみとめた者については、会社において決定する。

しかし、実際に行なわれている協定のほとんどは尻抜けユニオンショップ（解雇条項が尻抜け）です。尻抜けユニオンショップの場合、会社が解雇しないときは、組合が会社に対して法律的に脱退者もしくは除名者の解雇を求める方法はなく、したがって、組合の団結保持には心理的規制以上の意味はありません。

さて、「ユニオンショップ協定があるから管理職組合をつくれないのでは」ということですが、管理職組合を結成した場合に既存組合が締結しているユニオンショップの効力が管理職組合にも及ぶかどうかという問題です。結論からいえば、完全・尻抜けいずれのユニオンショップであれ、その効力は管理職組合に及びません。「組合員がその組合を自由な意思により脱退し、これと接着して他の組合に加入し、又は新たな組合を結成して既に団結権を行使している場合においては、ユ・シ協定の効力は脱退者には及ばない」とする東京高裁判決《とうきょうこうさいはんけつ》（昭和六十一年）および「労働者の組合選択の自由及び他の労働組合の団結権を侵害する」「民法九〇条により無効。解雇権の濫用として無効」の最高裁判決（平成元年他）により、一つの企業内に複数の組合の存在をみとめることで判例上の結着がついています。

なお、ユニオンショップ条項同様に唯一交渉団体約款《ゆいいつこうしょうだんたいやっかん》も問題になるところです。

第○条　会社は組合を唯一の交渉団体とみとめる。

など、特定の組合を唯一の団体交渉相手とし、他の組合とは団体交渉しない旨の約款ですが、日本独特のものです。しかし、この約款を理由に会社が他の組合との団体交渉を拒否することは憲法第二八条に反し、効力をもちません。

---

ショップ制
　労働協約において労働組合の地位を使用者、従業員、非組合員、競争組合との関係において保障する条項をいう。ショップ制には、オープン・ショップ、クローズド・ショップ、ユニオン・ショップなどがある。オープン・ショップは従業員の採用・解雇について組合員と非組合員とのあいだに差別を設けないもの。公務員法はオープン・ショップを定めている（国家公務員法第一〇八条の二第三項、地方公務員法第五二条第三項）。クローズド・ショップは組合員たることを雇用の前提条件として非組合員の採用を禁止するもの。ユニオン・ショップは従業員の採用については使用者は非組合員を自由に採用できるが、採用後は一定期間内に組合に加入しない者、加入しても組合を脱退、組合から除名された者は解雇することを定めるもの。

# Q13 どうすれば管理職組合をつくれますか

一般従業員の労働組合と比較して、管理職組合をつくる場合、手続の点でとくに違うところがありますか。規約や届出等が異なるのでしょうか。

管理職組合も労働組合ですから、一般従業員が労働組合をつくる場合の手続と基本的に変わるところはありません（なお、一般従業員の労働組合に管理職が加入する場合には、組合の規約変更、また、組合員資格の範囲を労働協約で定めているときには協約の改定・破棄《はき》が必要になる場合があります）。

管理職組合にかぎりませんが、新しく労働組合をつくるときの最小限必須の要諦はおおよそ次のとおりです。

(1) 会社には絶対秘密裡《ひみつり》にすすめる。
(2) 組合づくりのキーマンを中心に、組織を広げる前に立派な指導部をつくる。
(3) しっかりした組織方針をもち、組合結成を呼びかける。
(4) 組織化オルグは説得対象をねらいさだめ、必中であたる。
(5) 組合は要求で団結する組織であることを徹底して、規約・要求づくりを行なう。

社前で抗議行動をする管理職ユニオンの組合員

(6) 情勢および相手方（会社）に対する情報収集・分析につとめる。
(7) 結成大会は組合の公然化であり、その持ち方が組合活動の行方を左右する。
(8) 他の労働者、労働組合との連帯を重視する。

さて、いよいよ実際に管理職組合をつくるとなれば、労働組合は団体ですから組合員一人ではつくれません。もちろん、企業のわくをこえた「東京管理職ユニオン」のような個人加盟方式の管理職組合であれば、だれでも、一人でも、加盟することができます。しかし、個人加盟せずに管理職組合を結成する場合には、すくなくとも二人以上の管理職仲間が必要です。二人以上の仲間があつまれば、結成大会を開き、組合規約と組合役員を議決・選出して、それで管理職組合は立派に結成されたことになります。労組法第二条本文の主旨《しゆし》（実質的要件）をみたす団体であれば労働組合として通用し、団結権が保障されます（なお、Q14も合わせてご参照ください）。

組合規約（組合の基本法）にどのような事項を記載するかは、組合員の自由意思にゆだねられています。しかし、労組法適合組合の資格要件をそなえるには（Q8を参照）、労組法第五条第二項の各号（一～九号）の規定を条文どおりの用語をもちいて規約上明記することが必要です。また、労働者は自由に労働組合を結成することができ、官公庁《かんこうちょう》その他どこにも届出る必要はありません（自由設立主義）。会社への届出も特段必要ありませんし、いつ通告するかということも組合の自由です。なお、会社へ通告する場合、組合結成と組合代表者の氏名（一名でよい）を明らかにすることが最低要件です（組合員全員の氏名を明らかにする必要はありません）。

---

**オルグ**

労働運動のオルグ（オルガナイザーの略称）は、ナショナルセンターや単産、地域組織に所属して、未組織労働者の組織化、所属する組織（上部団体）の拡大強化、下部組織への闘争方針の伝達・実施、闘争現場の戦術指導、共闘組織の組織化などを労働運動の最前線に立って日常的に行なう活動家である。オルグ活動の基本は未組織労働者の組織化である。しかし、個人加入を原則とする西欧では組織化のためにオルグの果たす役割は大きいが、日本では組織者としてのオルグの活動が軽視され、専門家オルグの育成がなおざりになっている。オルグの仕事はなによりも献身性と忍耐を要求されるが、中小企業労働者の組織化は経営者の妨害で「賽の河原の石積み」であり、身分についても、かつての総評オルグのあいだに「総評の臨時工、地評の社外工」という自嘲の声があったほどである。

# Q14 管理職組合にはどんな人が入れますか

**管理職組合と一般従業員の組合とでは、加入できる管理職の範囲に違いがあるのですか。どういう基準で管理職の組合加入資格の線引きをしているのですか。**

上場企業《じょうじょうきぎょう》について見ると、平均して全従業員の六分の一ていどが管理職です（半分以上が管理職という会社もあります）。この割合は、この調査時点の平成七年までは年々増える傾向にありました。ところで、管理職といっても全員がライン管理職ではありません。課長クラスの半分強はライン管理職ですが、専門職一割、待遇職《たいぐうしょく》（専任職いわゆるスタッフ管理職など）四割弱。部・次長クラスでもライン管理職は三分の二、三割が待遇職という構成です。

管理職も一般従業員と同じ「労働者」ですから労働組合をつくれます。しかし、わが国ではいまのところ、管理職組合を名のる労働組合はきわめてすくなく、なかでも部長職以上の上級管理職を組織しているところはまれです。

民間企業の場合、中小企業とくらべ大企業の組合組織率ははるかに高いのですが、その組織率の高い大企業で課長補佐以上の管理職が非組合員扱いになっています。これは、労働組合が会社と労働協約を結ぶさいに、ユニオンショップ条項とひきか

組合組織率
　日本の労働組合員数は、二〇〇六年六月末現在一〇〇四万人で五年前より一一七万人減。労働組合数は五万九〇一九組合。推定組織率は、一八・二%となり五年前の二〇・七%から二・五%低下した。推定組織率を長期的にみると、一九六〇年代のはじめから一九七五年頃まではおおむね三五%で推移していたが、その後は傾向的に低下し、低落傾向に歯止めがかからないまま現在にいたっている。

えに管理職の非組合員化をみとめてきたためであり、またそのことが誤って、管理職は労働組合に入れない、つくれないという通念を世間にあたえてきました。その法的根拠が労組法第二条但書一号です。「使用者の利益を代表する者」の参加をゆるす労働組合は、労組法上の労働組合とみとめられないという規定を、会社側は同法の定める範囲を大幅にこえて非組合員の範囲を拡大し、すべての管理職を非組合員とする労働協約を結び、会社側の支配下にくみ入れてきました。

　平成八年五月、東京都地方労働委員会が管理職組合に対する不当労働行為事件（セメダイン事件）で、わが国ではじめての救済命令をくだしました。都労委はその命令において労組法第二条但書一号について「その趣旨は、使用者の利益を代表する者を参加させることによって、当該労働組合が使用者との関係において自主性を失い、御用組合化することを防止することにある」という判断を示し、企画・人事・総務・経理・財務などの一部をのぞくライン管理職の次長、課長およびスタッフ管理職について全員の組合員資格をみとめました。

　また、都労委はこの事件の審査過程で「使用者の利益を代表する者」かどうかを判断する目安《めやす》を次のとおり示しました。

(1)　管理職の肩書《かたがき》（部長・課長など）で判断しない。職務内容・権限・責任の客観的基準にもとづいて判断する。

(2)　とりわけ、人事《じんじ》考課《こうか》権限《けんげん》のていど（あるかないかではなく）を重視する。

(2)の人事考課権限のていどとは、補助・助言あるいは第一次考課（第一次考課は考

**配転・出向・転籍**

　戦後の雇用調整方式は、指名解雇（昭和二十年代後半）、希望退職（昭和三十年代前半）、配置転換（昭和三十年代後半）へと重点を移行し、一九六〇年代から配置転換方式が日本独特の雇用調整方式として定着した。配転（配置転換）とは、従業員の配置の変更であって、職務内容または勤務場所が相当の長期間にわたって変更されるものをいう。出向は、従業員が現在の雇用先の企業に在籍のまま他の企業において相当の長期間にわた

課の提案であって決定ではない）では「使用者の利益を代表する者」には相当しないということです。

この都労委命令は、中労委命令でも支持され、平成十三年最高裁において会社敗訴、判決が確定しました。ただし、部長職についてはCSUフォーラム（セメダインの管理職組合の名称）が組合員としていないため労働委員会では争われていません。東京都新宿労政事務所（当時）の調査（平成十年三月）によれば、企業調査では労働組合のある都内の会社のうち二〇％に管理職組合員がいます。また、組合調査では管理職組合員について課長職のみが七〇％、課長職も部長職もいるが二六％、部長職のみが四％です。

ところで、管理職のほとんどは中高年労働者《ちゅうこうねんろうどうしゃ》です。しかし、管理職でない間接部門の中高年ホワイトカラー労働者も終身雇用・年功序列制度のもとでは管理職同様、これまでもしばしば、雇用調整のターゲットや職場いじめの対象になってきました。企業内失業キャンペーンのかけ声によってすすめられる配転《はいてん》・出向《しゅっこう》・転籍《てんせき》、果ては退職勧奨《かんしょう》・退職強要、また、能力主義強化の名のもとに裁量労働制《さいりょうろうどうせい》・目標管理制度・年俸制《ねんぽうせい》の導入が拡大しています。

日本の労働組合の組織率は毎年着実に低下しています。管理職のみならず一般の労働者のあいだでも労働組合に対するマイナス・イメージが広がっています。しかし、労働者が団結しないことには企業に対抗できないことも否定しがたい現実です。管理職組合の実体は、管理職およびホワイトカラーの、中高年労働者の組合です。

---

って業務に従事することをいう（主として、系列・グループ企業間で行なわれる）。転籍は移籍とも呼ばれ、現在の雇用先の企業から他の企業へ籍そのものが移る。

**目標管理制度と年俸制**

目標管理制度（Management by Objectives）とは、従業員に業務目標を与え、あるいはさらにすすんで、目標設定まで従業員に委ね、それを達成する方法は従業員の自主性に任せる管理方式。年俸制と合わせて実施されることが多い。年俸制は、個人の仕事の実績をもとに年単位で賃金を決定するシステム。通常、本人と会社との交渉により、本人の目標、業績などをベースに年俸額が契約される。主として管理職、専門職に適用される。年俸制はこれまで以上に賃金格差を拡大させる制度であり、仕事の成果に対する公正な評価とその説得性が不可欠である。中央労働委員会の一九九七年の賃金事情調査によれば、一八・五％の企業が導入済み。低成長時代に入ってこのところ、導入企業が急速に増えている。

余談雑談②

# 管理職組合にはじめての労委救済命令

一九九六年七月九日、東京都地方労働委員会は管理職組合に対する全国ではじめての不当労働行為救済命令《ふとうろうどうこういきゅうさいめいれい》を出しました。同日付夕刊の一面トップで、「東京新聞」はこのニュースを次のように報じています。

「リストラのために導入した『管理職定年制』をめぐり、接着剤トップメーカー、セメダイン（本社・東京、本郷美宏社長）の管理職組合が『処遇改善《しょぐうかいぜん》を求めた団交を会社側が拒否したのは不当労働行為』として起こした救済申し立てで、東京都地方労働委員会は九日、『管理職労組は労組でない』とする会社側主張を退け、資格未認定だった管理職労組を労働組合法上の組合と認定、会社側に団体交渉に応じるよう救済命令を出した。都労委で資格審査を受けずに交渉していた未認定の管理職組合の申し立てを認めたのは異例。バブル崩壊後、管理職らが真っ先にリストラや雇用調整の標的にされる『受難の時代』が続いているが、中高年サラリーマンの反撃が認められた形だ。救済を申し立てたのは同社の管理職らでつくる労組『CSUフォーラム』（風間光政議長、二〇人）」。

この命令に対する世間の反響は、大きかった。

〝社員との接着悪いセメダイン〟「よみうり時事川柳」（七月十八日）。

日本経済新聞コラム「春秋」（七月十八日）は「『登山』と『労働組合』。直接関連のない二つに共通するのは、ともに中高年齢者のおかげでよみがえりつつある点だ。最近の若者には両方とも人気がない。禁欲的な登山は暗い。赤旗、鉢巻きの組合はださい。こんなイメージが若者を遠ざける。労働組合の中高年パワーは先日、セメダインの管理職組合が東京都労働委員会から適法組合と認定されて話題になった。これは不当労働行為にからむもので、法人格を得るために認定を受けた管理職組合なら、ほかにいくつかある。終戦直後に組合が相次いで結成されたころは、管理職も有力メンバーとして入っていた。総評議長《そうひょうぎちょう》として活躍した太田薫さんは宇部窒素（現宇部興産）の課長のまま初代委員長に選ばれている。こうして生まれた組合はある時期まで若者たちの心をとらえていた。寿命が延びたので、年齢を二で割れば精神と肉体の実際の年齢になるという説がある。これで計算すると中高年齢者はまだ、二十代、三十代。血気盛んで当然かもしれない」と伝えました。

朝日新聞社発行の週刊『アエラ』（七月二十二日号）は、都労委命令をめぐる背景事情や影響の大きさを『管理職も組合員／セメダインに日経連大弱り』という題で次のように伝えています。

「日本経営者団体連盟《にほんけいえいしゃだんたいれんめい》（日経連）の諸井虔副会長が漏らした。『彼はベテランで、解決能力は高い。なのに、どうしてこうなってしまったのか……』。彼というのは、弁護士の清水謙氏。接着剤メーカー『セメダイン』（本社・東京）の管理職二〇名の作った労働組合『CSUフォーラム』が会社の不当労働行為を訴えていた問題で、会社の代理人を務めた。日経連傘下の関東経営者協会の労務相談室を担当してきた労働事件のプロだ。セメダインは、CSUが旗揚げした一九九一年、日経連を通じて、相談室に駆け込み、清水氏と顧問契約を結んだ。ところが、東京都地方労働委員会は九日、労組の主張を認める命令を下した。日経連直系の弁護士が付いていながら、経営側惨敗の結果を招いてしまったわけだ。

セメダイン側は、そもそもCSUが労組でないと主張。都労委の和解案を昨年七月に蹴った。

諸井氏はこの命令という形の『判例』が全国に与える影響を懸念して、セメダインの対応を嘆く。『地労委の命令となったのは会社として恥。組合員の範囲など、労使間で決めるべき問題だ。年《ねん》功序列《こうじょれつ》が崩れる転換期だから管理職の待遇の問題は当然出てくるが、冷静な話し合いで解決すべきだ。管理職が本気で労組をやり始めたら、どんな会社も瓦解《がかい》してしまう』。

ある都労委関係者が言う。『都労委としては和解で済まして欲しかった。命令は妥協の余地がない。命令は他の事件の基準となる。会社側の弁護士もそれをよくわかっていたはずです』。

管理職労組は、徐々にではあるが増えている。根本二郎日経連会長が会長を務める日本郵船の子会社、郵船航空サービスにも二年前できた。

日経連に近い経営法曹会議《けいえいほうそうかいぎ》の代表幹事、渡辺修弁護士がぼやく。『難しい問題に直面することになってしまった』」。

日経連副会長の嘆きも、経営法曹会議代表幹事のぼやきも、虚《むな》しく響くばかりで、「自社の行動の社会的影響を考える」頭など、もともとこの会社にはないのです。

その後の経過ですが、会社は都労委命令を不服として中労委に再審査を申立。十年三月十三日棄却命令。この命令に会社はしたがわず同年四月九日、東京地裁に行政事件訴訟提起。十一年六月九日請求棄却。同年六月十一日、東京高裁に控訴、十二年二月二十九日控訴棄却。同年三月十日、最高裁に上告、十三年六月十四日上告棄却。かくして都労委申立後八年目に判決確定となりました。

〔CSUフォーラム　橋本忠治郎〕

# Q15 どんな管理職組合がありますか

マスコミによく登場する「東京管理職ユニオン」以外にどんな管理職組合があるのですか。公務員にも管理職組合があると聞いていますが本当ですか。

平成十年二月に、「建設省管理職ユニオン」が結成されました。国家公務員法では、管理職の団体も人事院に登録すれば労働組合として活動することができます。建設省には現在、二万三七〇〇人の職員、課長クラス以上の管理職は四三〇〇人いますが、「建設省管理職ユニオン」を結成したのは、そのなかの地方の出先《でさき》機関《かん》につとめるノンキャリアといわれる課長以上の管理職で、現在二六〇人ですが、最終的には、全管理職の過半数にあたる二千数百人の加入をめざしているということです。

地方公務員も国家公務員と同様、ＩＬＯ第八七号条約批准《ひじゅん》にともなう法改正（昭和四十年）により、一般職員と同一の労働組合を組織することはみとめないが、管理職のみの独立した労働組合であればみとめられることになり、小野田市役所（昭和四十二年）、西宮市役所（昭和五十年）などに管理職組合が結成されています。

公務員の管理職組合には一般職員は加入できませんが、民間企業の管理職組合の場合は一般従業員も加入することができます。また、労組法上の「労働者」とは「労

**ＩＬＯ第八七号条約**

一九四八年に採択された「結社の自由および団結権の保護に関する条約」。国際的な最低労働基準を定める条約または勧告が批准されまたは実施されるか否かは、ＩＬＯ加盟国における運動状況に負うところが大きい。そのため、ＩＬＯは当初から「結社の自由」に大きな関心を寄せてきた。この条約は、労使団体の結成、これへの加入の自由、その独立性などを保障するものである。この条約を批

働組合運動の主体としての労働者として把握されるものであり、したがって、現に特定の企業に使用されていることは要件でなく、失業者も本条の『労働者』に含まれる」とされ、労働組合の組合員である資格と特定の企業の従業員である資格との法律上の結びつきは要求されておりません。

民間企業の労働者を組織する管理職組合では、個人加盟方式の「東京管理職ユニオン」（平成五年十二月結成）が有名ですが、その後、名古屋、関西、札幌などの各地に個人加盟方式の管理職組合ができています。以上は地域的な個人加盟方式の管理職組合ですが、同じ個人加盟方式でも「銀行産業労働組合（略称：銀産労）」は、銀行産業労働者を組織する産業別の管理職も含めた組合です。管理職組合の形式をとっていませんが反リストラ産経労《さんけいろう》も企業のわくをこえてマスコミ産業労働者を組織しています。

企業別の管理職組合では「青森銀行管理職組合」（昭和五十三年結成・平成十四年解散）、「CSUフォーラム」（セメダインの管理職組合）、外資系の「アメリカンエキスプレス管理職組合」などが労組法上の管理職組合資格をみとめられています（Q13参照）。「日航労組管理職支部」は一般従業員労働組合の支部組織として設置され、「JMIU日本IBM支部」は一般従業員と管理職との混合組合です。

「東京管理職ユニオン」に個人加盟する一方で、自前の企業別管理職組合づくりをめざしている管理職もいます。企業と対等にたたかうには、二重加盟その他さまざまな方法を追求し、仲間の労働者・労働組合との連帯づくりを忘れてはなりません。

准した国は、労使が自由に団結権を行使しうるよう、必要かつ妥当な措置をとる義務を課せられる。日本政府は、一九六五年にこの条約を批准し、それにともない官公部門労働者の関係法改正が行なわれた。

管理職ユニオンが大同団結してミドルネットが結成された（一九九五年四月十五日）

## Q16 管理職はいまどんな攻撃を受けていますか

**失業率が三%台に低下してきていますが、管理職のリストラはこれからも続くのでしょうか。成果主義や日本版エグゼンプションなどの導入による影響は。**

平成四年ごろから、管理職およびホワイトカラーに対する配転・出向・転籍、退職勧奨・退職強要、さらに、進路《しんろ》選択制《せんたくせい》・選択定年制《せんたくていねんせい》・定年年齢引下げの導入などがあい次ぎ、なしくずし的に中高年減らしから定年制の崩壊へ突きすすみました。こうした情勢について、「日本的なもの」が維持不可能になってきている、あるいは、日本的な長期雇用慣行が雇用コストの面からもはや耐えがたいものになり、転換をめざさざるを得なくなってきていることが原因だともいわれていました。また、年齢や地域および産業・職業間の雇用のミスマッチ（労働需給《ろうどうじゅきゅう》の構造的ズレ）の拡大が原因であるともいわれていました。

〇六年の完全失業率は四・一%と四年連続の低下ですが、非正規社員の増加もあり、日本も雇用の流動化がすすんでいます。雇用流動化の流れのなかで、人事管理の市場化・成果主義化・短期決済化（例えば、有期契約雇用・不安定雇用の拡大、年俸制の導入など）の方向をめざす構造改革が企業によって押しすすめられ、それが雇用のミ

---

中高年のリストラ

中高年労働者がリストラの標的になるのは、「団塊の世代の中高年化」が企業にとって不可避的にポスト不足（労働生産性の低下）や労働費用の急増をもたらしているためだと考えられている。日本の雇用労働者の年齢構造のピークが一九七五年から一九九五年にいたる二十年間に二十五〜二十九歳から四十五〜四十九歳へと移動するとともに、六十歳定年制の定着、「団塊の世代の長期勤続化」が同時進行したが、深刻な不況の長期化見通しのもとで、中高年労働者の労働生産性の急激な回復は見込めないため、リストラで狙い撃ちされている。

スマッチを拡大させ「均衡失業率《きんこうしつぎょうりつ》（欠員率と雇用失業率がひとしい状況下で存在する失業）を増大させる」、完全失業率を底上げし、これまで以上に高める要因になっています。

バブル景気がはじけ不況が長引くなかで、日本的雇用慣行の両輪といわれる長期継続（終身）雇用と年功（賃金）制度に対する企業の考え方が大きく変化しました。そして、会社から見放されたことにも気がつかず、これまで会社べったりでやってきた管理職、非管理職ホワイトカラーなど中高年労働者が、まっ先にリストラ要員としてねらい打ちされ、肩たたきを受けました。彼らは会社人間だけに、会社に対する期待や依存から容易に抜け出せず、逆にその忠誠心につけ込まれ、会社の思惑《おもわく》どおりリストラの犠牲にされたのです。

### 日本版ホワイトカラー・エグゼンプシン

〇六年の一一月に安倍内閣の経済財政諮問会議において民間議員から「労働ビッグバン」（労働市場改革）が提起されました。それに先立つ〇六年一月、厚生労働省の「今後の労働時間制度に関する研究会」が報告書を公表し日本版ホワイトカラー・エグゼンプションの導入をめざしましたが、厚生労働省の労働政策審議会労働条件分科会において労使が対立、審議が膠着して中間報告が見送りになるなかで、経済財政諮問会議が「労働ビッグバン」を提起し、その一環として日本版ホワイトカラー・エグゼンプションの導入を官邸主導で行なおうとするシナリオです。

労働政策審議会（会長＝菅野和夫）は、〇六年ぎりぎりの一二月二七日にようやく

---

**失業率**

完全失業率とは、労働力人口に占める失業者の割合。総務庁は月末の一週間、全国の約四万世帯、約一〇万人を標本調査して算出している。雇用失業率は、自営業者や家族労働者を除いた雇用者（つまりサラリーマン）数と失業者数との比率。均衡失業率は、景気変動にかかわらず、雇用のミスマッチによって発生する理論的失業率（構造的・摩擦的失業率）。

**労働ビッグバン**

労働ビッグバンという言葉は、〇六年十月十三日に経済財政諮問会議に提出された「『創造と成長』に向けて」と題する文書に記載された、七つの課題の二番目に「労働市場の効率化（労働ビッグバン）」としてはじめて登場した。その後、今後十年程度の中長期的な労働市場改革（労働ビッグバン）のあり方を検討する労働市場改革専門調査会（会長＝八代尚宏）が十二月二十日に設置され、翌〇七年四月六日に第一次報告「働き方を変える、日本を変える－《ワークライフバランス憲章》の策定」が提出された。

「自由度の高い働き方にふさわしい制度」（日本版エグゼンプション）を厚生労働大臣に答申しました。しかし、労働者代表委員から「導入は認められない」などとする意見が付されました。日本版エグゼンプションとは、一定の要件を満たすホワイト・カラー労働者について、「自由度の高い働き方にふさわしい制度」を創設するものです。

一定の要件とは、

(1) 労働時間では成果を適切に評価できない業務に従事する者

(2) 業務上の重要な権限及び責任を相当程度伴う地位にある者

(3) 業務遂行の手段及び時間配分の決定等に関し使用者が具体的な指示をしないこととする者

(4) 年収が相当程度高い者

のいずれにも該当する者という四要件です。また、新制度の導入要件として、労使委員会を設置し、対象労働者の範囲、対象労働者の本人同意と不同意に対する不利益取扱の禁止、賃金の決定、計算及び支払方法など七項目について決議し、行政官庁に届け出ることなどの措置を定めています。

この新制度の導入に対して、労働者代表委員から、「既に柔軟な働き方を可能とする他の制度が存在すること、長時間労働となるおそれがあること等から、新たな制度の導入は認められない」などとする意見が付されました。結局、日本版エグゼンプションは「残業代ゼロ法案」という批判を浴び、自民党の雇用・生活調査会（会長＝川崎二郎元厚生労働大臣）が新制度を先送りすることをきめたため、「労働ビックバ

---

**ホワイトカラー・エグゼンプション**

アメリカの公正労働基準法は週労働時間を四〇時間と定めており、それをこえて労働させる場合には一・五倍以上の割増賃金を支払うことを義務づけている。但し、一定の要件を満たしている労働者はこの規制から適用除外（エグゼンプト）される。適用除外要件は、①ホワイトカラー要件、②俸給要件（週給四五五ドル以上の固定額の支払いがなされること）、③職務要件の三つすべてを満たすか、年間賃金総額が一〇万ドル以上。

この制度（ホワイトカラーエグゼンプション）をまねて導入することを小泉内閣が〇四年三月に決定、これを受け〇五年四月に厚生労働省の「今後の労働時間制度に関する研究会」が発足した。

ン」は出鼻をくじかれた形になりました。

日本経団連は、「賃金の決定に際し、業績、成果、職務遂行能力、職務、職種などの要素を重視する成果主義賃金制度や能力主義賃金制度を導入、拡充する企業が増えてきている」から「賃金と労働時間を分離することが急務」と主張しています。しかし、「企業経営の視点から見て現在の成果主義の導入の契機がコスト削減にあったこと、さらにバブル経済崩壊の中での緊急避難的な施策であったために、働く人の意欲や納得感、さらに長期的な付加価値創造のための組織能力をそいでしまう可能性がある」（経済産業省「人材マネジメントに関する研究会」報告書・〇六年）、あるいは、「成果主義賃金と企業の業績との関係はほとんどみられない」（内閣府政策統括官室「日本経済二〇〇五—二〇〇六」）とする報告もあります。実際のところ、三六協定（時間外休日労働協定）の締結率二七・二％という実態にみられるような使用者のコンプライアンス意識の最も欠如しているところに日本版エグゼンプションを導入して「賃金と労働時間を分離」しようとすれば、「残業代ゼロ法案」となるのは火を見るよりも明らかです。

### パワーハラスメント

最近、パワーハラスメント（パワハラ）に関する労働相談が増えています。また、「実際の相談がなくても会社内にパワハラがあると思う」者は六三％にのぼります。パワハラとは、端的にいえば「上司によるいじめ、嫌がらせ」のことですが、おおよそ次のように定義されます。「職場における職権などの力関係を利用して、相手の人格や尊厳を侵害する言動を繰り返し行ない、精神的な苦痛を与えることにより、その人の働く環境を悪化させたり、あるいは、雇用不安を与えること」。

ある調査によれば、パワハラの被害者は年齢が高くなるほど増加し、五〇歳代で最も多く二七・二％。パワハラ等の原因として、「上司の感性や人格」八四％、「上司の無知」五八％、「会社組織・人事の不備」五三％、に達します。例としては、「仕事はずし」、「ミーティングに呼ばない」、「挨拶しない」、「シカト（無視）し続ける」といったものから、「過酷なノルマを課す」、「業務報告・日報を提出させ、毎日点検して書き直しを命じる」、「本人の意向・事情を無視した業務へ配置転換する」、「減給・降格する」、「成果主義人事評価で不当な扱いをする」などといったものまで多種多様です。また、「悪いうわさを流す」、「罵倒《ばとう》する」、「本人が忌避《きひ》している行動を強制する」といったものもあります。管理職を対象とするパワハラに多いパターンは、

(1) パワハラをしながら退職勧奨し、退職に追い込む。

(2) パワハラをしながら成果主義人事評価により、賃金ダウン、配置転換などを強行する。

パワハラの民事責任を追及するには、「加害者」本人の不法行為責任（民法七〇九条）と「使用者」責任（民法四一五条、七一五条など）があります。当該行為の「加害者」本人は、「被害者」の人格的利益等の法的利益等を侵害したものとして損害賠償（民

法七〇九条、七一〇条）責任を負い、また「使用者」も、労働契約もしくは不法行為法上の「職場環境整備（配慮）義務」違反よる損害賠償義務（民法七一五条、四四条、四一五条等）を負います。退職強要に応じない労働者に対して、業務命令違反を理由に解雇を強行してくる場合には、業務命令の違法性を明らかにしながら反撃しなければなりません。判例から、業務命令の違法性を要約すると次の三点になります。

(1) 業務命令が業務上の必要性に基づいていない。

(2) 業務命令が不当労働行為目的、退職強要目的など社会的に不当な動機目的に基づいている。

(3) 業務命令が労働者に対し通常甘受すべき程度を著しくこえる不利益を与える。

パワハラを受けている当事者本人のパワハラ対策としては、常日頃から、ボイスレコーダーなどの記録や文書等の証拠の入手、できれば証人づくりを心がけておくことが重要です。いざ交渉となると、必ず「言った」「言わない」の争いになりますから、そうした記録・文書などがあれば交渉を有利にすすめ、相手側を追い詰めることができます。

## 成果主義

年功制に代わる人事制度の成果主義に異論、反論が続出しています。成果主義の内容そのものが曖昧《あいまい》な上に、運用実態もデタラメなものが多い、という成果主義導入の現状から、「虚妄《きょもう》の成果主義」、「間違いだらけの成果主義」などと大混乱に陥

---

**業務命令違反（業務命令違背）**
使用者は、業務の遂行全般について労働者に対し必要な指示・命令を発することができる。この業務命令は、就業規則の合理的な規定に基づく相当な命令であるかぎり、労働者は、就業規則の規定が労働契約の内容となるものとして、その命令に従う義務がある。配転命令、出向命令、就業上の上司の指示・命令などが業務命令であるが、違反（違背）は懲戒処分の対象事由となる。

っている成果主義に対する告発が相次いでいます。

単純に労働コストの抑制手段として利用する安易な導入事例に限らず、①職場の連帯感の喪失《そうしつ》、②部下や後輩の育成が軽視される、③失敗をおそれ高い目標に挑戦しなくなる、④個人の努力や仕事のプロセスが評価されない、などの弊害《へいがい》が多く指摘されています。厚生労働省の「平成一六年就労条件総合調査」によれば、導入後「うまくいっている」と評価する企業の回答はわずか一五・九％にすぎません。なかでも問題は評価制度で、「評価結果に対する本人の納得が得られない」（三一・四％）、「評価によって勤労意欲の低下を招く」（二三・八％）、「評価システムに対して労働者の納得が得られない」（一六・八％）、となっています。

しかし、労働者側も成果主義を完全に否定しているわけではなく、生活保障と能力と成果を反映するバランスの取れた賃金制度を望んでいるので、課題山積でも成果主義の見直しはあっても後戻りすることは考えられません。賃金制度についていえば、「定昇が縮小」（七一・〇％）、「廃止」（二五・二％）、「生活手当が縮小」（七一・七％）、「廃止」（二四・五・％）、「年齢給が縮小」（六九・八％）、「廃止」（二七・二％）と成果主義化が急速にすすんでいます（これからの賃金制度のあり方に関する研究会「二〇〇四年調査」）。

成果主義賃金の導入をめぐって労使間にトラブルがおきますが、その場合の注意点には次のようなものがあります。

(1)　成果主義賃金制度を導入する場合には必ず就業規則を改定しなければなりま

---

**虚妄の成果主義**

高橋伸夫（東京大学大学院経済学研究科教授・経営組織論）の著書（〇四年一月発売）。九〇年代に日本に導入された成果主義と、それに連動する成果主義賃金（年俸制）を批判し、成果主義は「虚妄」であると喝破し、金銭的報酬よりも、（次の）仕事で報いるのが日本的経営であるとして、「日本型年功制の復活」をススメた。年功制に違和感を覚える層から拍手喝采を受けた。

せん。例えば、「成果報酬制度について」と題する文書を全従業員に配布しただけで就業規則の改定を怠ると、この導入が労働条件を不利益に変更するものである場合には、その法的効力が問われることになります。代表的な判例は、「就業規則による労働条件の一方的な不利益変更は原則として許されないが、変更内容に合理性があれば、例外的に変更できる」（秋北バス事件、第四銀行事件、アーク証券事件など）。

(2) 降格処分ついて、賃金と連動する場合には、使用者が恣意的に降給することは許されない（エーシーニールセン・コーポレーション事件）。また、降格をともなう配置転換については、高度の必要性と合理性がないかぎり無効（日本ガイダント仙台営業所事件、日本ドナルドソン青梅工場事件）。

(3) 従業員に対し降級を行なうには、その根拠となる具体的事実を必要とし、具体的事実による根拠に基づいて本人の顕在能力と業績が属する資格（＝給与等級）に期待されるものと比べて著しく劣っていると判断できることを要する。本件降級処分は、権限の範囲を逸脱しており、その効力はない（マッキャンエリクソン事件）。

成果主義の賛否をめぐり、能力主義と成果主義の調和をはかり、両者のメリットを生かす日本型人事モデルの改革として、社会経済生産性本部が日本型成果主義を提案している（〇二年）。コンピテンシー評価（時価評価）を採用し、実力評価をすすめるというものである。

---

**コンピテンシー**

コンピテンシーとは、高い業績を継続的に実現できる能力、行動特性であり、社内の高業績者のインタビューやあるべき姿を通じて設定される。コンピテンシーには「実力」という表現が当てられるが、能力主義と成果主義をつなぐものがコンピテンシーによる実力評価である。米国防省（ペンタゴン）などが軍事組織のチーム編成を判断する方法として採用し、九〇年代なかばから民間企業に広がった。

余談雑談 ③

# マック店長残業問題訴訟について

埼玉のマクドナルド店舗の店長、高野廣志さんが、東京管理職ユニオンへ相談に訪れたのは、二〇〇五年五月中旬のことでした。

この年の四月下旬、高野さんが勤務している店舗に労基署の調査が入り、残業代等について、その不備を会社に指摘。

しかし会社は、不備を改善するのではなく、高野さんに「おまえが労基署に密告したのだろう！」と詰問、高野さんがそれを否定すると、あろうことか今度は、「おまえじゃないのなら、おまえの女房がやったに決まっている！」などという許しがたい決めつけを行ったのです。

高野さんは、学生時代のアルバイトも含め、二十年近くマックで働き、愛社精神も充分にもちあわせていましたが、上司の心ない一言で、会社に対する信頼が大きく揺らぎました。

更にすこし前の春先、高野さんは軽い脳梗塞になったため、病院に行くため、上司に対し、代替要員の配置を要請したところ、「おまえの時間管理がなっていないから、病院に行く時間を捻出できないんだ」などと言い、必要な通院もままなりませんでした。ちなみに、高野さんの前年度の法定外残業労働時間は約一一〇〇時間です。脳梗塞の原因は過重労働です。

後に裁判で、おつれあいが、「訴訟を起こして本当に良かったと今は思います。もし、あのままの勤務状態で夫が亡くなっていたとしたら……」と述べていますが、理由があるのです。

確かにこれまでも残業がありましたが、一〇〇円マックなどの導入以前の二〇〇〇年頃は、年収七〇〇万円台、残業は年間三～四〇〇時間だったのに、残業は三倍以上増えたのに対し、年収は六〇〇万円そこそこになってしまったのです。

東京管理職ユニオンは、〇五年五月二十日、日本マクドナルド社に対して、高野さんの組合加入と、団体交渉の申入れを行ない、第一回団体交渉は六月三十日。申入れ後、開催まで四十日を要したのは、会社が数度にわたる脱退強要を行なったためです。

団交において、ユニオンは会社に、三点の要求を突きつけました。

1　店長職にある高野氏に対する労基法四一条二号に基づく適用除外（「管理監督者」には、残業代を払わなくてよい）を解除せよ。

2　正規、非正規を問わず、労基法を適用・遵守せよ。具体的には、正規労働者に対しては、残業代に関して、非正規労働者に対しては賃金に関し、それぞれ日々切り捨ててきた三十分未満の賃金を過去二年に遡って支払え。

3　高野氏に対する脱退強要を謝罪し、繰り返すな。

数度にわたる交渉の結果、組合要求の二項、三項に関しては、おおむね要求に応じ、過去二年にわたる未払い賃金ならびに割増賃金について三四億円を支払いました。

しかしながら、1項の店長職についての要求は拒み続けたため、〇五年十二月二十二日に東京地裁に提訴することになりました。

マクドナルドは当初、店長職は、①出・退勤の自由がある、②人事権がある、③報酬が高額であるなどと主張していたのですが、「年間一一〇〇時間も残業している状態のどこに出・退勤の自由があり、残業を含む年収六〇〇万円のどこが高額で、アルバイトの採用以外に何の権限もないにも拘らず人事権があるという主張のどこに正当性があるのか」という反論にまったく反論できませんでした。しかし同社は最後まで要求を拒みつづけたのです。

第一審判決は、本年（〇七年）中にも下されようとしています。この裁判で、高野さんが要求していることは次の三点です。

1　三六協定が成立するまで、一日八時間、週四十時間をこえて就労する義務がないことの確認。

2　過去二年間に遡って残業代を支払え。

3　過重労働によって受けた精神的、肉体的損害を償え。

日本マックは、三六協定なしで、残業をさせていたのです。

この裁判は、世上、残業代の支払いを求める裁判と認識されています。確かに、残業代の支払いを請求をしていますが、最大の狙いは、残業は義務ではないということの確認と、残業なしでも人らしく生きることができるようにあれかし、というメッセージを発するということです。高野さんの働き方は、政財界がその導入を諦めていない、日本版エグゼンプションそのものです。

本稿のタイトルが、残業代訴訟でなく、残業問題訴訟である所以です。

〔全国ユニオン事務局長　安部　誠〕

# Q17 管理職組合はどんな活動をしていますか

**管理職組合はリストラ攻撃などの個別の労働紛争の相談にものってくれるのですか。労働相談やアフターケアの仕組みや活動の実態を教えてください。**

管理職やホワイトカラーの中高年労働者がリストラの標的になっていることは、Q16で述べたとおりです。

彼らがねらわれやすい大きな理由のひとつは、団結していないことにあります。管理職も労働組合に加入したり結成できることは、Q1で述べたところです。会社と従業員との関係は個別的労働契約関係《こべつてきろうどうけいやくかんけい》であり、その関係をとらえて個別的に会社と争い、法的に対処していくことはもちろん可能です。しかし残念ながら現実には、会社の不当な人事に個々の労働者がひとりの力で対抗し、会社と対等に交渉しわたりあっていくことが力関係のうえで不利であることは、資本主義社会においては自明の理です。憲法第二八条が「勤労者」の団結する権利（組合結成の自由（団結の自由）および組合運営における自由（団結自治））を保障し、それを受けて労組法第七条二号が「使用者が雇用する労働者の代表者と団体交渉をすることを正当な理由がなくて拒むこと」を不当労働行為として禁止しているのは、そのためです（団交権の保障は、団結権を実効化する意義・目的をもちます。つまり、組合を結成し団交を要求しても、それが拒否されると組合の存続自体が危ぶまれることになりますから、団交権の保障が団結権をバックアップする機能を担います）。

しかし、勤務する会社に労働組合（企業別組合）があっても、その組合が規約で管理職を非組合員としている場合は加入することができません。また、たとえ加入できるとしても企業別労働組合の現状は、しばしば会社の第二労務部といわれる実体に堕《だ》してしまっているため、個別労働者の、まして管理職個人に対するリストラ問題などは、「労働組合全体の問題でない」として拒否されるか、それほどあからさまでないにしても積極的にとり組んでくれないのが実状です。

新しく管理職組合をつくる相談は、労政事務所《ろうせいじむしょ》（東京都の場合。大阪府は労働事務所、神奈川県は労働センター、その他の道府県にもそれぞれ名称はまちまちですが、相談機関が置かれています）、労働組合のナショナルセンターや既存の管理職組合、あるいは、日本労働弁護団にするといいでしょう。新しく組合をつくる準備が間に合わなかったり、突然、会社の肩たたきに会い解雇通告されたりする緊急の場合は、個人加盟方式の管理職組合に相談するのがいいでしょう。「東京管理職ユニオン」は、だれでも、一人でも、加盟できる個人加盟方式の労働組合であり、とりわけ、そうした個別の労働紛争（個人の労働契約をめぐる労働者個人と会社とのあいだの争い）について積極的に相談にのっています（連絡先は巻末にあります）。

「東京管理職ユニオン」の大会活動報告（平成九年）によれば、電話と来訪を含め

**個別的労働契約**

労働大臣の私的諮問機関である労使関係法研究会（会長・石川吉右衛門東大名誉教授）が「労働委員会制度は再点検の時期にきている」として、企業とサラリーマン個人の個別紛争については労働委員会に処理機能をもたせることを提言した（九八年十月十五日）。労働委員会の審査の対象は現在、企業と労組間の集団紛争にかぎられているが、現実には働き方や賃金制度の個別化、リストラの進展などで、会社と従業員個人のあいだの個別紛争が増加しているため、この提言となったものである。提言の内容は、①地労委に個別紛争処理機能をもたせる、②地労委を「雇用関係委員会」と改組、国の独立機関にし処理機能を与える、③各都道府県の労政事務所を活用する、などの六案（Q35を参照）。

一日平均五～一〇件の労働相談、一月平均二〇～三〇人の新規加入者（脱退者もあるのでそのまま組合員の純増にはならない）があります。そして、個別の労働相談について、個別相談→組合加入→団体交渉（→抗議行動等）という活動スタイルが定着してきています。つまり、活動家が増え、自前で「闘争」を組織できるようになり、新規加入者が組合員仲間に支持を広げることができればひとつの抗議行動に三〇～四〇人が参加して、問題解決をはかるというシステムです。

「東京管理職ユニオン」をはじめ「銀行産業労働組合」など個人加盟方式の管理職組合は、解雇・退職強要や配転・出向などのリストラ攻撃、降格《こうかく》・減給など労働条件の不利益変更や時間外労働手当不払いその他の労働紛争の個別相談に応じ、相談者が組合に加入すれば、組合として会社に団交を申し入れます。そして、個別の団交や抗議行動など組合員のボランティアによって支えられる日常活動によって、解雇を撤回させたり、退職金の積み増しをさせるなどの成果を実現しています。

企業別組織の管理職組合ももちろん、管理職としてのみずからの地位と労働条件を守るためにたたかっています。「日航労組管理職支部」は、五十五歳以上の地上・客乗管理職に対する退職か賃下げかの「管理職進路選択制度」の導入をゆるさないために管理職組合を結成し、立ちあがりました。企業別組織の各管理職組合に共通する現時点の闘争課題は、労使関係の入口であり要所でもある会社の団交拒否突破です。

余談雑談 ④

## 中高年追い出しと私たちの闘い

一九九七年六月、私たちは、管理職の組合組織である日航労組管理職支部を二〇名で発足させました。

発足からの一年で、おどろくほど大きな前進がありました。管理職支部の最大の前進は、新たな三名の管理職組合員の加入と都労委の関与をえた会社交渉の前進です。さらに、他産業の仲間との出会いやさまざまな新しい発見・刺激がありました。

九七年二月に、日本航空はリストラの一環として「管理職進路選択制度」を提案してきました。「五十五歳になったらもう会社を辞めろ」というも同然なこの制度には多くの管理職は怒りました。怒ったものの、ほとんどの管理職は、労働組合に組織されていません。幸いなことに私たちの組合には、管理職は昇格しても引き続き組合に残って闘っている組合員がいました（もちろん会社は、組合員としては認知していませんでしたが）。私たちが管理職支部を発足させた一番の理由は、この「管理職進路選択制度」に対する怒りであり、当該の管理職組合員から「なんとかしなければ」という声が高まったからです。

しかし会社は、「管理職の問題は団体交渉になじまない」と、組合との交渉にすら応じようとしません。

私たちは、まず都労委に団交拒否という「不当労働行為」を救済するよう申し立てました。職場では、管理職支部ニュースを発行し、一回に八〇〇〇枚を全国に配付しました。また、進路選択の対象となる六〇〇名の管理職にはダイレクト・メールを送りました。

こうした運動に社内からも期待が高まりました。一方で、東京管理職ユニオン等の管理職組合でがんばっている人たちと交流をもち、十月には「定年崩壊、会社を追われる五〇代の抵抗」と題した管理職問題のシンポジウムを成功させました。こうした運動のなかで、管理職支部組合員全体の団結も強まり、全員で「管理職進路選択制度」と闘う決意が強まりました。なにせ、管理職組合員ですから、退職間際の人から、まだ進路選択の対象にならない人、おまけに地方にも管理職組合員がおり、意志統一はなかなか大変でした（もちろん、いまも結構大変です）。

会社との交渉は、こうした運動を積み上げていくなかで、都労委が関与して「進路選択制度」問題にかぎった「自主交渉」が十月から行なわれました。この交渉には、管理職支部からも代表が出席しました。約六〇〇名の対象者のなかで、日航労組員の対象者一〇名だけが進路選択しないという異常事態のなかで、十一月一日の進路選択制度実施日が近づきました。組合は、この間一〇回以上にわたる「自主交渉」を行なうなかで、この制度の不当性を追及し、同時に支部全員集会も開催しながら、組合員の要求を会社にぶつけました。そして、十一月十日に最終交渉を行ない、進路選択制の枠内ながら、ほぼ組合員の要求にそった決着をみることができました。

私たちの運動はまだ続きます。会社は、「管理職の組合員はみとめていない」と言いつつも、管理職支部を含めた交渉を十数回すでに開催しています。そこで、私たちは「労働協約の適用を行ない、労働組合員としての権利をみとめよ」と再度、都労委に「不当労働行為」救済の申立てを行ないました。一時金闘争では、一般職より低い臨時手当（近年、一般職より〇・一カ月低い係数に抑えられている）の差額を求める運動を、労働基準監督署への申告と合わせて行ないました。そして九八年一月には、三名の管理職を管理職支部に迎え入れました。三人ともみずからの労働条件を守るために組合に加入したもので、今後の私たちの運動に大きな展望を示しました。

そして九八年八月には、管理職支部結成いらいはじめて、支部単独で会社との労使交渉が開かれました。これまでの交渉は、都労委が関与した組合本部との交渉ということで、管理職支部からは多くても二名の代表参加でしたが、今回の交渉では、五名の管理職支部委員のみで、しかも、就業時間内に開催させました。その後、会社は管理職組合員の組合費を賃金から天引き（チェックオフ）することや、時間内の組合離席（支部大会や支部委員会）もみとめる方向になっています。

これらのことは、会社が事実上、管理職支部の組合員をみとめたことに他なりません。こうした成果を上げた運動を確認しつつ、ますます元気な管理職支部です。

〔日航労組中央執行副委員長　松野淳一〕

プロブレムQ&A

# Ⅲ 非正規労働者と正規労働者の働き方は違うのですか

# Q18 非正規労働とは、どのような働き方ですか

**新聞紙上などで「非正規」「非正社員」などという言葉を見ますが、この定義はどのようになっているのでしょうか。正規雇用との違いはどこにあるのですか。**

非典型《ひてんけい》雇用あるいは非正規雇用、非正社員などさまざまな呼称が使われます。これはパート、アルバイト、契約社員、派遣など、いわば正社員以外の雇用形態の総称です（ここでは「非正規」または「非正規労働者」とします）。

パートの場合は、パート労働法で同じ事業所で働く正社員よりも労働時間が短い者と定義され、派遣の場合は労働者派遣法で定義が定められています（パート、派遣労働についてはそれぞれ後述）。しかし、それ以外の雇用形態について、法律上の定義などはありません。その特徴は一般的に、①期間の定めがある、②労働時間が正社員に比べて短い、③賃金が時給制など正社員と異なる取扱いがされている、④正社員に適用されている退職金などの福利厚生が適用されない、などといわれています。

しかし、残業や休日出勤が当たり前になっていたり、期間の定めがあっても契約を更新し続け、何年もの長期間にわたって働いている非正規労働者も多くなっています。それにもかかわらず、賃金は時給制などで安く抑えられ、しかも、ボーナス

正規雇用と非正規雇用の割合

| | | |
|---|---|---|
| 正規雇用 | 正社員（役員を除く） | 67.0% |
| 非正規雇用<br>33.0% | パート | 15.6% |
| | アルバイト | 6.5% |
| | 契約・嘱託社員 | 5.6% |
| | 派遣社員 | 2.5% |
| | その他 | 2.8% |

や退職金がないなど、正社員との間に大きな格差があります。さらに、経営者の都合に合わせて必要がなくなったら契約の更新をしない、「雇い止め」という実質的な解雇が行われることも少なくありません。このため非正規労働者の多くは、いつ契約を打ち切られるか不安に晒《さら》されながら働いています。非正規は、まさに労働者から見れば低賃金で不安定な雇用ですが、経営者から見れば安価で雇用調整の容易な便利な労働力ということになります。

こうした非正規労働者が、全雇用者の中に占める割合は年々増加を続け、三三・〇%に達しており、女性では五二・八%と半数を超えています（総務省「労働力調査結果」〇六年平均）。これは女性の場合、正社員で働いていたとしても出産や育児などで退職してしまうと、再就職するときには多くの場合、非正規労働者になってしまうことを示しています。

そして、この非正規という働かせ方は、若年者（十五～三十四歳）に広がっています。学校を卒業した後も、正社員ではなくアルバイトで働き続けている「フリーター」です。その人数は、一八七万人といわれています。厚生労働省がまとめた平成十九年版の「労働経済の分析」（労働経済白書）によると、フリーターは二〇〇三年から三年連続で減少していますが、これは派遣や契約社員・嘱託等、アルバイト以外の増加によるもので「非正規雇用者は引き続き増加している」と分析。さらに、三十五～四十四歳層で「「非正規雇用者の増加がみられる」」と指摘しています。

フリーターはアルバイトなどの非正規で働くことを望んでいるという意見もあり

ますが、必ずしもそうではありません。二十歳未満の男性では、約六割が正社員化を望んでおり、年齢が高くなるにしたがい、正社員を希望する割合は多くなっています(㈱リクルートワークス研究所「アルバイターの就労等に関する調査」)。

一方、教育を受けず、労働もおこなわず、職業訓練もしていない、いわゆる「ニート」(NEET、Not in Education, Employment or Training の略語)と呼ばれる若者(十五〜三十四歳)も増加しており、六四万人に達するといわれています。

こうしたニートと呼ばれる若者も、まったく就労経験がないわけではありません。アルバイトなどが多くなっているものの、これらの若者も約八割は就労経験があります。就労を希望している者も少なくありませんが、ここでもやはり正社員として雇用されることはむずかしくなっています(厚生労働省「ニートの状態にある若年者の実態及び支援策に関する調査研究」より)。

さらに、こうした非正規という働かせ方は、高齢者にも広がっています。「高年齢者等の雇用の安定等に関する法律」(以下「高齢法」)では法定の定年年齢を六十歳としつつ、段階的に六十五歳までの雇用を確保する措置(雇用確保措置)を企業に義務づけています。「雇用確保措置」では、①定年年齢の六十五歳への引き上げ、②定年の廃止、③継続雇用制度の導入、のいずれかを実施することになっています。そして、厚生労働省の調査では八六%と圧倒的多数の企業が「③継続雇用制度の導入」を実施しています(厚生労働省「改正高齢法に基づく高齢者雇用確保措置の実施状況について」〇六年十月)。これは、いったん定年退職扱いとして、その後、嘱託社員など非

---

**高年齢者雇用安定法**

「定年の引上げ、継続雇用制度の導入等による高年齢者の安定した雇用の確保の促進、高年齢者等の再就職の促進、定年退職者その他の高年齢退職者に対する就業の機会の確保等の措置を総合的に講じ、もって高年齢者等の職業の安定その他福祉の増進を図るとともに、経済及び社会の発展に寄与することを目的とする」(第一条)法律。雇用確保措置は、二〇〇六年四月一日から義務化された。

継続雇用制度の導入にあたり、労使協定で対象となる労働者に係る基準を定めたときは、希望者全員を対象としないことも可能となっている。労使協定が締結できない場合、大企業は〇九年三月三十一日まで、常時雇用する労働者数が三〇〇人以下の中小企業は二〇一一年三月三十一日までは、労使協定ではなく就業規則等で基準を定めることを可能だ。年齢は年金支給開始年齢の引上げに合わせ、〇六年度から段階的に六十五歳まで引き上げることがきめられている。

正規の有期契約で最長六十五歳まで契約を更新するというものです。長年、正社員として働き続けていても、定年後には期間の定めのある「非正規労働者」とされてしまうということです。

非正規という働き方は労働者が望んだもの、あるいは自然発生的なものではありません。一九九五年に日経連（現在の「日本経団連」）が発表した「新時代の日本的経営」では、労働者の雇用を以下の「三つの身分」にわけています。

(1) 長期蓄積能力活用型グループ＝幹部正社員、賃上げ・一時金・退職金あり
(2) 高度専門能力活用型グループ＝年間契約、年俸制、一時金・退職金なし
(3) 雇用柔軟型グループ＝パート、派遣、有期雇用、時給制、退職金なし

これは、今後は、ほんの一握りの正規労働者と多くの非正規労働者によって会社を運営していきますという宣言、これまでの看板であった「終身雇用・年功賃金」は維持しないという宣言に他なりません。そして、雇用の分野に市場原理・競争原理をもち込み、「グローバルスタンダード」に合わせ、市場競争力を維持していくため、より使い勝手のよい労働市場をつくろうというもので、企業による労働者の「つまみ食い・使い捨て」宣言です。これが、現在の非正規雇用の増加につながっているのです。

「雇用の多様化」などといわれますが、その実態は不安定かつ低賃金の「雇用の劣化」です。そして、この「雇用の劣化」こそが、現在の格差社会の原因になっているのです。

---

**年金支給と高年齢者雇用安定法**

六十歳から六十五歳の間に支給される特別支給の老齢厚生年金は二〇〇一年度から段階的に減額され、二〇二五年度には、原則として六十歳代前半の年金支給はなくなることになっている（女性は五年遅れ）。このような年金支給に合わせて、六十歳以降の雇用を確保するために高年齢者雇用安定法が改正された。

## Q19 パートだから正社員と待遇が違うのは仕方ないのでしょうか

**パートで十年以上働いています。正社員と同じように働いているのですが、時給制で賃金は半分、ボーナスもありません。これは仕方がないのでしょうか。**

Q18で、非正規労働者が増加していると指摘しました。その非正規のなかで最も多い働き方が「パート」で、全雇用者の一五・六%を占めています。

パート労働法（「短時間労働者の雇用管理の改善等に関する法律」）では、パート労働者について「一週間の所定労働時間が同一の事業所に雇用される通常の労働者……に比し短い労働者」と定義しています。要するに、同じ事業所で働く正社員に比べ、わずかでも所定労働時間が短い者を「パート」と定義しているのです。しかし、正社員と労働時間も同じで、残業や休日出勤も当たり前という、パート法でいうパート労働者にはあたらない、いわゆる「フルタイムパート」、「擬似パート」の存在も指摘されています。

フルタイムパートを含め、パート労働者の多くは有期契約です。（財）二一世紀職業財団が行なった「パートタイム労働者実態調査結果（平成十七年九月）」によると、パート労働者の契約期間は一年以内が七割で最多。にもかかわらず、職務が正社員とほとんど同じというパート労働者も四二・五％います。一方、経営者がパート労働者を雇用する理由をみると、「人件費が割安だから（労務コストの効率化）」という回答が最も多く六六・五％を占めています。正社員並の仕事をしながら「パート」などの名称をつけられ、不安定な雇用、安い賃金に追いやられていることになります。

こうしたなか、〇七年の通常国会で成立した改正パート労働法では「正社員と同視すべきパート労働者」（仕事の内容や責任、人材活用の仕組みが全雇用期間を通じて正社員と同じで、かつ、契約期間が実質的に無期契約となっているパート労働者）については、すべての待遇でパート労働者であることを理由に差別的に取り扱うことが禁止されました。

ここでいう「人材活用の仕組みが全雇用期間を通じて正社員と同じ」とは、パート労働者の職務が正社員と同一になってから、雇用関係が終了するまでの間の人事異動の有無や範囲が事業所の慣行などから判断して同一と見込まれる場合をいいます。

また、「正社員と同視すべきパート労働者」以外であっても、正社員との均衡を考慮し、職務の内容、成果、意欲、能力、経験等を勘案して賃金を決定すること、教育訓練を実施すること、などが努力義務規定として盛り込まれています。

しかし「正社員と仕事が同じで、かつ残業・配転等の拘束性や責任の重さも同じパート（非正社員）の割合は、事業所、正社員、パートいずれからみても全体の四〜五％」（（財）二一世紀職業財団「多様な就業形態に関する調査結果」（平成十三年七月））とされることから、この差別禁止規定に当てはまるパート労働者はごく希なケースといえます。残念ながら、改正パート労働法では、十年も正社員と同じように働いていたパート労働者のほんの一部しか、救われないことになります。

ごく稀なケースであっても、法律で差別禁止規定が盛り込まれたことを一定程度、評価する意見もあります。これに対し、こうした「改正」によりパート労働者が分断され、新しい差別を生むのではないかという意見もあります。また、逆に長時間労働や全国転勤が当たり前という「正社員像」が固定化され、働き方をより過酷にしていくことになるのではないかという指摘もあります。

このよう補助労働だから安くて当たり前という考え方、拘束性（長時間労働、異動の頻度・幅など）の高低による賃金格差を合理的とする考え方を改め、客観的な基準による評価が求められます。今こそ「同一価値労働同一賃金」（仕事は違っても価値が同じ仕事をしているなら同じ賃金）の実現が必要です。

改正パート労働法は、三年後に見直しが予定されています。法律上も「同一価値労働同一賃金」の実現に向けた取り組みが必要です。しかし、法律がどのように変わっても、黙っていては何も変わりません。同一価値労働同一賃金をどのように実現していくか、職場のなかでパートと正社員がともに考えていくべき課題です。一人ひとりの労働者、労働組合が働き方の壁をこえて、「非正規」という働かせ方に対する積極的な関与が望まれます。

---

**同一価値労働同一賃金**

前述したように非正規で働いている労働者の多くは女性。このため、ある側面では非正規労働者の問題と女性労働の問題は密接に関連している。日本は一九六七年にＩＬＯ一〇〇号条約（同一価値労働に対する男女労働者の同一報酬に関する条約）を批准、八五年には国連が採択した女性差別撤廃条約も批准している。これらの批准に際し、労働基準法第四条（男女同一賃金の原則）で、すでに批准の条件は充たしているとされた。

しかし、非正規に占める女性の割合が多いことなどもあり、日本における男女間賃金格差は依然として大きく、ＩＬＯや国連から再三にわたり改善を求められている。

# Q20 契約の打ち切りと解雇は違うのですか

契約社員として働いていたのですが、先日、会社が契約を打ち切ると言ってきました。解雇ではなく打ち切りと言っているのですが、どう違うのですか。

Q18で述べたように、非正規労働者の多くは、期間が定められた「有期雇用契約」で働いています。このため、ご質問のように、契約を更新しないとして「契約の打ち切り」、いわゆる雇《やと》い止《ど》めを突然通告してくる経営者もいます。

例えば、当初から「期間は一年」、「契約の更新はしない」ときめていた場合に、一年で契約が終了し、更新しないのは問題がありません。しかし、契約の更新を繰り返した結果、長期間にわたって働き続けている場合も少なくありません。こうした場合は、契約期間の定めは便宜的なものであり、実質的に期間の定めのない労働契約に変わっていると判断され、解雇と同様に契約の打ち切りは「客観的に合理性を欠き、社会通念上相当であると認められない」（労働基準法第一八条の二）ことになります。

有期契約の雇止めの可否が争われた裁判例では、主に①労働者の従事する業務の内容、②労働者の契約上の地位の性格、③継続雇用を期待させる事業主の言動など、

---

判例

代表的な判例としては、東芝柳町工場事件（最高裁第一小昭四九・七・二二）、日立メディコ事件（最高裁第一小昭六一・一二・四）などがある。

④更新の有無・回数、更新の手続の厳格性の程度など、⑤同様の地位にある他の労働者の雇止めの有無など、に着目して判断されています。

そして、①業務内容が恒常的である、②継続雇用を期待させる事業主の言動が認められる、③更新の手続が形式的である、④同様の有期契約労働者で過去に雇止めの例がほとんどない、などの場合には期間の定めのない契約と実質的に異ならない状態になっていると認められるケースが多くなっています。さらに、契約更新の回数だけでなく、契約期間が満了したとしても、労働者が雇用継続を期待することに合理性があるかどうかも判断の重要なポイントになります。

「解雇」ではなく、「雇い止め」と主張し、有期契約労働者を雇用の調整弁にしようとする経営者も少なくありません。しかし、実際にはこうした裁判例の考え方をあてはめて判断することが必要です。

いつでも契約が切れるようにと、雇用期間を一カ月などと極端に短くして、契約の更新を続ける「細切れ雇用」も増えています。なかには、一カ月の短期間雇用の更新を続けて、何年も勤務しているというケースもあります。

本来、有期契約は、一定の期間に業務が増加するために臨時に増員をする場合などのみに認められるべきものであって、雇用の調整弁となるような仕組み自体をかえていく必要があります。ヨーロッパなどでは、合理的な理由のない有期雇用契約を法律で禁止している国もあります。

日本でも、このような有期契約を規制する法律が必要です。

# Q21 派遣のシステムはどうなっているのですか

**現在、求職活動中です。先日、ハローワークに行ったら、正社員の仕事が少なく派遣の仕事を紹介されました。派遣のシステムはどうなっているのでしょうか。**

労働者派遣とは一九八五年に制定された「労働者派遣法」に基づいて行なわれるものです。正社員やパートで働く場合は、会社と労働者は二者の関係（雇用関係だけ）で、雇われた会社の指揮命令に従って働きます。これに対し、派遣の場合は、派遣労働者は派遣元と雇用契約を結び、派遣先の指揮命令に従って働くという関係になります。要するに、派遣会社（派遣元）、実際に働く会社（派遣先）、労働者（派遣労働者）の三者の関係になります。

また、派遣は「特定派遣」（常用型）と「一般派遣」（登録型）の二種類にわけられます。常用型は、仕事のあるなしにかかわらず、派遣会社に雇用されていて、仕事のあるときに派遣先で働きます。これに対して、登録型は、派遣会社に登録だけしておき、仕事のあるときだけ派遣会社に雇用され、派遣先で働きます。

このため登録型派遣の場合は、派遣先の都合によって契約を打ち切られれば、仕事を失ってしまいます。しかし、例えば六カ月の契約にもかかわらず三カ月で契約

労働者派遣のしくみ

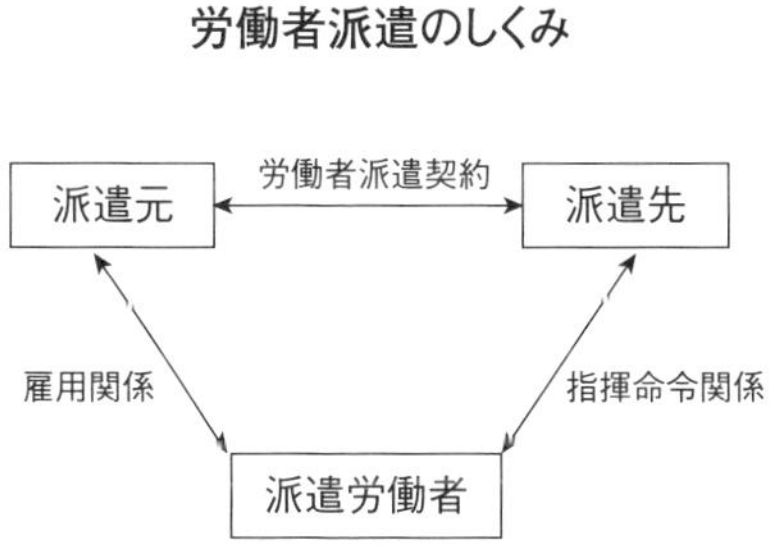

を打ち切るなど、契約期間の途中で契約が打ち切られた場合は、派遣会社は同様の労働条件の別の派遣先を確保しなければなりません。仕事が確保できないときは残りの期間について労働基準法で定められている休業手当を支給しなければ違法になります。このため、派遣会社はこうしたリスクを回避するため、一カ月などの短い契約期間を更新し続ける「細切《こまぎ》れ雇用」にするケースが増えています。まさに、派遣労働者にとってはいつ契約が切られるかわからない不安定な雇用となっています。

当初、労働者派遣法は、職業安定法で定める「労働者供給事業の禁止の原則」の例外として、専門的な業務に限定して認められ制定されました。施行されたころは「専門性を生かして働ける、働く時間を選び自由に働ける」などとして、女性労働者を中心に派遣が拡がっていきました。

しかし、労働者派遣法は、バブル経済の崩壊以降にすすめられた規制緩和の影響をまともに受け、大きく変貌を遂げます。九九年の「改正」では、港湾運送、建設、警備、医療の各業務以外の業務はすべて派遣が可能とされました。

こうした規制緩和の結果、人材ビジネスとしての派遣事業は拡大を続けています。厚生労働省が発表した「労働者派遣事業の平成一七年度事業報告の集計結果」によると、九九年度での派遣労働者数は九〇万人、常用換算で三一万人。これが〇五年度にはそれぞれ二五五万人、一二四万人にまで増加しています。

規制緩和によって、派遣事業が急速に拡大する一方で、ワーキングプアの温床ともいえる新たな働かせ方「日雇い派遣」も増加します。契約期間は一日。まさに究

---

労働者派遣法

一九八五年に成立、翌八六年に施行。当初は、職業安定法で定める「労働者供給事業の禁止」の例外として、常用雇用の代替とならないよう、業務の専門性・労務管理の特殊性を考慮して派遣できる業務（適用対象業務）を限定してスタートした。法律成立時の適用対象業務は一三業務。半年ほどすると、政令の改正により三業務が加えられ一六業務になった。これが九六年には二六業務まで拡大。さらに九九年の「改正」では派遣できない業務を定め、それ以外のすべての業務で派遣を可能とする完全自由化へと大きく変貌を遂げた。労働者派遣が禁止された業務は、「建設業務」「警備業務」「港湾運送業務」「医療関係業務」（一部は可）、「物の製造の業務」。「物の製造の業務」は〇三年に派遣が解禁された。

極の「細切れ雇用」です。しかも、その仕事の多くは重労働で、一日の手取額は六〇〇〇円～七〇〇〇円程度。一カ月二十日働いても十二万円～十四万円にしかならず、日雇い派遣だけで働いている者のなかには、いわゆる「ネットカフェ難民」となっている労働者もいます。雇用の多様化という美名の下に雇用の劣化がすすんでいるのです。

しかし、不十分ながらも一定の規制があります。

情報処理システム開発や研究開発などの専門業務といわれる二六業務では、派遣先は期間の定めなく派遣労働者を受け入れることができます。しかし、それ以外の業務の場合は、派遣先が派遣労働者を受け入れることができる期間は原則として一年。派遣先の過半数を代表する者または過半数が加入する労働組合の意見を聞いた場合は、三年まで延長できることになっています。

派遣先の過半数労働組合の意見を聴くことなく一年を超えて派遣労働者を受け入れる場合、または三年を超えて派遣労働者を受け入れる場合には、派遣先は派遣労働者に「直接雇用の申込み」をすることが定められています。また、専門の二六業務については、三年を超えて派遣労働者を受け入れている場合に、派遣先がその派遣労働者の行なっている業務で新たに直接雇用労働者を受け入れるときは、まずその派遣労働者に「直接雇用の申込み」をすることが定められています。実際に、この「直接雇用の申込み」義務を使い、派遣先に直接雇用された派遣労働者もいます。

---

**ネットカフェ難民**

定住する住居を持たずに二十四時間営業のインターネットカフェに寝泊まりする者のこと。厚生労働省の調査では約五四〇〇人とされたが、業界団体を通じての調査だったことなどから、実数はもっと多いといわれている。また、若年者が多いといわれていたが、調査では二十歳代と五十歳代に山があり、中高年齢者にも拡がっている。

## Q22 偽装請負ってなんですか

マスコミなどで「偽装請負」ということを聞きますが、これはどのような働き方で、どんな法律に違反しているのでしょうか。

「偽装請負《ぎそううけおい》」とは、実際には「派遣」でありながら、契約上は「請負」を装うものです。Q21に述べた「派遣」と違い、請負の場合は、仕事を発注した会社（請負先）と仕事を請け負った会社（請負元）が、仕事の完成のみを契約します（請負契約）。そして、請負元は自社が雇用している労働者を使って仕事を行ない、仕上げます。このため、労働時間の管理や仕事をするにあたっての業務上の細かい指示は、請負元が行ないます。しかし、実際には請負元が労働者を請負先に送り出し、労働時間管理や業務上の指示などを請負先が行なっていることがあります。つまり、実質的に「派遣」になっているのです。これが「偽装請負」です。

発注者が請負を活用する理由をみますと、「一時的・季節的な業務量の増大に対処するため」（四九・八％）が最も多く、次いで「欠員補充等必要な人員を迅速に確保できるため」（三九・九％）、「経費が割安なため」（三四・二％）と続きます。また、パート等の直接雇用ではなく、請負労働者を受け入れる理由としては「雇用管理の負担が軽減されるため」（五一・七％）、「雇用調整が容易なため」（四一・五％）などの順になります。要するに「業務量に応じて迅速に割安で、雇用管理の負担の少ない、雇用調整の容易な労働者を調達したいから」ということです。

一方、働いている製造業の請負労働者は有期労働契約です。しかも、契約期間は一年以下がほとんど。労働者が請負で働くことのデメリットとしては、「将来の見通しが立たない」（四〇・五％）、「収入が不安定である」（三三・七％）、「雇用が不安定である」（二九・五％）などとする回答が多くなっています。

ここで引用したデータは、適法な製造業の請負を対象に行なった調査ですが、「偽装請負」でも同様の傾向を示していると考えられます。

また、発注者が「偽装請負」を利用する理由は、労働者派遣法の規制を逃れるためとの指摘もあります。Q21で指摘したように、労働者派遣の受け入れでは、派遣期間の制限を受け、直接雇用の申込み義務が発生します。こうした直接雇用の申込み義務を免れるためなどに、偽装請負を行っているというのです。

職業安定法では、自らの会社で雇用する労働者を他人の指揮命令を受けて業務に従事させる「労働者供給事業」を原則として禁止しています。これは、いわゆるピンハネを防ぐための規制です。労働者派遣法は、この職業安定法の例外規定として制定されたものです。請負と称して派遣を行なう「偽装請負」は、職業安定法や労働者派遣法に違反してピンハネをする「違法な働かせ方」なのです。

---

**請負労働に関する調査**

ここでは、厚生労働省の研究会が二〇〇七年六月にまとめた「製造業の請負事業の適正化及び雇用管理の改善に関する研究会報告書」から引用した。

# Q23 個人事業主ってなんですか

**求人広告を見て会社に面接に行ったら個人事業主としての契約になるといわれました。個人事業主ってなんですか。就職なのにこれってどういうことなのですか**

「請負契約」や「委託契約」により、いわば仕事を請負った場合、請負った人が「個人事業主」あるいは「事業主」となります。

それでは、「請負契約」（または「委託契約」）とはどのようなものなのでしょうか。

Q22で述べたように、請負契約は、本来、業務の完成のみを契約するものです。この場合、請け負った側である個人事業主は期日までに仕事を完成させればよいので、いつ、どこで仕事をしても構いません。また、仕事の発注者は、期日までに仕事が完成すればよいので、業務上の細かい指示（「○時～○時まで△△で作業をしてくれ」など）などを行なう必要も権限もありません。

個人事業主などの請負契約の例としては、いわゆる一人親方が建物の内装工事をする場合や、フリーライターが原稿の執筆を行なう場合などがあります。工務店がゼネコンから内装工事を請負う場合、工務店（請負元）とゼネコン（請負先）は「請負契約」ですが、工務店の指揮命令にしたがって働く労働者は「雇用契約」です。

---

**請負**

民法第六三二条に、「請負は、当事者の一方がある仕事を完成することを約し、相手方がその仕事の結果に対してその報酬を支払うことを約することによって、その効力を生ずる」と定められている。

「雇用契約」の方は、勤務時間、場所などがきめられていて「○時から○時まで、働く場所は××、賃金は○○万円」といった契約を結び、上司の指示命令にしたがって仕事をします。いわば、会社に「雇われている」状態で、労働基準法上の「労働者」になります。

労働基準法をはじめとした、労働法の保護は、「労働者」を対象としているので、「個人事業主」には適用されません。また、社会保険や労働保険（労災保険、雇用保険）にも加入できません。

しかし、実態は「雇用契約」であるにもかかわらず、契約上は「請負契約」を偽装するケースが増えています。これは、一般的に「偽装雇用《ぎそうこよう》」と呼ばれています。契約上は「請負契約」とすることで、労働法の保護の適用、社会保険や労働保険の適用を免れようとするものです。しかし、実態として「雇用契約」であれば違法（脱法行為）であることに変わりがありません。

働かせ方が複雑にされて、「個人事業主」か「労働者」かの判断がつきにくい場合もあります。「個人事業主」となるかの判断のポイントを大まかにしめしますと、①「○時～○時まで」といった時間の拘束がない、②仕事をする場所が会社内に限定されているなど場所の拘束がない、③報酬は仕事の完成（例：××のシステムひとつにつき○万円）によってきまっている、の三つです。この①～③のいずれかひとつでも満たさない場合で個人事業主とされているときは、「偽装雇用」の可能性があります。

---

**請負契約が否定された例**

最近では自転車で配達を行う「バイシクルメッセンジャー」、オートバイで配達を行う「バイク便」が請負契約とされていたケースで、厚生労働省は雇用契約のある「労働者」であるとの判断を示す通達（平一九・九・二七　基発第〇九二七〇〇四号）を出している。

## Q24 非正規で働く者はどう闘えばいいのですか

会社には労働組合がありますが、正社員しか加入できません。非正規で働くわたしたちはどのように闘えばいいのでしょうか。

パート、派遣、契約社員、請負社員……どのような働き方であろうと、この章で述べてきたように、労働基準法上の「労働者」または労働組合法上の「労働者」であることに変わりはありません。

このため、働き方を問わず、労働基準法をはじめとした労働法の保護がありますし、労働組合にも加入することができます。「個人事業主」は、「労働基準法上の労働者」ではありませんが、「労働組合法上の労働者」です。このため、労働法の保護の対象にはなりませんが、労働組合に加入すること、労働組合を結成することはできます。例えば、プロ野球選手でつくる「プロ野球労組」は「個人事業主」の労働組合です。

「うちの会社は、パートは労働組合に加入できない」などということもあるでしょう。しかし、これはその会社の労働組合が組合規約で組合員の範囲を正社員に限定しているためです。したがって、法律（労働組合法）上、労働組合に加入できないということではありません。非正規労働者が増加するなか、徐々にではありますが、非正規労働者が加入できる労働組合も増えています。

どうしても、企業内の労働組合に加入できなければ、個人加盟の地域合同労組やコミュニティ・ユニオンなどに加入して、会社と団体交渉を行なうこともできます。また、行政官庁（労働基準監督署、公共職業安定所など）への違法の申告や、労政（主管）事務所（東京都の場合は、労働相談情報センター）への相談、労働審判制度への申立て、など非正規労働者ということで制限されているものはありません。仕事中や通勤途上にケガをして治療を行なう場合に、労災保険の対象にもなります。

昨今、「コンプライアンス」（法令遵守）が流行語のように使われる傾向もありますが、とりわけ、中小企業ではまだまだ法律を無視する経営者も少なくありません。また非正規労働者のなかにも、「パートだから……」、「派遣だから……」ということで労働法の適用がされないと誤解し、トラブルがあっても仕方ないとあきらめてしまうこともあるでしょう。しかし、どのようは働き方をしていたとしても法律上、すべて同じ「労働者」なのです。

そして、このような労働法による労働者の保護規定は、労働組合とセットになってはじめてその機能を十分に発揮することができます。正社員の場合も同様ですが、労働組合をつくる、あるいは、労働組合に加入して、法律上の正当な権利を行使しても会社から不利益を受けない態勢をととのえること、あるいは不利益を受けたときにきちんと闘える態勢をととのえることが必要です。

---

**プロ野球労組**
正式名称は「労働組合日本プロ野球選手会」。一九八五年（昭和六〇）年九月三十日、都労委に組合資格審査請求を提出。十一月五日に労働組合として認定され、十一月十九日に労働組合として法人登記。二〇〇四年九月には、日本プロ野球史上はじめてとなるストライキを決行した。

余談雑談⑤

# ワーキングプアの逆襲——日雇派遣最大手グッドウィルと闘う

一九八五年に成立した労働者派遣法は、規制緩和の影響をまともに受けて数次の改悪を繰り返します。そして、一九九九年には一部の派遣できない業務を定め、それ以外のすべての業務で派遣を可能とする完全自由化へと大きく変貌を遂げました。これによって登場したのが、ケータイ電話と免許証などの身分証明だけで、だれでも登録が可能な「日雇派遣」。低賃金（六〇〇〇〜七〇〇〇円）で重労働、しかも日雇という究極の不安定かつ細切れ雇用で、「ワーキングプア」（働く貧困層）の温床ともなっています。

しかも、①駅などに集合を強制され、その後就労場所に移動するケースが多いのですが、集合時間からの賃金が支払われない、②建設、港湾運送、警備など労働者派遣が禁止されている業務に派遣されている、③登録時にチノパン、軍手などのほか派遣会社のロゴ入りのシャツなどの強制的な「販売」が行なわれる、などまさに違法行為のオンパレードとなっています。その違法行為の象徴が、日雇派遣の最大手グッドウィルの「データ装備費」（二〇〇円）、二位のフルキャストの「業務管理費」（二五〇円）という名称で、一回働くごとに強制的に行なわれてきた使途不明の天引きです。「仕事中の物損のための保険」「個人情報を管理するための費用」などの理由をつけて、労働基準法で定められている賃金控除協定もないなかで、いずれも創業時から天引きを続けてきました。

フルキャストでは、日雇派遣労働者や各ユニオンのメンバーが参加する派遣ユニオンとの団体交渉の結果、〇七年七月三十日に創業時に遡って返還することを協定。しかし、一方のグッドウィルでは、団体交渉での要求を無視し、二年分のみの返還を一方的に通告してきました。これに対し、派遣ユニオンでは過去の全期間に遡って返還することを求め、八月二十三日に東京地裁に提訴。原告は二六名、請求総額は四五五万四六〇〇円、原告団で最も金額の多い人は四〇万三四〇〇円、第二次、第三次の訴訟準備も進め、原告を募っています。同時に、他の労働基準法違反については、組合員以外にも広く労働基準監督署への申告を呼びかけています。

私たちは、この闘いを違法・不当な状況で働かされてきた日雇派遣労働者の尊厳を取り戻す闘い「ワーキングプアの逆襲」と位置づけ、裁判の全面勝利のみならず、その他の違法の是正を含めて、今後もさらに闘いを展開していきます。

〔東京ユニオン執行委員　東直矢〕

プロブレムQ&A

# Ⅳ

# 労働者を守る法律はどのようになっているのですか

# Q25 労働者の権利はどのように闘いとられてきたのですか

労働運動はいつごろからはじまったのですか。労働者の団結する権利やストライキに対する刑事罰の免責は、どのように闘いとられてきたのですか。

近代資本主義は、市民革命《しみんかくめい》（ブルジョワ革命）のあと本格的な発展を遂げ、生産手段の所有者である資本家《しほんか》と無産《むさん》の賃労働者《ちんろうどうしゃ》からなる二つの階級を生み出しました。エンゲルスは当時の労働者階級を、「それは肉体的にはひ弱な、知的には獣《けもの》の域《いき》におちた種族」と指摘しています。こうした悲惨《ひさん》な状態に追いやられた労働者階級は、製品を盗み出すという個人的な抵抗からはじまり、やがて集団的な暴動を行なうようになりました。イギリス各地にひろがったラッダイトの機械打毀《きかいうちこわ》し運動（一八一一〜一六年）はその代表的なものです。イギリスでは一七九九年と一八〇〇年に、フランス革命の波及をおそれた支配階級が団結禁止《だんけつきんし》法《ほう》を制定し、賃上げもしくは労働時間短縮のための団結、ストライキおよびその誘導《ゆうどう》、ストライキ中のピケッティングなどが禁止されていました。労働組合をつくった労働者は、この法律によって共謀罪《きょうぼうざい》で禁固《きんこ》刑《けい》や罰金刑を科せられました。

しかし、逮捕、投獄、罰金などの弾圧にもかかわらず、労働者の団結がすすみ、

チャーチスト運動
一八三七年から十年余にわたって、イ

ストライキがしばしばおこり、ついに一八二四年、団結禁止法が廃止されました。団結禁止法の廃止によって労働組合運動は合法化されましたが、実際には、一八七一年に「労働組合法」が制定されるまで、労働組合は完全な法律上の自由を得ることはできなかったのです。一八三〇年代になると、さまざまな業種で急速に労働組合の活動が活発化、組織の拡大がすすみ、最低賃金制の導入、十一歳以下の児童《じどう》の労働時間の一日八時間以下への制限、等の要求が見られるようになりました。三〇年代後半になると、普通選挙権の獲得等の目標を掲げるチャーチスト運動が多くの労働者の支持をあつめるようになり、四二年から四七年にかけて、炭坑法《たんこうほう》、工場法《こうじょうほう》、十時間労働法、婦人・子供の労働時間制限（その後、一八七三年に、婦人および子供のための工場九時間法が成立）等がかちとられました。マルクスとエンゲルスが「万国の労働者団結せよ」と宣言したのは一八四八年のことです（『共産党宣言』）。

一八五一年にイギリスで合同機械工組合が設立されました。この合同機械工組合の三つの基本方針である、相互保険（共済制度）、団体交渉、法律制定は、十九世紀後半のイギリス労働運動の特徴を前駆するものです。一八六七年の改正選挙法によって、下院議員選挙区において小都市の労働者がはじめて選挙権を獲得しました。労働組合の指導者はこの権利を行使して、まず一八七一年に「労働組合法」を制定させ、次いで七五年に「共謀罪および財産保護法」、「雇主および労働者法」の二法を制定させ、労働組合ははじめて、刑事上の免責を与えられました（Q26、Q48を参照）。

---

ギリス労働者階級が普通選挙権など六条の人民憲章（People's Charter）の獲得をめざして展開した急進的政治運動。政府の武力鎮圧により一八四八年に壊滅した。しかしこの運動は、労働者階級がはじめてみずからの利害と実力による階級的政治闘争に立ちあがった点で、画期的な意味をもつ。

**一八七一年「労働組合法」**

一八七一年「労働組合法」（Trade Union Act）は、「労働組合憲章」（Charter of Trade Union）と呼ばれる。世界史上はじめて労働組合を法認し、労働組合の法的定義を与えた。「労働組合とは、一時的であると恒久的であるとを問わず、労働者と使用者との関係、もしくは労働者相互の関係、もしくは使用者相互の関係を規制し、あるいは、職業もしくは業務の遂行に制限的条件を課すことを目的とし、もし本法が制定されなかったならば、その目的のひとつあるいはそれ以上が、取引を制限することにあるという理由により、違法な団結とみなされたであろうような団結、をいう」。

# Q26 労働三法とは何ですか

**日本国憲法と労働三法とはどのような関係にあるのですか。憲法に生存権的基本権といわれるものと労働基本権は同じものなのでしょうか。**

十八世紀末、イギリスにはじまった労働組合運動は、十九世紀なかば以降、ようやくひとつの社会的勢力として定着《ていちゃく》するようになり、この段階にいたって、労働組合をもはや法の枠外《わくがい》に放置しておくより、国家《こっか》的法秩序《てきほうちつじょ》の枠内に取り入れ、その秩序に服させた方がかえって資本主義社会の秩序維持《ちつじょいじ》に役立つ、と考えられるようになりました。しかし、この段階はまだ、「団結することもまた自由である」、すなわち、「取引の自由」「労働の自由」の原理のもとに、団結を団結として承認するのではなく、個人的な契約自由行使の集合として労働者の団結の自由を承認するものでした（団結禁止の段階から団結放任《だんけつほうにん》の段階へ）。

労働組合の権利を市民的な自由でとらえる考え方に基本的な転換がおきるのは二十世紀になってからです。国民の生存権的基本権《せいぞんけんてききほんけん》を保障する憲法を、国民の自由と平等を基本的人権としてみとめる十九世紀の憲法に対して、「二十世紀的憲法」といいますが、そのさきがけとなったのがドイツ共和国憲法（一九一九年。ワイマール憲

---

**生存権的基本権**

「国家の権力を制限することによって維持・保障せられる基本権」を自由権的基本権、「国家の権力の積極的な関与によって約束・実現せられる基本権、終極において国民の生存の維持を内容とするもの」を生存権的基本権という。福祉国家的な権利であって、国民の人間に値する生存を実質的に確保するための国の積極的政策義務を内容とするものである。生存権、労働権、労働三権を包括するものであり、社会的基本権ともいう。

法と呼ばれる）です。ワイマール憲法第一五九条は「労働条件および経済条件の維持および改善のための団結の自由は、何人に対しても、またいかなる職業に対しても、これを保障する。この自由を制限ないし阻害する、すべての約定《やくじょう》・措置《そち》は違法《いほう》である」と規定して、生存権（日本国憲法第二五条）、労働権《ろうどうけん》（同第二七条）、団結権《だんけつけん》（同第二八条。ただし、ワイマール憲法は争議《そうぎ》権《けん》の保障までは行なっていない）などの、いわゆる生存権的基本権（社会的基本権ともいう）を保障しました（団結放任の段階から団結承認の段階へ）。

わが国においては、第二次大戦以前は労働法制はないに等しい状態でしたが、大戦終了とともに、連合軍がわが国に対して間接統治方式を採用し、日本政府に対し一連の民主化政策を打ち出し、実施を迫りました。その一環として、治安維持法《ちあんいじほう》その他の弾圧法令《だんあつほうれい》が撤廃され、労働三法《ろうどうさんぽう》が制定されました。まず、昭和二十年に労働組合法《ろうどうくみあいほう》、翌二十一年に労働関係調整法《ろうどうかんけいちょうせいほう》、ついで、二十二年には労働基準法《ろうどうきじゅんほう》が制定され、わが国労働法制の根幹をなす労働三法が出揃《でそろ》いました。さらにこの間に、日本国憲法が制定公布（昭和二十一年。昭和二十二年五月三日施行）され、その二五条で生存権、二七条で労働権《ろうどうけん》および二八条で労働三権《ろうどうさんけん》が保障されました。

生存権、労働権および団結権はワイマール憲法につらなるものですが、日本国憲法では、生存権および労働権が「すべて国民」の権利として保障されるのに対して、団結権を含む労働基本権は「勤労者《きんろうしゃ》」の権利として保障されています。このことは、日本国憲法が労働者を特殊社会集団として捉《とら》え、特殊労働者的な権利として、労働基本権の保障や労働法の制定を行なうことを示すものです。その意味においては、

---

**労働権**

労働権とは、労働する能力ある者が労働する機会を社会的に要求しうる権利。日本国憲法は二七条一項で「すべて国民は、勤労の権利を有」すと定めている。この労働権と二八条に定める労働三権を一括して労働基本権という。

**治安維持法**

治安維持法の第一条は、「国体ヲ変革シ又ハ私有財産制度ヲ否認スルコトヲ目的トシテ結社ヲ組織シ又ハ情ヲ知リテ之ニ加入シタル者ハ十年以下ノ懲役又ハ禁錮ニ処ス」というものである。第一次大戦後の労働運動の左翼化、日本共産党の組織化を受けて、政府が革命的な社会運動を取り締まるため治安警察法（一九〇〇年制定）の不備を補うべく一九二五年に制定した。当初は、共産主義および無政府主義運動の弾圧を目的としていたが、政府の反動化につれて拡張解釈され、思想そのものの抑圧のために特高警察の濫用するところとなった。

労働基本権の保障や労働法の制定は、政策目的をもって体制および企業秩序維持のために容認されたものであり、したがって、つねに労働者のために機能するものではなく、労使いずれの側の利益にもなるという二面性をもつものです（Q48を参照）。

労働組合法は、労働者の団結権、団体交渉権および団体行動権の、いわゆる労働三権を保障する憲法第二八条の実定法規《じっていほうき》として制定されたものです。団結保障法《だんけつほしょうほう》として労働組合の結成（団結自由）と運営（団結自治）を擁護《ようご》し、団体交渉など組合活動を助成することを目的としています。

同じく、労働関係調整法は、労働争議の予防・解決を目的とするものです。

労働基準法は、憲法第二七条第二項「賃金、就業時間、休息その他の勤労条件に関する基準は、法律でこれを定める」とする労働条件法定の原則にもとづき、これを具体化、敷衍《ふえん》するために制定されたものです。なお、個別的労働関係を規律する労働者保護法規として、労基法以外に以下のものがあります。

(1) 労基法に定められていた規則を独立させたもの（最低賃金法《さいていちんぎんほう》、労働安全衛生法《ろうどうあんぜんえいせいほう》、労働者災害補償保険法《ろうどうしゃさいがいほしょうほけんほう》、賃金の支払の確保等に関する法律等）

(2) 労基法の規制を前提に強化・拡大したもの（男女雇用機会均等法《だんじょこようきかいきんとうほう》、育児休業法《いくじきゅうぎょうほう》等）

(3) 雇用関係・就業形態の変化に応じて労基法の規制を補足するもの（労働者派遣《ろうどうしゃはけん》事業法《じぎょうほう》、パートタイム労働法等）

---

**実定法**

実定法とは、人の行為によってつくられ、一定の時代、社会で実際に使われる法。制定法、慣習法、判例法などの人為法をいう。自然法に対する言葉。

# Q27 労働契約、労働協約と就業規則の関係は

**使用者の労働契約締結時の労働条件明示義務と、就業規則との関係はどのようになっているのですか。労働条件の対等な決定は、現実に行なわれていますか。**

労働基準法総則（第一～七条）は一般に労働憲章といわれ、第一条は労働条件の原則を次のように定めています。

(1) 労働条件は、労働者が人たるに値する生活を営むための必要を充たすべきものでなければならない。

(2) この法律で定める労働条件の基準は最低のものであるから、労働関係の当事者は、この基準を理由として労働条件を低下させてはならないことはもとより、その向上を図るように努めなければならない。

労基法は、常時一〇人以上の労働者を使用する使用者（適用単位《てきようたんい》は、会社ではなく事業場）に対し、就業規則《しゅうぎょうきそく》を作成し、労働基準監督署に届出ることを義務づけています（第八九条一項）。「契約なくして労働なし」といわれるように、入社の際に、労働者は会社と労働契約を結び、労働条件について合意します。しかし通常の場合、労働条件が個別に交渉されるようなことはなく、使用者が一方的に就業規則を示し

---

労働の従属性

賃労働者の特質は、使用者に対する従属性にある。従属性とは、使用者との契約関係において不利な地位にあることの経済的従属性と仕事の内容が使用者の指揮命令下にあることの人格的従属性からなる。労働法は、この従属性の認識を前提に、労働者を使用者と対等な地位に引き上げることを意図するものである。すなわち、低賃金、長時間労働、失業等による生存の危機に対する「生存権」の発想、さらに、その生存を確保するためには労働者は団結しなければならないとする「団結権」の保障、という理念のもとに、労働法は従属労働に関する法として形成されたものである。

（第一五条、労働条件の明示義務《めいじぎむ》）、労働者はそれをただ受け入れるだけです。

それでは就業規則は、使用者が一方的に作成して労働者に押しつけるものなのでしょうか。就業規則には、労働条件だけでなく職場規律その他、その会社における労働者の権利・義務が包括的《ほうかつてき》に記載されています。労基法は、就業規則の絶対的記載事項として労働時間、賃金、退職に関する事項を定めています（第八九条一項一～三号）。そうであるとすれば、就業規則が個別の労働契約《ろうどうけいやく》の内容を決定することになり、労働法の法理念である、労働者を契約自由の市民法原理から守り、「労働の従属性」によって強いられる弊害《へいがい》を規制する目的が空文化《くうぶんか》することになりかねません。

労基法第九二条一号は「就業規則は、法令又は当該事業場について適用される労働協約に反してはならない」としています。法令とは、労基法その他の強行法規、民法の公序良俗《こうじょりょうぞく》などです。また、九三条は、「就業規則で定める基準に達しない労働条件を定める労働契約は、その部分については無効とする。この場合において無効となった部分は、就業規則で定める基準による」、労働組合法第一六条は、「労働協約に定める労働条件その他の労働者の待遇に関する基準に違反する労働契約の部分は、無効とする。この場合において無効となった部分は、基準の定めるところによる。労働契約に定がない部分についても、同様とする」と定めています。なお、就業規則については、当該事業場の労働者の過半数で組織する労働組合もしくは過半数を代表する者の意見聴取義務《いけんちょうしゅぎむ》（労基法第九〇条）、周知義務《しゅうちぎむ》（第一〇六条一項）を定めています。しかし、意見聴取義務は、協議や同意をうることまで要求するもので

---

**労働協約**

労働協約の歴史は労働運動とともにはじまる、と言われる。使用者による労働組合の団結承認および団交応諾によってはじめて、それ以前の雇用契約による個別的決定をはなれて、労使間における労働条件の取りきめは労働協約による集団的決定に移行する。すなわち、使用者と個別労働者とのあいだの形式的対等を前提とする労働条件の取引は、使用者と労働組合とのあいだの実質的対等を前提とする取引に変わっていく。労働協約制度が普及するのは二十世紀に入ってからであるが、日本で労働協約が制度的に定着するのは、第二次大戦後、労働組合運動の国家的承認を待ってからである。労働組合法第三章（労働協約）を参照。

はありません。

以上のように、労基法等が最低基準となり、労働契約、就業規則、労働協約《ろうどうきょうやく》はこれに違反することはできません。そして、労働協約が就業規則、労働契約に優先し、労働契約は就業規則の、就業規則は労働協約の定める基準を下回ることはできません。

労基法第二条は、労働条件の決定について、
(1) 労働条件は、労働者と使用者が、対等の立場において決定すべきものである。
(2) 労働者及び使用者は、労働協約、就業規則及び労働契約を遵守《じゅんしゅ》し、誠実に各々その義務を履行《りこう》しなければならない。
と定めています。労働条件の対等決定は契約法上のたてまえですが、現実には、契約締結時に労働者が、労働条件の具体的内容について使用者と対等に交渉し、合意することはきわめてまれなことでしかありません。総じて、契約締結時に労働条件が個別に決定されることはなく、労働条件を定型的に定めた就業規則がそのまま労働契約の内容になるというのが実態です。多数の労働者を使用する企業においては、労働条件を統一的かつ画一的に決定する必要があるとされ、「労働者は、就業規則の存在および内容を現実に知っていると否とにかかわらず、また、これに対して個別的に同意を与えたかどうかを問わず、当然にその適用を受けるものというべきである」（秋北バス事件・最高裁判決／昭和四十三年）。かくして、労基法のたてまえとは別に、就業規則による使用者の一方的な労働条件の決定・変更が定常化しています。

---

**就業規則の不利益変更**
最高裁は、就業規則の改定による労働条件の一方的な不利益変更は原則としてみとめられないけれども、変更に合理性があれば、変更に反対する個々の労働者をも拘束する、とする基本ルールを定立していた（秋北バス事件　最高裁判決／昭和四十三年）。その後、その合理性判断について、就業規則の「規則条項が合理的なものであるとは、当該就業規則の作成又は変更が、その必要性及び内容の両面からみて、それによって労働者が被ることになる不利益の程度を考慮しても、なお当該労使関係における当該条項の法的規範性を是認できるだけの合理性を有するものであることをいう」と、定式化した（大曲市農協事件・最高裁判決／昭和六十三年）。

## 余談雑談 ⑥

# 首切りとバカンス

周知のごとく、年次有給休暇《ねんじゆうきゅうか》制度《せいど》は憲法第二七条第二項の休息権《きゅうそくけん》に由来するものであって、労働基準法で保障されている労働者の権利である。したがって、有休が実効ある権利として保障されるためには、いかなる理由であれ、使用者の介入をゆるしてはならず、企業の都合《つごう》や便宜《べんぎ》で、恣意的《しいてき》、裁量的に制限・制約されてはならない。労基法では第三九条第四項但書で、企業側の時季変更権《じきへんこうけん》をみとめているが、あくまでも例外規定のわくを出ないものであって、その場合でも大きなタガがはめられている。しかし現実には、労基法の法意を蹂躙《じゅうりん》する行為が堂々とまかり通っているケースが多く、この国にバカンス（長期休暇）が定着するのはまだまだ先のようだ。

以下は、基本的人権を主張したが故に懲戒解雇《ちょうかいかいこ》された私の体験談。いったいこの国の企業や裁判官は、労働者の基本的人権を何と考えているのだろうか。

一九九二年夏、当時時事通信社の社会部記者だった私は、手持ちの有休を使って夏休みを取ろうと、担当していた業務が年間を通じてもっともヒマになる七月末から八月末までの約一カ月間を休暇時季に指定した休暇届を、七月十七日に三橋清二社会部長（当時）に提出した。私は九〇年、九一年の各夏も約一カ月の休暇を取っており、経験上この時期ならば業務にほとんど影響がないことがわかっていたからである。休暇に関するいっさいの権限を有していた三橋部長は、「それじゃあ、ゆっくりお休みください」と即座にＯＫを出した。私はこれを受けて直ちに家族旅行のプランをたて、翌々日の日曜日、京都の民宿を予約した。

ところが、それから数日たった二十三日、記者クラブに電話で「休暇を二回にわけてくれないでしょうか」と三橋部長が要請してきた。私はそれに対して、「分割要請には応じられないが、休暇の期間を約一週間縮める」とこたえ、予定どおり七月二十七日から休暇に入った。

ところが、休暇に入ってから十日もたった八月五日、「十日から就業せよ」との藤原紘総務局長名の八月四日付業務命令書（内容《ないよう》証明郵便《しょうめいゆうびん》）が自宅に送りつけられた。私は直ちに藤原局長宛に長文の抗議文を書き、そのなかで「時季変更権行使の理由が納得のいくものならば、十日以降出社することにやぶさかでない」と、業務命令に柔軟に対応する用意があるとことわったうえで、二、三の質問を行なった。しかし、同局長からはついに納得できる説明がなかったため、私は不適法な時季変更権行使の業務命令を無視し八月二十四日まで休暇を取った。

そして、休暇が明けて二週間ほどたった九月七日、私は突然ポケットベルで呼び出され、藤原総務局長から懲戒解雇の通告を受けた。(1)業務命令に違反して十二日間勤務に就かなかったことは、（戒告から出勤停止までを定めた）懲戒規定四条に違反する。(2)今回は二度目の違反であり、（懲戒解雇を定めた）懲戒規定五条の「再三の懲戒にもかかわらず改心の情がないとき」に該当する。(3)最高裁判決直後の違反は極めて重大である。(4)職務に怠慢で最近勤務に誠意が見られない――ことが懲戒解雇理由にされていた。

私はたしかに、一九八〇年、欧州の原発問題を取材するため一カ月の夏休を取り、このときも業務命令違反で譴責《けんせき》処分を受けた。今回が二度目であることは事実だが、一度の懲戒歴は、どのような日本語解釈しても「再三の懲戒」にはならず、しかもこの時の譴責処分に関しては、一度は東京高裁で「処分無効」の判決が出ていた。私は、前記譴責処分を受けたことから直ちに処分無効の確認を求めて提訴し、九二年六月、最高裁で敗訴した。

社は最高裁判決に舞い上がり、最高裁判決直後の業務命令違反なので「極めて重大な業務命令違反」になると読んで、懲戒解雇の荒療治に出たわけである。社は少数派労組の活動家として常に最前線に立って活動してきた私を、「これで排除できる」と小躍《こおど》りしたに違いない。

私が即座に地位保全《ちいほぜん》の仮処分、処分の無効確認を求める訴訟を東京地裁に提起したことは言うまでもない。同訴訟では、被告時事通信社は、私の入社いらいのあら捜しまで行なって、偽証《ぎしょう》に次ぐ偽証を繰り返した。八〇年事件の夏休訴訟では、私を「余人をもって代えがたい優秀な専門記者」とし、時季変更権行使の正当化をはかりながら、首を切ったとたん、今度は、「職務怠慢」を正当化するため、ハシにもボウにもかからないダメ記者呼ばわりしたのもその一つである。

私も、支援する仲間も、勝利を確信していたが、九八年四月三十日にあった判決は当方の全面敗訴。東京地裁民事一一部の萩尾保繁裁判長は、社側主張を何ら検証することなくそのまま鸚鵡《おうむ》返しに繰り返しただけの、きわめて杜撰《ずさん》かつ労働者憎しに凝り固まった反動判決を下したのである。それから一カ月後、同裁判長はあの犯罪的な国労行政訴訟判決を下した。萩尾裁判長に代表される人権意識の全くない反動裁判官を徹底的に弾劾しない限り、この国に人権は確立しない。

〔時事通信労働者委員会　山口俊明〕

# Q28 規制緩和で労働法はどうなるのですか

**労働基準の規制緩和とか雇用の流動化など、労働運動が弱体化しているなかで、こうした流れに対抗する法規制や制度整備は大丈夫なのでしょうか。**

日本はヨーロッパなどとくらべて労働法規制がもともとゆるやかであり、パート・派遣・契約社員《けいやくしゃいん》など不安定雇用の増大、長時間過密労働《ちょうじかんかみつろうどう》や過労死《かろうし》など、雇用や労働時間をめぐる問題が長らく放置されてきました。バブル経済崩壊後はまた一段と、リストラによる退職強要、理由説明なしの不当解雇など雇用の不安定化、賃金・労働条件の引下げが社会問題化し、規制緩和《きせいかんわ》以前の問題として、資本による脱法化《だっぽうか》や合理化、既成事実化がすすんでいます。

こうした時期に、経済改革研究会の「規制緩和について」と題する中間報告（平岩レポート）を受けて、一九九五（平成七）年三月に「規制緩和推進計画《きせいかんわすいしんけいかく》」（平成八年三月改定、九年三月再改定）が閣議決定されました。「規制緩和推進計画」は、「労働者の福祉や雇用の安定を図りつつ、経済の活性化や国際協調を推進する観点から」すすめられるとされ、雇用・労働関係は、⑴雇用一五項目、⑵労働時間等一五項目、計三〇項目が具体的規制緩和推進項目ときまりました（閣議決定）。この規制緩和の方向

---

労働基準法改正（一九九九年四月施行）
（Q29参照）

改正労働基準法が一九九八年夏の臨時国会で成立した（九月二十五日、参議院本会議可決）。主な改正ポイント。

①裁量労働制　現在、専門職一一業務に限られている裁量労働制の対象を、本社など企画・立案・調査・分析業務を行なうホワイトカラーに拡大〔適用には本人の同意が必要。不同意による不利益取扱の禁止。適用範囲は労使委員会が決める。二〇〇〇年四月から施行。施行三年後に見直す〕。

②有期労働契約　契約期間について、現行の上限一年から、一部専門的業

は、明らかに労働者の福祉より、労働力需給調整《ろうどうりょくじゅきゅうちょうせい》システムの改変をめざすものです。

有料職業紹介事業《ゆうりょうしょくぎょうしょうかいじぎょう》・労働者派遣事業の自由化、裁量労働制《さいりょうろうどうせい》の拡大、有期《ゆうき》労働契約の期間上限延長（一年から三年へ）、一年単位変形労働時間制《へんけいろうどうじかんせい》の弾力化《だんりょくか》、女子の時間外労働・深夜労働規制の撤廃など、まさに、立法ラッシュです。そして問題は、労働法制の規制緩和が、雇用や労働条件にとどまらず、労働者の団結に重大な影響をもたらすという事実です。規制緩和の先進国といわれるニュージランドでは、規制緩和法が成立した一九九一年のわずか四年後に、労働組合の組織率が三六％から二一％へ激減しました。日本の労働法制をふりかえってみるとき、一九四七年に労働基準法が制定されていらい四十年にわたって、基本的には労働者保護法制は維持されてきました。

しかし、八二年の「小さい政府」を提唱する第二臨時行政調査会の答申を機に、戦後法制の見直しがはじめられ、八五年に労働者派遣法、男女雇用機会均等法が制定されました。最近にいたり、九八年に労働基準法の改正により裁量労働制が専門業務型に加えて企画業務型にも拡大され、九九年には労働者派遣法、職業安定法の改正が行なわれ労働基準法第六条、職業安定法第四四条がほとんど形骸化しました。

規制緩和政策は、七〇年代末のＯＥＣＤの提起に端を発するといわれますが、そのＯＥＣＤの労働組合諮問委員会（ＴＵＡＣ）さえもが九六年に「労働市場の規制緩和が、質の高い雇用増加につながらず、企業のダウンサイジングの継続、不平等増大、雇用保障の弱体化など、社会の崩壊が着実にすすんでいる」と声明を出しました。

---

務などに限り上限三年へ延長。

③時間外労働の男女共通規制　労働大臣が年間三百六十時間以内の上限基準の指針設定（一九九九年四月から、時間外労働の女子保護規定撤廃）。

④一年単位変形労働時間制　変形期間三カ月超の上限、一日十時間（現行九時間）、一週五十二時間（同四十八時間）。

**労働基準法第六条および職業安定法第四四条**

労働基準法第六条（**中間搾取の排除**）何人も、法律に基いて許される場合の外、業として他人の就業に介入して利益を得てはならない。

職業安定法第四四条（**労働者供給事業の禁止**）何人も、次条に規定する場合を除くほか、労働者供給事業を行い、又はその労働者供給事業を行う者から供給される労働者を自らの指揮命令の下に労働させてはならない。

# Q29 解雇自由のルール化、雇用の流動化とは何ですか

**このところ労働基準法の改正が何年かおきに繰り返されています。今回は解雇自由のルール化をめぐって攻防があったということですが、解雇規制の行方は。**

二〇〇三年七月四日に改正労働基準法が公布されました。主要な改正項目は、①有期労働契約《ゆうゆろうどうけいやく》、②解雇、③裁量労働制《さいりょうろうどうせい》の三点でしたが、解雇については労働側の善戦もあって、新しい解雇ルールが解雇自由のルールになることを免れ、今回の改正によって包括的な解雇規制が日本ではじめて立法上明示されることになりました。改正労働基準法第一八条の二として「解雇は、客観的に合理的な理由を欠き、社会通念上相当であると認められない場合は、その権利を濫用《らんよう》したものとして、無効とする」が新設され、衆参両院の厚生労働委員会において「使用者側に主張立証責任を負わせている現在の裁判上の実務を変更するものではない」とする附帯決議《ふたいけつぎ》が付きました。

しかしこの改正部分の国会に提出された法案には、「使用者は、この法律又は他の法律の規定によりその使用する労働者の解雇に関する権利が制限されている場合を除き、労働者を解雇することができる。ただし、（その解雇が、）」という文言が前

---

有期労働

雇用形態は、期間の定めのない常用雇用と期間の定めのある有期雇用に大別される。通常、期間の定めのない契約の社員を「正社員」、期間の定めのある契約の社員を「契約社員」と呼ぶが、有期雇用はパート、嘱託、アルバイトなど非典型的な雇用に多くみられ、その数が急速に増大している。労働基準法は一九四七年の同法制定以来、一四条で「労働契約は、期間の定めのないものを除き、一定の事業の完了に必要な期間を定めるもののほかは、一年を超える期間について締結してはならない」と定めてきたが、一九九八年の改正により「高度の専門的知識・技術・経験を有する労働者」等につ

に置かれていました。しかしこれでは、使用者が労働者を原則として自由に解雇できると解釈されるおそれがあるため労働組合、法曹関係者その他の反対により、改正条文のように修正されました。厚生労働省は今回の法改正に際してこの規定のほかに、解雇無効の場合における金銭解決システムの導入を盛り込むことを考えていましたが、法律案要綱の段階で先送りになりました。直後の同年三月に閣議決定された「規制改革推進三ヵ年計画（再改定）」において、この制度は今後の検討課題になりました。

労働法学者の村中孝史氏は、解雇から労働者が受ける不利益を、

① 収入の道が奪われる経済的不利益
② 無能であるという人格的評価を受けること
③ 自己実現の場としての精神的利益を受ける労働の場が奪われること
④ 解雇の脅威が労働者の「人格的従属《じんかくてきじゅうぞく》」を強め、その結果、労働者の人間としての尊厳を侵害する危険があること

以上のように指摘しています。ＩＬＯ一五八号条約は、「労働者の雇用は、当該労働者の能力若しくは行為に関連する妥当な理由又は企業・事業所、若しくは施設の運用に基づく妥当な理由がない限り、終了させてはならない」と解雇ルールを定めています。また、ＥＵ諸国では解雇規制のルールがつくられており、例えばドイツでは解雇制限法により、社会的に合理的な理由のない解雇は無効とされています。一九九五年五月、日経連（現、日本経団連）は『新時代の「日本的経営」』を公表し、

---

いて上限三年とする特例が設けられた。その期間の上限が、二〇〇三年の改正により原則一年が三年へ、例外三年が五年へ、さらに延長された。

**規制改革推進計画**
経済改革研究会の最終報告（平岩レポート）を受け、政府は一九九五年三月、「規制緩和推進計画」（九五～九七年度）を閣議決定した。さらに、次の三カ年計画（九八～〇〇年度）を経て、二〇〇一年に名称を「規制改革推進計画」に変更。この「規制緩和推進計画」には雇用・労働分野の規制緩和が必ず盛り込まれ、これに基づいて労働法制の改革が急ピッチですすめられた。こうした規制緩和により、労働関係における契約的要素が高まり、それとともに、使用者の単独決定権が強化され、労働組合による集団的決定が後退した。（Q28参照）

そのなかで「労使関係についての財界の二一世紀戦略」を次のように提示しました。

① 雇用の流動化の促進
② 労働者の個別管理の徹底《てってい》
③ 労働時間規制の緩和・撤廃

そして、①雇用の流動化の促進について、「雇用の三グループ化構想」をⅰ長期蓄積能力活用型グループ（常用雇用）、ⅱ高度専門能力活用型グループ（有期雇用）、ⅲ雇用柔軟型グループ（有期雇用）、とする構想を示しました。

一九九八年九月、雇用流動化に対する財界の上記戦略構想にそう方向で労働基準法第一四条（期間の定めのないものを除く契約期間等）が改定されました。

(1) 新製品、新役務若しくは新技術の開発または科学にかんする研究に必要な、高度の専門的知識・技術・経験を有する労働者との間に締結された労働契約
(2) 事業の開始、転換、拡大、縮小または廃止のための業務であって一定の期間内に完了することが予定されているものに必要な、高度の専門的知識・技術・経験を有する労働者との間に締結された労働契約
(3) 六十歳以上の労働者との間に締結される労働契約

以上(1)と(2)は、上記ⅱ高度専門能力活用型グループの長期有期雇用（有期雇用期間の延長）を合法化するものです。それでも、九八年の改正にはまだ常用雇用代替化防止が立法趣旨に含まれていましたが、今回の改正により有期雇用は事実上、若年定年制として機能し、リストラの手段として利用されるおそれが高まりました。

---

**雇用の流動化**

雇用の弾力化ともいわれる。第一に、「必要なときに、必要な技能をもっている労働者を、必要な人数だけ動員できること」（雇用のジャストインタイム・システム）、第二に、「労働者に対して、複数の職務をも担えるような柔軟性を身につけること」、第三に、「産業構造の転換や企業のリストラに応じて、労働移動が容易に行なえるよう雇用の硬直性を緩和すること」、である。雇用の弾力化によって労働コストの削減がはかれる。労働基準の緩和は、このような雇用の弾力化を支える役割を果たす。（「労働市場の流動化」を参照）

## 労働法制・企業再編法制改正・制定年表

| | 労働法制 | 企業再編法制 |
|---|---|---|
| 1996年 | 労働派遣法改正（対象業務が16から26へ拡大） | |
| 1997年 | 有料職業紹介事業の取扱い職業の　範囲のネガティブ・リスト化（職業安定法施行規則改正）<br>労働基準法改正（女子保護規定撤廃）<br>男女雇用機会均等法改正（努力義務規定の禁止規定化） | 独占禁止法改正（純粋持株会社解禁） |
| 1998年 | 高齢者雇用安定法改正（60歳未満定年制を禁止）<br>労働基準法改正（①有期労働契約の上限期間を3年に（専門職）、②裁量労働制の企画業務型への拡大——2000年4月施行） | 金融持株会社解禁<br>金融再生法、金融早期健全化法成立 |
| 1999年 | 職業安定法改正（有料職業紹介事業の取扱い職業の原則自由化）<br>労働者派遣法改正（対象業務の原則自由化） | 商法改正（株式交換・株式移転制度の導入）<br>産業活力再生特別措置法成立（分社化支援、過剰設備廃棄支援）<br>民事再生法成立（2000年4月施行） |
| 2000年 | 労働契約承継法成立（会社分割法制の成立にともなう労働契約承継）<br>雇用保険法改正（自発的離職者への失業手当給付期間の削減） | 会社分割法制成立（商法改正） |
| 2001年 | 雇用対策法改正<br>育児・介護休業法改正 | |
| 2002年 | | 会社更生法改正(旧会社更生法に民事再生法の特徴を融合) |
| 2003年 | 労働基準法改正（①有期労働契約の上限期間1年を3年に、3年を5年に延長（専門職)、②客観的に合理的な理由を欠き、社会通念上相当でない解雇は無効とすると立法上明示、③裁量労働制の拡大・要件緩和） | |
| 2004年 | 高年齢者雇用安定法改正（65歳までの雇用継続措置義務づけ）<br>労働組合法改正(労働委員会審査迅速化促進のための手続整備)<br>労働審判法成立 | 破産法改正 |
| 2005年 | 労働時間短縮促進臨時措置法改正(労働時間設定改善特別措置法に改称、働き方の多様化に対応した労働時間設定改善) | 会社法成立(商法などに分散していた会社に関する法律を再編、会社の設立と運営の基本を定める) |
| 2006年 | | 金融商品取引法改正(証券取引法の名称を改め、金融商品に関する法体系を一本化。2007年9月施行予定) |

# Q30 労働契約法とはどんな法律ですか

労働契約法と労働基準法はどこが違うのですか。なぜ、これまで労働契約のルールをきめる法律がなかったのですか。労働契約法の問題点を教えてください。

労働契約法案は、第一六六回通常国会（〇七年）において一旦、成立が見送りとなりました。労働契約法を新法として立法する趣旨は、「労働関係が公正で透明なルールによって運営されるようにするため、労働基準法とは別に、労働契約の分野において民法の特別法となる労働契約法制を制定」するというものです。日本の労働法は、他の先進諸国の労働法と同様、労働基準の最低を法律で定めながら、労働条件の維持向上を集団的労使自治にゆだね、労働組合と団体交渉を助成することを基本的法政策としてきました。したがって、個々の労働契約については、労働契約の法的ルールを定める立法はこれまで存在せず、もっぱら判例法理にゆだねられてきました。しかし、近年、個別労働関係紛争が急増するなどの状況変化を受け、判例法理だけでは対処できない事態となり、「労働契約ルールの明確化」と「労使対等な立場での労働条件の自主的な決定の促進」を基本理念とする厚生労働省の「今後の労働契約法制の在り方に関する研究会報告書」（在り方研報告書）が〇五年九月に公表されました。

　在り方研報告書の大きな問題点は、「新たな労使委員会制度」、「就業規則の変更の効力」、「雇用継続型契約変更制度」、「解雇の金銭解決制度」などです（労働契約法案では、「解雇の金銭解決制度」は先送り）。
(1)「新たな労使委員会制度」は、労働者委員と使用者委員で構成され、主には、就業規則の不利益変更について、新労使委員会の五分の四以上の多数による賛成決議があった場合には合理性が推定される、という機能と権限をもちます。
(2)「就業規則の変更の効力」については、例えば、「就業規則を変更して労働条件を不利益に変更する効力」は、(1)の賛成決議により合理性を推定し、就業規則に労働契約上の効力をもたせるという就業規則万能法です。
(3)「雇用継続型契約変更制度」とは、使用者が労働契約の変更を申し入れ、労働者がこれに応じないときに解雇を通告するとして、労働者が労働契約の変更について異議をとどめて承諾しつつ、雇用を維持したまま当該変更の効力を争うという制度です。つまり、労働条件の不利益変更を呑まなければ解雇の脅しにより、使用者に「契約変更権」を付与する制度です。
　以上のように、労働契約法制は民法の特別法という位置づけにもかかわらず、公正な労働条件の確保のための強行法規というより、ほとんど訓示規定にとどまっています。また、「労使自治の原則」は、労使間の実質的対等があってはじめて妥当するルールであり、実質的対等がなければ、使用者に一方的に有利なルールに傾きます。

**解雇の金銭解決制度**

　現在の法律のもとでは、解雇が有効か無効かが裁判で争われ、無効の判決が出た場合、その救済は原状回復、すなわち復職しかない。しかし、実際には復職はむずかしく、そのため、退職をめぐる金銭交渉となることが多く、いくつかの調査によれば、退職が復職の二倍程度になっている。

　労働契約法の法制化に向けて諮問審議を行なう労働政策審議会労働条件分科会において（〇七年）、日本経団連は「解雇された従業員の現場復帰はむずかしい。金銭解決にもメリットがある」と主張、連合は「不当解雇が金銭で容認される。違法解雇が増える」と反論、労使対立のまま法案が提出された。

## Q31 不当労働行為とはどのようなことですか

**会社が団体交渉に応じないのは不当労働行為だと聞いたことがありますが、他にどんな不当労働行為がありますか。救済制度はどうなっていますか。**

労働組合法は、労働者が団結し団体交渉をすることを助成するために不当労働行為制度を定めています（法七条）。すなわち、使用者が、「労働者が労働組合の組合員であること、労働組合に加入し、若しくはこれを結成しようとしたこと若しくは労働組合の正当な行為をしたことの故をもって、その労働者を解雇し、その他これに対して不利益な取扱をすること」を禁じています（法七条一号、不利益取扱の禁止）。そして、「労働者が労働組合を結成し、若しくは運営することを支配し、若しくはこれに介入すること」を禁じています（法七条三号、支配介入の禁止）。また、「使用者が雇用する労働者の代表者と団体交渉をすることを正当な理由がなくて拒むこと」を禁じています（法七条二号、団体交渉の応諾義務）。

「労働組合の正当な行為」とは、労働者の行なう活動が、①労働者の生活利益を守るための労働条件の維持改善その他の経済的地位の向上を目指して行うものであり、かつ、②それが所属組合の自主的・民主的運営を志向する意思表明と評価でき

---

不当労働行為の救済制度

昭和二十四年の労働組合法の改正により、現在行なわれているような、労働委員会による準司法的行政救済手続（救済命令）が制定された。禁止対象も、改正以前は不利益取扱と黄犬契約（一号）だけであったが、改正により団体交渉拒否（二号）と支配介入・経費援助（三号）も不当労働行為となった。この改正は、GHQの意向を受けたものであるとされているが、不当労働行為もまた米国ワグナー法の不公正労働行為（unfair labor practices）を模したものである。

ることが必要であり、それで足りるとされます。単なる組合活動（職場活動）にかぎらず、広く政治活動や社会運動、文化サークル活動のようなものでも、労働組合の活動範囲内であれば「労働組合の正当な行為」とされます。労働組合が政治上の発言や態度表明をすることも当然ありうるわけですから「労働組合の正当な行為」となります。

労働者に対する不利益取扱には、人事上・経済上の不利益取扱、精神上・生活上の不利益取扱、組合活動上の不利益取扱などがあります。組合活動を理由とした解雇、配転、転勤、出向などは人事上・経済上の不利益取扱に該当します。組合員に対する昇給・昇格や人事考課・査定における人事差別、あるいは、戒告・減給・出勤停止などの懲戒処分も不利益取扱です。精神上の不利益取扱とは、仕事を与えない、雑作業をさせる、会社行事に参加させないといったものです。

法七条三号は、労働組合の独立性・自主性が使用者の妨害や干渉行為によって損なわれることのないよう、また、使用者の攻撃によって労働組合の組織力が弱体化されることのないよう、労働組合の結成・運営に対する使用者の妨害や干渉行為を支配介入として禁じています。労働組合の結成を直接妨害することはもちろん、組合に加入した者を呼びつけて組合加入の事実やその意思をただしたりすることも支配介入にあたります。また、組合の中心的な活動家に対する解雇・配転などの攻撃や買収・供応などの懐柔、組合活動に対する監視・スパイ行為なども支配介入の不当労働行為とされます。

同じ会社のなかに複数の労働組合が併存する場合には、使用者はそれぞれの組合に対して中立的な態度をとらなければなりません（中立保持義務）。すなわち、どちらかの組合を有利にとり扱ったり、一方の組合に不利益を与えたりする差別扱い（組合間差別）は、差別することによって労働組合の方針や活動に影響を与えようとするものであり支配介入の不当労働行為とされます。同時に、一方の労働組合の組合員は、他方の労働組合の組合員より不利益に扱われているわけですから、不利益取扱の不当労働行為にもなります。

さらに、次のような行為も不当労働行為にあたります。労使関係に関するルールや便宜供与などの労使慣行を一方的に破棄したり変更することも組合運営に対する支配介入となります。便宜供与には、組合事務所の供与（最小限の広さの組合事務所の供与は、法二条二号但書および法七条三号但書の「経理上の援助」にあたらないとされます）、会社の施設利用（集会場所、組合用掲示板、通信設備など）、組合休暇（勤務時間中の組合業務従事）、チェック・オフ（組合費の給与天引き）などがあります。

不当労働行為として禁止され、労働委員会による救済の対象となるのは、使用者の行為です。昇給や昇進の差別、人事異動や配置転換など会社の人事上の行為はもちろん、会社の社長、役員や管理職の行為は使用者の行為とされます。企業外の第三者（親会社、子会社、取引先など）の行為であっても、使用者の関与があれば使用者の行為とされます。同じ会社のなかに複数の労働組合が併存する場合に、例えば、一方の労働組合に対する組合つぶしに他方の労働組合が関与していることがありま

---

**経理上の援助（経費援助）**

労働組合法第二条但書二号は、労働組合の要件である「自主性」について、「団体運営のための経費の支出につき使用者の経理上の援助を受け」ないことを規定している。また、同法七条三号は、「労働組合の運営のための経費の支払いにつき経理上の援助を与えること」は支配介入に付属する不当労働行為になるとして禁止している。

但し、「労働者が労働時間中に時間又は賃金を失うことなく使用者と協議し、又は交渉すること」、「福利その他の基金に対する使用者の寄附及び最小限の広さの事務所の供与」は経費援助にあたらないとしている。

すが、使用者に唆《そそのか》されたり共謀しているのであれば、使用者の不当労働行為を追及しなければなりません。

不当労働行為の典型である組合つぶしが行なわれる場合は、使用者と労働組合の全面戦争になります。この場合は、使用者も「不当労働行為はやり得」ではすみませんから、使用者は、違法行為のリスクを冒しても不当労働行為にかまわず、組合つぶしの攻撃をかけてきます。組合つぶしの最前線に立つ会社職制の教育・訓練や結束をはかるだけではなく、労働組合に対しても執行部に対する反対派工作を行ない、組合内部の分裂を仕かけてきます。こうした不当労働行為と闘う場合には、組合内部の団結をかため、使用者の不当労働行為の背景・狙いを見きわめ、事実を徹底的につかみながら、職場での闘いはもちろん、その不当を内外にアピールし、場合によっては、労働委員会に不当労働行為救済申立を行なうなど、使用者の攻撃を辛抱強く跳ね返していかなければなりません。

労働委員会は、不当労働行為を救済するために各都道府県に設けられた行政機関です。原状回復を中心とする命令を交付して不当労働行為の救済をはかります（Q36を参照）。また、解雇が不当労働行為にあたる場合は、裁判所で争うこともできます。この場合、通常訴訟（本案訴訟）より、仮の措置をとる「地位保全の仮処分」と「賃金仮払の仮処分」を一緒に申請する仮処分（保全訴訟）が多用されます。

---

**原状回復**

労働委員会による不当労働行為の救済方式は、救済命令によって直接是正することを特徴とする「原状回復」（不当労働行為がなかった状態に復せしめる）であると性格づけされていた。しかし、現在においては、厳密な意味での「原状回復」は不可能であり、適切ではない、とされている。

## 余談雑談⑦

# 「サービス残業」をなくす取組み

労働基準法により、会社は従業員に対して「始業時刻、終業時刻、休憩時間など」を明示しなければなりません（労基法第一五条、労基法施行規則第五条）。また、労基法では「一日八時間、一週四十時間を超えて、労働させてはならない」（労基法第三二条）と決められています。

しかし、会社が労働組合（または従業員の過半数を代表する者）と書面による協定を結んだ場合には、所定労働時間を超えて労働させることができます（労基法第三六条）。

ところで、所定労働時間を短縮するだけでなく、所定労働時間内に会社の仕事を済ませて、労働者が自分の自由になる時間を多く持ち、人間的に豊かな生活をおくるようにしよう、というのが世界の流れです。しかし、日本の場合は「働くことが善で、遊びは悪」というような考えが根強く残っており、自由時間を大切にしていこうという考えがまだまだ弱いように思います。使用者が労働者を法定時間を超えて働かせた時には、二割五分以上の割増賃金を支払わなければなりません（労基法第三七条第一項）。

しかし、所定労働時間を超えて仕事をしているのに、時間外手当が正確に支払われていない職場がたくさんあります。このような、時間外手当が支払われない残業を「サービス残業」と呼んでいます。

銀行の職場では、このような「サービス残業」が恒常的に行なわれていました。

銀行産業労働組合（銀産労）は、九一年二月に結成いらい、精力的に「サービス残業」をなくすために活動してきています。

銀行の場合は、タイムレコーダなどがなくて、各人が自分で「時間外記録簿」などに残業時間を記入して、上司の承認を得る「自主申告制」になっています。

しかも銀行の場合は、残業時間を予算制にしているところがほとんどです（たとえば、一人一カ月十二時間を目標とする）。そのため、ありのまま正確に記入すると上司から「予算をオーバーする」とか「能力がない」などと言われ、人事考課にも影響するため、正確に記入できない状況があります。

こうしたなかで、銀産労は早出（始業時刻前に朝掃除や仕事の準備作業をしている場合など）、昼休み（客の応対に時間がかかり中断された場合など）、残業（終業時間が過ぎても仕事が終わらなかった場合など）で、時間外手当が正確に支払われていない具体的なケースを団体交渉で問題にし、「サービス残業」をやめさせてきました。また、銀行との団体交渉が進展しない場合は、労働基準監督署に申告（労基法第一〇四条）して是正勧告などを出させ、改善をはかってきました。

銀産労は、結成以来十二年半の間に、一八の銀行・関連会社に働く二万数千人に一六億円以上のサービス残業をさかのぼって支払わせると共に、正確に記入するよう通達も出させてきました。

最近マスコミでも大きく取り上げられた、たった一人の銀産労組合員の奮闘で二六〇〇の行員全員に二年間さかのぼって五億二〇〇〇万円の時間外手当を是正支払いさせた近畿大阪銀行の具体的なケースを次に紹介いたします。

銀産労は、近畿大阪銀行との団体交渉でサービス残業の問題を取り上げ、組合員の勤務した二カ所で是正支払いをさせ、全店調査を要求してきましたが、銀行側は応じませんでした。そこで、二〇〇二年十一月に大阪中央労働基準監督署に申告しました。申告に当たっては、各支店の消灯時間の調査結果や団体交渉の経緯も提出しました。

労働基準監督署は十二月、二店に立入調査し、銀産労も労基署を訪問して追加資料を説明するなどして、二〇〇三年二月には銀行に是正勧告が出されました。銀行は四月、五月と全店調査を実施し、六月の株主総会でも組合員から追及された結果、七月に二年間さかのぼって五億二〇〇〇万円の是正支払いをしてきました。

最近になって、政府もようやく重い腰をあげ、「サービス残業」をなくすために具体的な措置を講じはじめました。

厚生労働省は二〇〇一年四月六日付で「労働時間の適切な把握のために使用者が講ずべき措置に関する基準について」と題する労働基準局長通達（基発第三三九号）を発し、さらに〇三年五月二十三日には「賃金不払残業総合対策要綱」（通称・サービス残業総合対策要綱、基発第五二三〇〇三号）をまとめ、あわせて「賃金不払残業の解消を図るために講ずべき措置に関する指針」（基発第五二三〇〇四号）を策定し、都道府県労働局に通達しました。

これらの通達の中で、厚生労働省は「賃金不払残業は労働基準法に違反する、あってはならないものであり」「使用者に適正に労働時間を管理する責務がある」と明記し、監督・指導を強化するとしております。これまで銀産労が地道に取り組んできた運動が実り、「サービス残業」なくす好機が到来したと思っています。是非、みんなで取り組みを強めていきましょう。

（銀行産業労働組合　甲賀邦夫）

中高年管理職のリストラ・解雇の撤回を求める管理職ユニオンの組合員（96年3月21日、ロイヤル保険への抗議行動で）

プロブレムQ&A

# V

## 労働者を守る救済機関にはどんなところがありますか

# Q32 労働問題が発生したらどうしたらいいのですか

**労働問題がおきたらどこへ相談に行けばいいのですか。救済機関はどんなところがありますか。職場いじめのような問題にも相談にのってくれるのでしょうか。**

ひとり合点《がてん》はよくありません。生兵法《なまびょうほう》はケガのもとと言います。問題がおきたら、労働問題にくわしい人や機関にまずは相談に行きましょう。また、ひとりで悩んでいるのもよくありません。病気といっしょで、時間が経てばたつほど病状が悪化します。この場合も、くわしい人や機関にまずは相談に行きましょう。

ところで、「労働問題」とは何でしょうか。それは大別すれば、

(1) 利益紛争《りえきふんそう》

(2) 権利紛争《けんりふんそう》

になります。

(1) 利益紛争とは、労働者の「経済的利益」をめぐる紛争であり、賃金や労働時間など労働条件にかかわる労働者の「経済的利益」が損《そこ》なわれたり、充《み》たされないことからおこる紛争です。

(2) 権利紛争とは、主として、労働者の「権利侵害」にかかわる紛争であり、解

---

利益紛争と権利紛争

労使間の利害対立からおきる紛争は、利益紛争と権利紛争に大別される。不当な配転を命ぜられたとか、不当に解雇されたとかいった権利関係の紛争が権利紛争であるが、権利紛争は最終的に訴訟を通じて解決することができる。しかし、利益紛争は法的規律の範囲外の問題についての争いであるから、裁判になじまない。利益紛争は、労使双方が自主的な交渉によって解決すべきものであり、争議行為によっても解決しないときは、最後の手段として、労働委員会などの第三者に斡旋・調停・仲裁を依頼して解決をはかることになる。

雇や差別、不当労働行為などが問題になります。

しかし、以上のようなものだけでなく、「職場いじめ」や「いやがらせ」なども一種の「労働問題」といえます。例えば、上司《じょうし》に申し立てても同僚による「いやがらせ」がとまらず、それが原因で出社拒否、あるいは退職せざるを得ない状況になってしまったような場合です。「いやがらせ」をする同僚との個人的なトラブルという面もありますが、上司が必要な措置を講じないのであれば、会社が就業《しゅうぎょう》のための条件整備を怠《おこた》っている責任が問われますから、「労働問題」といえます。自分の突き当たっている問題が「労働問題」かどうかわからない場合も、くわしい人や機関にまずは相談に行きましょう。

「労働問題」が発生した場合、問題を裁定によって処理する公的機関として、次のものがあります。

(1) 裁判所（詳細は、Q37をご参照ください）

「労働問題」のなかでも、法律的な権利義務関係にかかわる問題を対象とし、法律の専門家である裁判官が法律の解釈適用《かいしゃくてきよう》により、「判決」を言渡します。

(2) 労働審判制度（詳細は、Q38をご参照ください）

労働審判制度は、〇一年四月から労働審判法（〇四年四月成立）に基づいて利用できるようになりました。個別労働関係紛争を、地方裁判所の裁判官である労働審判官一名と労働問題に関する専門的な知識経験をもつ労働審判員二名で構成する労働審判委員会において審理し、調停・審判により解決するシステム

---

**職場いじめ**

学校でのいじめ問題が社会問題としてクローズアップされているが、大人の社会にもいじめ問題はある。カウンセラーのところにくる、ストレスに苦しむ患者のほとんどは、とくに男性の場合、職場の問題で体調を悪くしている。また、職場での検診などで身体の不調を訴えて治療を受けた場合、その原因がいじめである場合もすくなくないといわれる。東京管理職ユニオンが九九五年六月四〜八日に実施した「職場いじめ一一〇番」はたいへんな反響を呼んで、計六八三件の相談が寄せられた。電話相談の集計で明らかになった職場いじめの手口は、「噂を流す」「困難な仕事、過大なノルマ」「仕事取り上げ」「あいさつしない、口をきかない」「セクハラ」「交際しない」「閑職に就かせる」「単純労働」「暴力を振るわれる」などであった。

です。

(3)　労働委員会（詳細は、Q36をご参照ください）

　労働組合法によって設置された、集団的労使紛争《しゅうだんてきろうしふんそう》解決のための特別行政機関で公益委員《こうえきいいん》、労働者委員、使用者委員の三者構成で紛争解決にあたります。主な仕事は、①不当労働行為の審査、②労働争議の調整。①の審査の結果、不当労働行為の事実があるとみとめたときは、「救済命令」を発します（行政処分）。

(4)　労働基準監督署《ろうどうきじゅんかんとくしょ》（詳細は、Q34をご参照ください）

　労働基準法等で定められた、労働条件の最低基準を罰則付《ばっそくつき》で使用者に履行《りこう》させるために、法律の遵守《じゅんしゅ》を指導・勧告し、法律違反について摘発《てきはつ》する行政機関。指導・勧告や摘発は、労働者の申告がない場合でも、労働基準法に抵触しているという労働基準監督署の判断によって行なわれます。その点では、直接的には「労働問題」の解決をはかるシステムとは言いがたいのですが、労働者の申告をきっかけとして、指導・勧告や法律違反の摘発にうごくことも多いのです。

(5)　都道府県労働局（詳細は、Q35をご参照ください）

　従来、各都道府県労働局（旧労働基準局）は、前記(4)のように労働基準監督官により労働基準法等に基づき法律違反の摘発・取締りだけを行なってきましたが、〇一年一〇月から個別労働関係紛争解決のシステムを新たに創設し、労働局長の助言・指導、紛争調整委員会によるあっせんを「個別労働関係紛争の解決の促進に関する法律」に基づいて行なっています。

---

**行政処分**

　行政機関が法律に基づき、国民に対し権利を設定したり、義務を課したり、その他法律上の効果を生ぜしめる行政上の行為。労働委員会の発する救済命令は行政処分であるから、使用者は、当該命令を履行すべき公法上の義務を負う。「使用者は、遅滞なくその命令を履行しなければならない」（労働委員会規則第四五条第一項）。

**日本労働弁護団・電話による労働相談常設ホットライン**

　毎週火曜日・木曜日午後三時から六時

☎〇三―三二五一―五三六三

しかし、以上にあげた公的な機関を利用する前に、労政（主管）事務所（東京都の場合、労働相談情報センター）や労働組合に、まず相談に行くことをおすすめします。労政（主管）事務所は、賃金・労働時間など労働条件や労働組合に関することなど労働問題全般について、いつでも無料で相談に応じてくれます（巻末資料4に連絡先）。

労働者個人にかかわる労働関係の紛争を個別労働（関係民事）紛争といいますが、こうした個別労働紛争は個人加盟の労働組合（ユニオン）に相談することをおすすめします（巻末資料4に連絡先）。労働組合も無料で労働相談に応じてくれますが、労働組合に加入すれば会社に団体交渉を申し入れ、交渉によって解雇や降格・減給などの労働紛争の解決をはかることができます。

また、日本労働弁護団の「電話相談・定例ホットライン」を利用する方法もあります。日本労働弁護団はその他にも、常設ホットラインを開設して日常的に電話相談に応じています。もちろん、相談者の秘密は守ってくれます（巻末資料4に連絡先）。

なお、女性労働者と事業主間の紛争については、男女雇用機会均等法に定める紛争解決援助・調停制度が設けられています。

都道府県労働局以外にも、「個別労働関係紛争解決法」（二〇条）に基づき個別労働紛争の「調整」及び「あっせん」を行なう労働委員会もあります。

## 労働者の救済機関・労働相談紛争解決システム

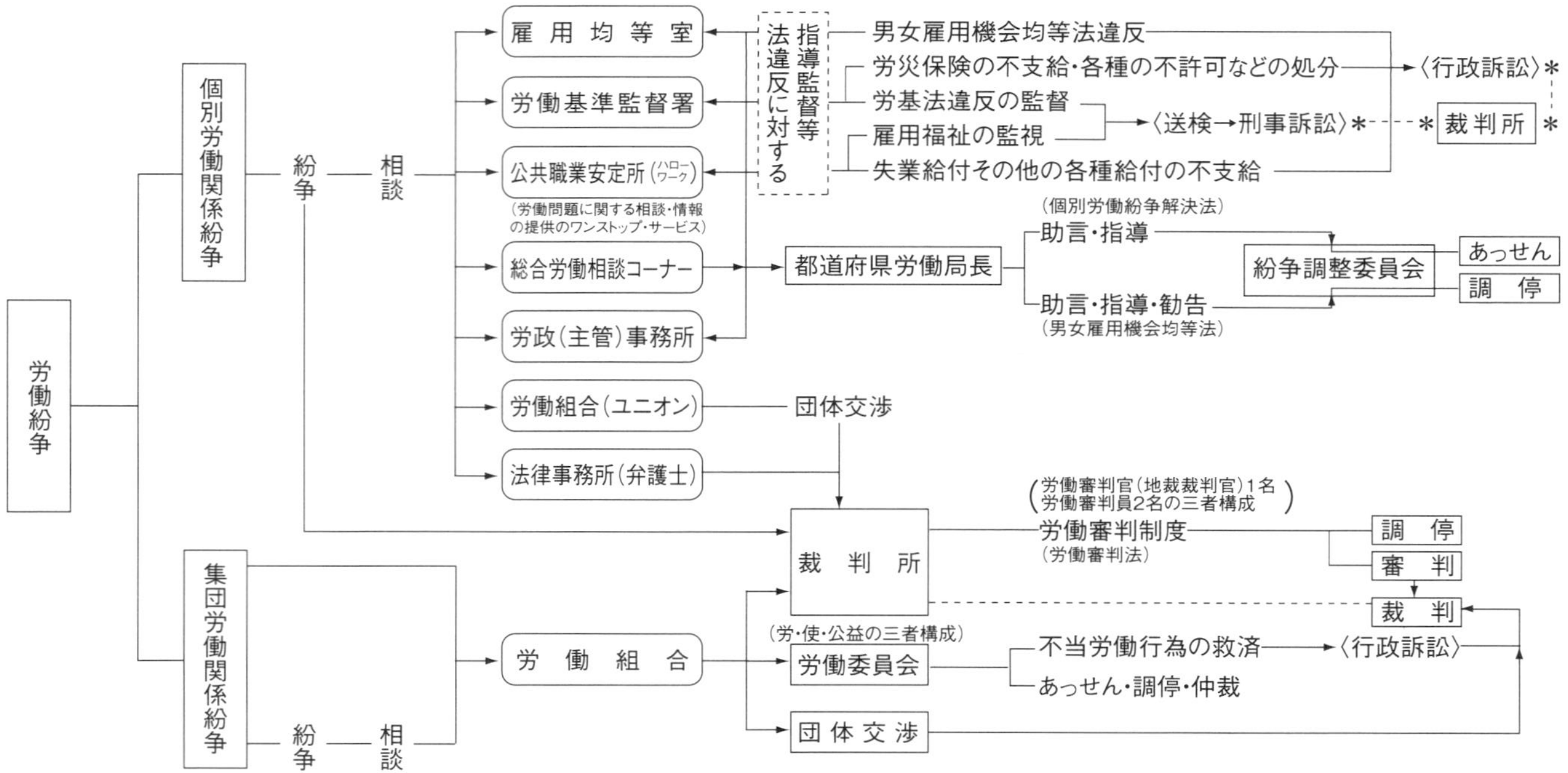

# Q33 「労政（主管）事務所」とはどんなところですか

行政機関でも、労働問題について相談やあっせんをしてくれると聞いていますがどこへ行けばいいのですか。組合結成のアドバイスや援助も得られますか。

「労政（主管）事務所」は都道府県の公の機関として、労働問題全般の相談、労働教育・啓発事業、労働問題の調査、労働情報の収集・提供、労働組合の紹介等を行なっています（地方自治法第二条が根拠法律）。東京都は「労働相談情報センター」、大阪府は「労働事務所」、神奈川県は「労働センター」など、名称は都道府県ごとにまちまちです。労政事務所、商工労政事務所、商工労政課などの名称ですが、そういう労働専門の相談窓口のないところでは、商工労働部などで労働相談を行なっています。

東京都の場合、都内六カ所に「労働相談情報センター」がおかれています（ホームページもあります。巻末掲載の資料4「労働問題の相談先」をご参照ください）。通常の相談時間は、月～金曜日、九～一七時です。また、夜間相談・土曜相談も受け付けています。その他、資料の無料提供、セミナー開催などの事業も行なっています。

労働相談について言いますと、働く人びとが個人であれ団体であれ、さまざま

労政（主管）事務所のあっせんシステム

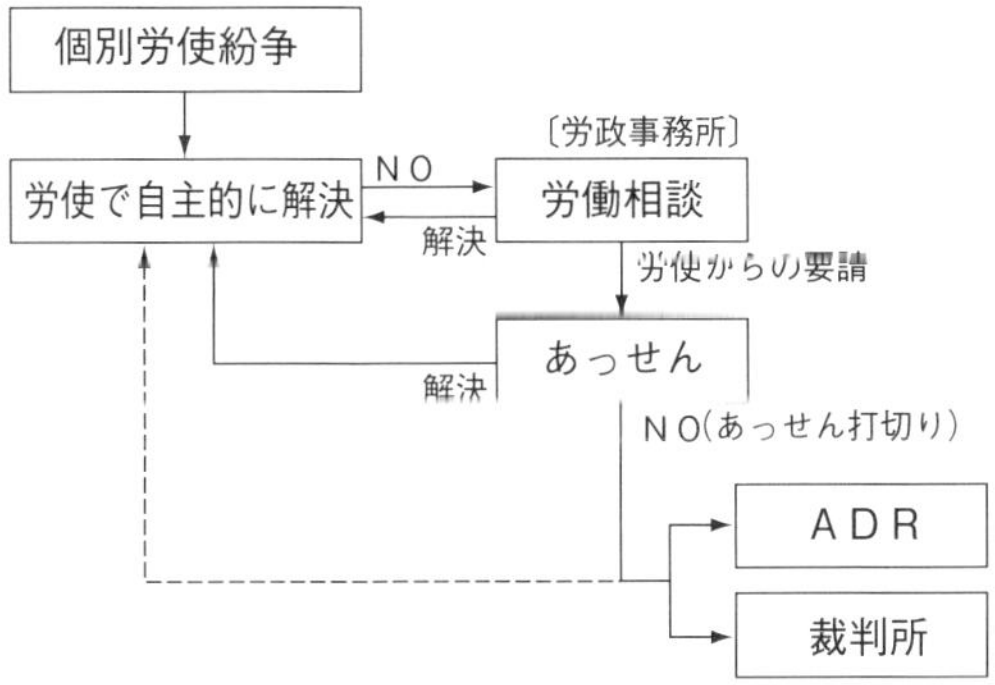

な労働問題に直面したときに、いちばん気軽に相談できるのが「労政事務所」です。相談は無料です。例えば、労働者が解雇、出向、賃金カット等の不利益な処遇を受けた、あるいは受けそうになったとき、「労政事務所」の相談員は、問題についてさまざまなアドバイスをしてくれます。しかし、そうした問題について、単に法律上の権利を説明してもらうだけでは、なかなか問題の解決になりません。労働相談から労働者の権利救済へすすむには、「あっせん」が必要です。「労政事務所」は、「労働相談による労使の自主的解決援助」「あっせんによる個別紛争の具体的解決」等の個別労使紛争解決システムにより、労使で自主的に解決できない紛争について、労使からの要請により「あっせん」を行ない、成果をあげています（東京都の場合、「あっせん」による解決率は八割に近いということです）。

もちろん、こうした「労政事務所」の行なう「あっせん」は、行政権の行使としての強制力をもつわけではありませんが、紛争当事者の一方のみの主張にもとづいて行なう相談活動よりは紛争解決に役立っていることは事実です。もっとも、労働問題の発生は、使用者側の法律知識の不足に起因する場合がしばしばですから、労働相談も紛争解決に有益に作用します。

また、「労政（主管）事務所」の業務範囲内での解決がむずかしい場合には、相談内容に応じて、労働組合や各種団体の紹介、労働組合結成の援助等を行なって問題解決に協力してくれます。なお、東京都では「個別労働関係紛争解決法」（二〇条）に基づく「あっせん」を労働委員会ではなく「労働相談情報センター」が取り扱っています。

---

あっせん

あっせんとは、「当事者間に争いがあるとないとにかかわらず、当事者間の交渉や話合いが円満にいくように第三者があいだに入って、とりもち、あるいは世話をすること」である（例、労働組合法第二〇条、職業安定法第五条など）。多くの公私の機関によって、あっせんの手法を用いる紛争処理サービス（一般に、相談と呼ばれる）が提供されている。東京都の場合、都内九カ所（現在七カ所）の労政事務所で、労働問題をめぐる労使間のトラブルについてあっせんを行なっている（労働関係調整法にもとづき労働委員会が行なう「斡旋」とは異なる）。一九九七年度のあっせん件数は過去最高の一四三八件、そのうち解決したものは一〇二五件、解決率七一・三％。あっせん内容は、解雇五五六件（三八・七％）、賃金不払い三六四件（二五・三％）。あっせんに要した日数は、十日未満が最も多く五四五件、次いで十〜十九日が二八九件であった。

# Q34 「労働基準監督署」は何をする署なのですか

個人の労働紛争を労働基準監督署に訴えることができますか。どんな権限をもって何を監督しているのですか。どんな場合に力になってくれるのでしょうか。

労働基準監督署は厚生労働省直轄《ちょっかつ》の、労働基準法等の遵守《じゅんしゅ》を司る行政機関です。「明白かつ悪質な」労働基準法違反に対して、労基署の労働基準監督官《ろうどうきじゅんかんとくかん》は、「刑事訴訟法《けいじそしょうほう》に規定する司法警察官《しほうけいさつかん》の職務を行う」（労働基準法第一〇二条）権限を与えられており（刑事訴訟法第一九〇条「特別司法警察職員」）、法違反に対して適用される罰則に関しては司法警察官と同様、検察官《けんさつかん》に送致《そうち》する権限をもっています。「労基法を守る警察官」といえば近いかもしれません。

労基法以外に、最低賃金法《さいていちんぎんほう》、労災補償保険法《ろうさいほしょうほけんほう》等の実施・監督、労働災害の認定（業務上外の認定）なども労働基準監督署の守備範囲です。

労働基準監督署は「労基法を守る警察官」として、労基法等の違反行為に対し「指導」や「是正勧告」を行ないますが、これらはいずれも「行政指導」であり、是正にいたるのは「指導」の場合で五割、「是正勧告《ぜせいかんこく》」の場合で七割程度です。しかし、指導・勧告にしたがわない場合は、送検《そうけん》されることを予期しなければならず、送検

労働基準監督官

労働基準監督制度は、労働条件の最低基準を罰則付で使用者に履行させ、それによって労働者保護をはかり、労働保護法制の実効性を確保するために設けられたものである。実効性ある基準監督を行なうために、第一線でその任務にあたる労働基準監督官には、事業場への臨検、帳簿等の検査・尋問の権限に加えて、司法警察官としての権限、すなわち、使用者に対する労働保護法規違反についての捜査・送検等の権限が付与されている。労基官の事件処理のうちで最も多いのが是正勧告。これは、定期監督等で発見された労働保護法規違反について「是正勧告書」で是正を指示するものである。次

されると公表され新聞記事にもなるため、送検の段階にいたると、ほとんどの使用者は態度を改めます。

しかし、現状の労働基準監督署をみる限り、個別労使紛争の解決機関としては多くを期待できません。労基署はあくまで監督機関であって、「監督」は、労働者個々の権利保障というより、労基法等違反の是正を目的としているからです。これまでのところ、「労基法による行政措置は、法定の基準に違反した使用者の取締を目的とするもので、労働者個々人の保護を目的とするものではなく、監督権の行使は、全くの自由裁量である」（大阪地裁判決／昭和五十七年）が、国の一貫した態度です。したがって、「解雇予告手当の不払い」には対応しますが（労基法第二〇条に規定）、「解雇理由が納得できない」と労基署に訴えても、それが明らかに不当な解雇であっても労基法違反で取締まれないとして、労基署はうごいてくれないのです。

労基法第一〇四条は「事業場に、この法律に違反する事実がある場合においては、労働者は、その事実を行政官庁又は労働基準監督官に申告することができる」と規定しています。したがって、「法律に違反する事実」を「申告」すれば、労働基準監督署は調査せざるを得ないのです。しかし、この労働者からの「申告」にもとづく申告監督は、監督全体の一％以下、申告内容も、七〇％が賃金未払いおよび解雇です。

いずれにしても、労働基準監督署に各種申告をする場合、事前に労働組合や弁護士、社会保険労務士等の専門家に相談のうえ行なうのがベターです。

いで多いのが指導。これは、法違反ではないが労働条件の改善上必要と思われる事項を「指導票」で行政指導するものである。

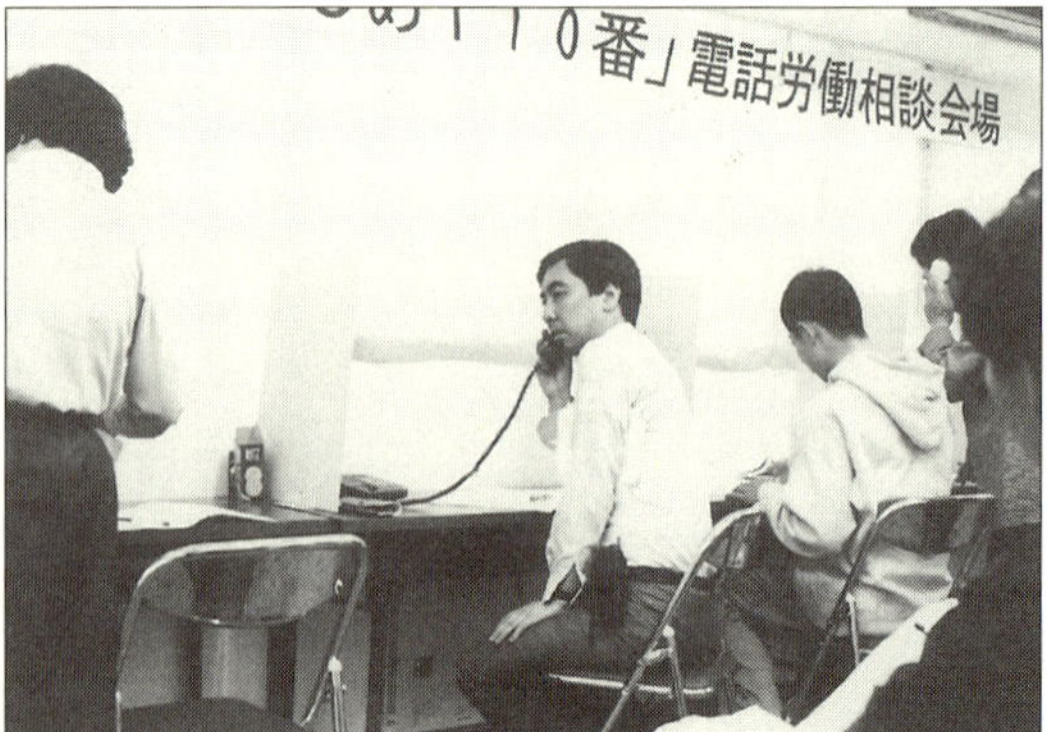


不況で深刻な労働相談が多い。管理職ユニオンが開いた「職場いじめ一一〇番」で（九七年六月）

## Q35 「都道府県労働局」が行なう個別労働関係紛争解決システムを教えてください

個人の労働紛争を労働基準監督署に相談することができますか。相談の窓口や紛争解決の仕組みはどうなっているのでしょうか。どんな問題が解決できますか。

「個別労働関係紛争の解決の促進に関する法律」が制定され、〇一年十月から個別労働紛争の解決に都道府県労働局長の助言・指導制度、紛争調整委員会のあっせん制度が利用できるようになりました。

「労働条件その他労働関係に関する事項についての個々の労働者と事業主との間の紛争」、つまり、解雇や降格・減給、賃金や残業手当の不支払い、セクハラやパワハラ、労働安全衛生問題など、原則としてすべての個別の労働紛争がこの法律の規定の対象になります（〇六年度の相談件数約一八万七〇〇〇件、あっせん受理件数約七〇〇〇件）。

職場にトラブルがおきた場合、労使を問わず、労働基準監督署等におかれている総合労働相談コーナーに相談することができます。相談を受けた担当者は、そのトラブルに関する法律や判例に関する情報を提供してくれますが、労働者の相談に対して、使用者に助言を行なうとか、労働基準監督署において指導したほうがよいと判断したときは、使用者に対して助言・指導を行ないます。しかし、使用者が助言・指導に従わないときには、紛争調整委員会によるあっせんがあります。

この紛争調整委員会は都道府県労働局におかれ、三人のあっせん委員よってあっせんが行われます。まず「あっせん申請書」は労働局長に提出します。申請書には、①あっせんを求める事項及びその理由、②紛争の経過、などを記載します。「あっせん申請書」が提出され、労働局長が紛争調整委員会にあっせんを行なわせることが適当であると認めると、紛争調整委員会の会長が三人のあっせん委員を指名してあっせんが開始されます。あっせん期日には、あっせん委員の許可があれば補佐人をともなって出席することができます。あっせん委員は、紛争当事者から意見を聴取するほか、必要に応じ参考人からも意見を聴取し、あっせん員全員の意見の一致を得てあっせん案を作成し、紛争当事者に提示します。ただし、このあっせん案は紛争当事者を拘束するものでも、受諾を強制するものでもありません。

紛争当事者があっせん案を受諾したとき紛争は解決します。紛争当事者の一方または双方が受諾しないときにはあっせん打ち切りとなります（あっせんによる紛争解決の見込みのないときも同様です。また、被申請人があっせん手続に参加する意思がない旨を表明したときは、あっせんは開始されません）。

なお、例外として、男女雇用機会均等法に定める女性労働者と事業主間の紛争については、個別労働紛争であってもこの法律の対象にはなりません。男女雇用機会均等法に定める紛争解決援助、調停制度に委ねられます。

---

**紛争調整委員会**

紛争調整委員会は各都道府県におかれ、委員（非常勤、任期二年）は労働問題の専門家である学識経験者から任命される（三人以上十二人以内で組織）。都道府県労働局長が当該紛争の解決のために必要と認めたときは、あっせん（個別労働紛争解決促進法、会長の指名する三人のあっせん委員による）、もしくは、調停（男女雇用機会均等法、会長の指名する三人の調停委員による）を行なわせる。

## Q36 「労働委員会」はどんな役割を果たしているのですか

**労働組合でなければ労働委員会に救済申立ができないのですか。不当労働行為とは何ですか。労働委員会の救済命令にはどういう効力があるのですか。**

労働委員会は、各都道府県に設置された行政機関（地労委）で、東京にその上級に位置する中央労働委員会（中労委）が設けられています。両者の関係は、裁判所における下級裁判所と上級裁判所との関係を想像するとよいでしょう。

労働委員会の仕事は、おおむね次の二つです（労働組合法第二〇条）。

(1) 不当労働行為の審査（救済）

(2) 労働争議の調整（あっ旋・調停・仲裁）

### (1) 不当労働行為とはなにか

憲法第二八条に定めた労働三権を具体的に保障するため、労働組合法第七条は、次に掲げる使用者の行為を、労働者や労働組合に対する「不当労働行為」として禁止しています。

(1) 不利益取扱・黄犬契約《おうけんけいやく》（一号）

---

**黄犬契約**
労働者が労働組合に加入しないこと、または、組合から脱退することを雇用条件とする労働契約。労組法で使用者の不当労働行為としてこれを禁止する（第七条一号）のみならず、このような契約は労働組合を弱体化するもので憲法第二八条に反するとして、民事上も無効と考えられている。

(2) 団体交渉拒否（二号）
(3) 支配介入・経費援助（三号）
(4) 労働委員会への申立等を理由とする報復的不利益取扱（四号）

第七条一号（不利益取扱）は、労働者が、

(a)労働組合の組合員であること
(b)組合に加入したり、組合を結成しようとしたこと
(c)労働組合の正当な行為をしたこと

を理由に

(d)解雇すること
(e)その他不利益な取扱をすること

第七条二号は、使用者が、

(f)雇用する労働者の代表者と団体交渉をすることを正当な理由がなくて拒むこと

（団体交渉拒否については、Q44をご参照ください）

第七条三号（支配介入）は、労働者が、

(g)労働組合を結成すること
(h)労働組合を運営すること

に、(i)支配介入すること

を、それぞれ禁止しています。

以上各号の「不当労働行為」を、組合活動の自由を侵害する使用者の行為と位置づけますと、一、二および四号違反行為はすべて、重複して三号違反にも該当します。つまり、不当労働行為はどのようなものであれ、つねに組合活動に対する支配介入的な色合いをもつということです。そこで、三号違反を「狭義の支配介入」、

三号以外の各号違反を「広義の支配介入」と考えると、第七条各号の相互関係が把握しやすくなります。例えば、同じ組合役員の解雇を、一号、三号あるいは一・三号のそれぞれの違反側面に着目して事件を構成し、救済申立をすることができます。

第七条一号不利益取扱の「不利益」性とは、法的な不利益ではなく、事実上の不利益のことですから、懲戒解雇《ちょうかいかいこ》、労働条件上の差別的措置、地位や仕事上の不利益取扱い、いやがらせまで、さまざまなものが含まれます。こうした不利益措置の事実があって、組合員たることや組合活動であることを使用者が認識していたことを前提に、①その不利益措置に合理的な理由がみとめられないとき、または、②不利益措置にそれなりの合理的理由がみとめられるが、非組合員や別組合員とくらべてより不利益な差別的措置がなされた場合、には不当労働行為とみなされます。

第七条三号支配介入とは、次のようなものです。

(イ) 組合結成に対する支配介入（結成中心人物の解雇・配置転換、組合加入妨害・脱退強要、第二組合づくり、反組合教育・宣伝など）

(ロ) 組合組織・人事に対する支配介入（組合員の資格・範囲についての干渉、組合役員の人事・選挙等に対する干渉など）

(ハ) 組合運営に対する支配介入（組合役員に対する不利益取扱い、組合大会の監視、組合加入状況の調査、施設管理権の濫用、組合間差別、チェックオフの中止など）

労働委員会への救済申立《きゅうさいもうしたて》には申立適格が必要です。適格をもつのは、不当労働行為を受けた組合と組合員（不利益取扱等および支配介入の場合）であり、第三者の申立

**チェックオフ**
組合費天引制のこと。労働協約により使用者が組合員たる従業員の給与支給に際して組合費を控除し、一括して組合にわたす組合費徴収制度。わが国では、公務員を除き組合費天引制に対する法的規制がないため、企業内組合では広く普及している。

はみとめられていません。組合申立がほとんどですが、個人申立、組合と個人の連名申立もあります。労働委員会制度は、個人に対する不当労働行為であっても、組合に対する不当労働行為であるという面を重視することになっているためです。

組合申立については、労働委員会に資格審査を申請して、いわゆる「法内組合《ほうないくみあい》」の証明を得なければなりませんが、補正勧告《ほせいかんこくせいど》制度もあり、申請して資格がみとめられないことはほとんどありません（詳細は、Q8をご参照ください）。また、「法内組合」でなくても、組合名で救済を受けられないだけであり、第五条第一項（不利益取扱等）については個人申立がみとめられており、救済が与えられます。

### (2) 不当労働行為審査の手続

不当労働行為審査の労働委員会手続は、次のようになっています。

(1) 申立

(2) 審査（(3)調査、(4)審問（民事訴訟の口頭弁論にあたる））

(5) 合議《ごうぎ》

(6) 命令

不当労働行為の審査は、前項の申立人が地方労働委員会に救済申立を行ない、その申立を受けて手続が開始されます。ただし、「行為の日（継続する行為にあってはその終了した日）から一年を経過した事件に係るものであるときは」（除斥《じょせき》期間）、受付けられません（労組法第二七条二項）。申立が受付けられますと、審査委員の選任と参与

---

**除斥期間**

労働委員会に対する不当労働行為の申立は、不当労働行為であると主張される行為がなされた日（継続する行為にあってはその終了した日）から一年を経過した事件にかかわるものであるときは受付けられない（労組法第二七条第二項）。除斥期間とは、権利の行使を一定期間内に制限する制度であるが、時効と違って中断はない。

委員（労働者委員・使用者委員）の決定が行なわれます。労働委員会の構成は、公益の代表者（公益委員）、労働者の代表者（労働者委員）、使用者の代表者（使用者委員）の三者からなり（三者構成／それぞれ一三～五名、計三九～一五名、任期二年）、審査委員は公益委員のなかから会長が選任します。

(2)審査は、(3)調査と(4)審問の二段階にわかれます。(3)調査は、当事者双方の主張の争点を明らかにするために、(4)審問は、不当労働行為の事実があるかどうかを明らかにするために、行なわれます。審問は、証拠調べともいわれ、公正を期すために原則として公開されており（審問を記録した審問調書《しんもんちょうしょ》（速記録）が作成され、当事者および関係者は閲覧《えつらん》できます）、当事者陳述《ちんじゅつ》および証人尋問《しょうにんじんもん》（主尋問《しゅじんもん》・反対尋問・審査委員尋問等）を行ないます。審問がおわると最終陳述《さいしゅうちんじゅつ》を行ない、結審《けっしん》となります。

結審後、担当審査委員が命令内容の原案を公益委員会議に提出し、公益委員の合議（非公開）により命令内容を決定します（(5)合議および(6)命令）。命令内容は、(a)全部救済、(b)一部救済、(c)申立棄却《もうしたてききゃく》、のいずれかです（労組法第二七条第四項）。命令は交付の日から効力を生じます。救済命令は行政処分ですから公定力《こうていりょく》をもち、被申立人（使用者）は命令を履行する公法上の義務を負います。

命令に不服の場合は、命令書交付の日から十五日以内に中央労働委員会（中労委）に再審査申立、三十日以内（使用者の場合。労働者および労働組合は三カ月）に地方裁判所に命令の取消訴訟（行政事件訴訟になります）を提起することができます（中労委の再審査命令に不服の場合も同様に、地方裁判所に取消訴訟《とりけしそしょう》を提起することができます）。以上の日数

---

**主尋問・反対尋問**

労組法は「労働委員会は、使用者が第七条の規定に違反した旨の申立を受けたときは、遅滞なく調査を行い、必要があると認めたときは、当該申立が理由があるかどうかについて審問を行わなければならない」と定めている（第二七条第一項）。条文では、「必要があると認めたときは」となっているが、労働委員会が命令を発するためには不可欠の手続きである。審問の方法は、対審および公開の原則に基づき行なう。証人尋問は、当事者が交互に証人を尋問する交互尋問方式で行なわれる。まず、証人尋問申請をした側が証人を尋問（主尋問）し、そのあと相手側が尋問（反対尋問）を行ない、最後に、審査委員が補充的な尋問を行なう方式がとられる。交互尋問のなかで重要なのが反対尋問である。反対尋問を受ける証人は、反対尋問をする当事者に対しては不利な証言をするのが通常であるから、反対尋問によってその証言の価値を引下げることができれば、争いを有利に導くことができる。

が経過して、再審査申立も取消訴訟提起も行なわれないときは、命令が確定します。使用者が確定した救済命令を履行《りこう》しないときは、不履行の日数一日につき一〇万円以下の過料に処せられます。なお、救済命令は、命令を受けた使用者が再審査申立あるいは取消訴訟提起をしても、効力は停止されません。

不当労働行為救済申立事件は、その七割以上が和解で解決しており、〇四年改正で和解に関する規定が整備されました（労働組合法二七条の一四）。和解においては、未係争事件もあわせて労使紛争の全面解決がはかれるという利点があります。

### (3) 労働争議の調整

労働争議の調整は、労働委員会のもう一つの重要な仕事です。労働争議の調整制度は、争議権が、労働者の生存確保のための基本的な手段として、また新しい労使関係の秩序形成のための不可欠な支柱として、承認されていることが前提です。ILO第九二号勧告（一九五一年採択）は、争議行為の禁止をともなわない労働争議の調整制度こそが、もっともすぐれた労働争議の調整制度であることを指摘しています。わが国の労働関係調整法（労調法）も、第二～四条において、労働関係の当事者が主張の不一致を調整すること、労働争議を自主的に解決するよう特に努力すること、これに対し政府が助力を与え争議行為を防止することに努めること、を宣言しています。

以上の、労働争議の自主解決というたてまえと矛盾しないように、労働争議の調

---

**行政事件訴訟と緊急命令**

労働委員会が不当労働行為事件について発する命令（救済あるいは棄却）は行政処分にほかならないから、労働委員会の命令に対する取消訴訟は行政事件訴訟になる。また、労働委員会の命令に対する取消訴訟においては、当該労働委員会の申立により、受訴裁判所は判決確定にいたるまでのあいだ、労働委員会の救済命令の全部または一部にしたがうことを命じうるという、緊急命令の制度が労組法第二七条第八項に定められている。

**国労事件東京地裁判決**

一九九八年五月二十八日、東京地裁は国労組合員採用差別事件について、中労委命令を取消す判決を言い渡した。国鉄分割民営化の過程で採用差別という不当労働行為が存在するにもかかわらず、これに対する中労委命令をすべて取消した。この判決に対して、国労組合員に対する雇用責任を宙に浮かせる一方、不当労働行為から労働者を救済する使命を課せられた労働委員会制度の存在自体を否定するものだ、とする批判の声があがっている。

# 不当労働行為の審査手続

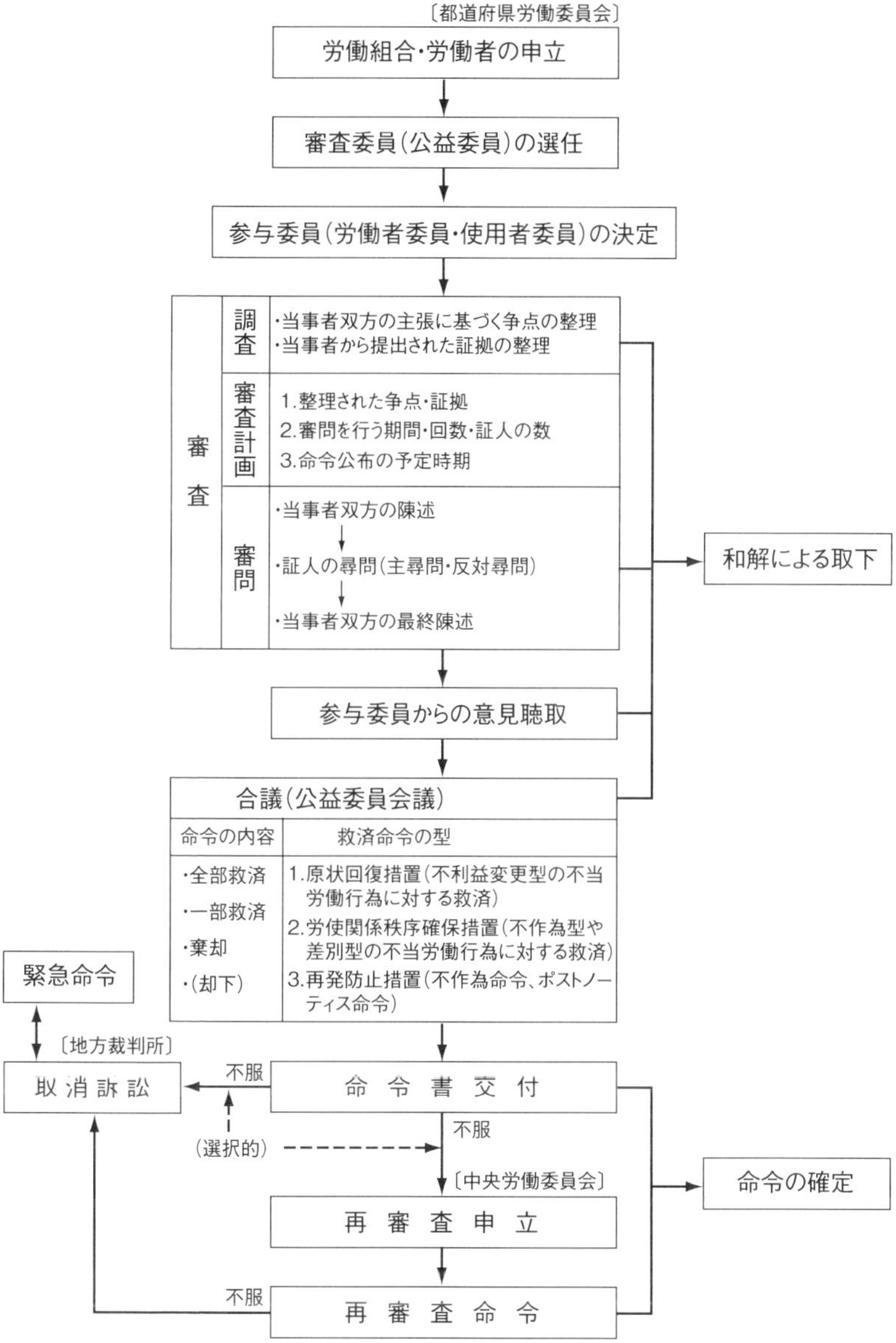
〔都道府県労働委員会〕
労働組合・労働者の申立
審査委員(公益委員)の選任
参与委員(労働者委員・使用者委員)の決定
審査
調査
・当事者双方の主張に基づく争点の整理
・当事者から提出された証拠の整理
審査計画
1.整理された争点・証拠
2.審問を行う期間・回数・証人の数
3.命令公布の予定時期
審問
・当事者双方の陳述
・証人の尋問(主尋問・反対尋問)
・当事者双方の最終陳述
和解による取下
参与委員からの意見聴取
合議(公益委員会議)
命令の内容
救済命令の型
・全部救済
・一部救済
・棄却
・(却下)
1.原状回復措置(不利益変更型の不当労働行為に対する救済)
2.労使関係秩序確保措置(不作為型や差別型の不当労働行為に対する救済)
3.再発防止措置(不作為命令、ポストノーティス命令)
緊急命令
〔地方裁判所〕
取消訴訟
不服
命令書交付
不服
(選択的)
〔中央労働委員会〕
命令の確定
再審査申立
不服
再審査命令

整制度の利用は、労使双方間の自由意思にゆだねられています。労調法は、労働争議（同盟罷業、怠業、作業所閉鎖）を予防・解決するために、労働委員会が行なう調整方法として、①斡旋《あっせん》、②調停、③仲裁、の三つの手続きを定めています。

①斡旋は、争議当事者の一方または双方から申請があった場合や職権に基づいて、労働委員会の会長によって斡旋員名簿のなかから指名された斡旋員が、両当事者のあいだに入って、争点を整理し、助言をして、当事者の歩み寄りによって争議の解決をはかる仲介行為です。必ずしも斡旋案は提示されません。②調停は、労働委員会の労・使・公益のそれぞれの委員のなかから指名された調停委員によって組織される三者構成の調停委員会が当事者双方の主張を聴き、調停案を示して、その受諾を勧告します。③仲裁は、労働委員会の公益委員のなかから指名された仲裁委員によって組織される単独構成の仲裁委員会（公益委員三名）が当事者双方の主張を聴き、双方の主張を調整して仲裁裁定を提示します。当事者は裁定に拘束され、不満でも従わなければなりません。なお②と③の場合は、当事者双方の申請に基づき手続が開始されます。

---

**労働争議調停法**

労働争議調停法は一九二六年の国会で可決され、同年七月一日から施行された。それまで労働争議を抑圧してきた治安警察法第一七条が撤廃され、争議自由の原則が確立された時代の動向を受けて世に出た法律である。しかし、時代の風潮はまだ争議と言えば、「不逞のやから」「アカの手先」によるしわざとしか考えられず、労働争議調停法が予定していた正規の調停委員会は一九三〇年になってはじめて一回だけ利用され、その後も、調停委員会の関与件数は年一件程度、都合、わずかに計六件をかぞえたにすぎなかった。実際の調停は、もっぱら警察権力の絶対的説得という形のいわゆる「サーベル調停」で行なわれた。これに対して、戦後の労調法による調整は、任意調整という形のいわゆる「サービス調整」である。

余談雑談 ⑧

# 外国航路船員の争議

船員解雇をめぐる労働争議が争われた例はほとんどない。船の場合、職場は太平洋上、本社は東京、乗組員は北海道から沖縄までバラバラに住んでいるからだ。

一九九八年五月、運輸省の船員中央労働委員会が創立いらい五十三年ではじめて、船員救済命令を出した太平洋汽船（日本郵船の子会社、資本金二一億円、従業員は日本人五〇人、外国人二〇〇人）の竹中正陽一等機関士解雇争議は稀有《けう》の例だ。

## 1　日本人船員を切れ

昔は一ドル三六〇円だった。八五年のG7の後、急な円高が運賃収入はドル、経費は円の外航海運業《がいこうかいうんぎょう》を直撃した。

日本郵船、日本船主協会ら船会社は「給料の高い日本人ではやっていけない」の大合唱。運輸省は天下り先保護のため、日本海運を守れ（船員を守れではナイ）とバックアップ、海員組合の幹部を抱き込んで「緊急雇用対策」（八七年）という日本人船員の首切りを敢行した。

二万五〇〇〇人の日本人外航船員は今は五〇〇〇人。便宜置籍船《べんぎちせきせん》といって、煙突マークをパナマやリベリアに塗り変えて、一隻当り五人弱の日本人職員と二〇人ほどのフィリピン人部員が乗る混乗船《こんじょうせん》が世界の海を走っている。

首切りの手口はヒットマン方式。社長直属のヒットマンチームが日本全国首切り行脚《あんぎゃ》の旅。港から港へ、故郷で休暇中の船員から、留守宅の奥さん、バアちゃんまで各個撃破で判をおさせる。

外航船員はふつう九カ月乗船で三カ月の休み。その三カ月の休みが終わり、そろそろ乗船の電報というころ、「会社は倒産だ。お前の乗る船はない」「今なら退職金＋α。来月はない」「組合に言いつけたらどうなるかわかるな。悪いようにしない」などと脅してくる。ヒットマンは判を取るまでアキラメない。家族脅迫、泣き落とし、酒談判。乗船中は、逆転人事、強制就職面接の下船電報。それでも辞めない船員には本社呼び出しで三日間カンヅメ。船員一人に対し役員五人で査問。退職者が続出し、太平洋汽船では三〇〇人の船員はいっきょに二〇〇人に減った。

ヒットマンは日本郵船からきた常務と、商船大出身の船長・機関長上がりだ。

## 2　地下抵抗運動＝船員やめない会

船員は海員組合とは独自の「船員やめない会」をつくり地下抵抗

運動を展開。

世界中の海を航海する八隻の船から、エアーメールで、入港した港から電話で、各船の情報をあつめる。休暇中の船員がそれをāパンフにまとめ、数カ月かけて各船の仲間に情報を流して行く。B4版たった二枚のパンフには、各船の状況、会社の動向、ヒットマンの戦術、海員組合の動きが凝縮《ぎょうしゅく》されている。

パンフは直接配付はできない。その内容は船長やスパイの知らないところで口から口へ伝えて行く。会社に知られたら即下船命令で、いつ船に乗れるかわからないからだ。身を守るには、乗組員一人ひとりが丸裸でも、ふんばり、反論し、札ビラで頬を叩かれても辞めずに、船員として自分の足で立つことができるかだ。それは、昔から続いてきた船員＝出稼ぎ業の意識を克服しなければできないことだ。こうして、自分の生き方をつかまえた、一人でも闘える「自立した船員」がすこしずつ増え、ヒットマンとの一対一の闘いに負けなくなった。

そして、首切りをやめさせるため最終的に、海員組合に労働協約上の苦情として、竹中一等機関士名で正式に申し立てたため、海員組合もやむを得ずそれを取り上げ、争議は表面的には解決した。

会社は謝罪文を提出、常務とヒットマンは更迭《こうてつ》。過去一年間の一〇〇人の退職者に対し復職希望者の復職と、「緊急雇用対策」基準の割増退職金以下の船員への退職金追加払い。職長昇進人数の確約。以上の協定書を勝ち取った完全な勝利だ。

### 3　会社の報復＝闘いは続く

争議終了後、会社の報復がはじまった。

抵抗する船員に対して、家族丸ごと北海道へ出向強制、乗船拒否、自宅待機、休職処分等々。

頃合いを見計らった会社は、竹中機関士に「過去の組合活動を謝罪しなければ乗船させない」と脅迫。乗船を要求する海員組合の頭越しに、九一年五月、会社に対する誹謗中傷《ひぼうちゅうしょう》・乗船中の手当水増し請求を理由に懲戒解雇した。

海員組合は解雇撤回交渉をしたが、決裂すると態度を急変し、「不当解雇だが不当労働行為かどうかわからない。解雇撤回闘争はせず、船員労働委員会の仲裁に預ける方針」。竹中機関士は納得せず、組合員個人として船労委に救済申請し、乗組員や他社船員が支援会をつくって闘い、七年かけて勝利。半年後に東京地裁で会社は敗北を認め和解し、同氏は現職復帰した。

初審の関東船地労委も含め、ともに史上初の船員救済命令が、歴史ある海員組合によるものではなく、労働者個人の闘いによるとは何と皮肉なことか。今後の労働者の運動を示唆している。

〔東京都港区芝2-8-13　海上労働ネットワーク〕

# Q37 「裁判所」でも労働問題を取り上げてくれるのですか

**訴訟は時間がかかると聞いていますが、それでも訴訟すべきなのでしょうか。時間がかからない訴訟もあるのですか。訴訟費用のことも心配です。**

多くの先進国《せんしんこく》では、労働事件《ろうどうじけん》を専門にあつかう裁判所もしくは審判所《しんぱんしょ》が設けられています。例えば、イギリスに労働審判所《ろうどうしんぱんじょ》（IT）、フランスに労働審判所、ドイツには労働裁判所《ろうどうさいばんしょ》があります。とりわけ、ドイツの労働裁判所は、労働事件を専属的に取扱う三審制（地区、州、連邦）の制度であり、労働法専門の職業裁判官と、労働者側および使用者側代表の非職業裁判官（名誉職裁判官《めいよしょくさいばんかん》）による三者構成（各裁判官の権限は同一）で、労働事件の特質に適合した独自の訴訟手続により、年間六〇万件をこえる訴訟が提起され処理されています（一九九五年）。

これにくらべて、日本にはそうした特別裁判所制度がなく、労働事件は通常の裁判所で、通常の訴訟手続（一般の民事訴訟と同じ手続）にしたがって処理されているため、訴訟件数はたかだか年間三〇〇〇件程度（全審級《ぜんしんきゅう》。仮処分を含む）にすぎません。しかも、裁判に時間がかかりすぎるため（一審だけで現在一年程度。控訴審《こうそしん》、上告審《じょうこくしん》を含めると三年から五年くらいかかる。ドイツの場合、解雇訴訟の四分の三は三カ月以内に解決）、労働者が

特別裁判所

日本国憲法第七六条第二項に、「特別裁判所は、これを設置することはできない」の規定がある。しかし、ここでいう特別裁判所とは、一般的に司法権を行なう通常裁判所の組織系列に属さない裁判所のことであり、通常裁判所の組織系列に属するかぎり、「特別裁判所」を設けることはできる。多くの先進国には、労働事件を専門に扱う裁判所もしくは審判所がある。すなわち、「特別裁判所」であるが、ドイツの労働裁判所においては、原則として民事訴訟法の手続きにしたがって裁判をすすめることとしながらも、いくつかの点で労働事件の特殊性を考慮した独自の手続きを定めている。

訴訟を提起するときは、尋常でない決意が必要です。なお、こうした状況から、司法改革の一環として、〇六年四月から労働審判制度が新設されました（Q38を参照）。施行後一年を経過して、平均審理期間は僅か七四・二日という実績が報告されていますから、裁判とくらべて格段のスピードアップです。

それにもかかわらず裁判所は、法律的な権利義務関係にかかわる紛争を法律の解釈と適用によって解決する役割を与えられた、紛争解決システムの中心となるべき国家機関です。権利侵害を受けた労働者が、権利義務関係をあいまいにしたまま相手の使用者のいいなりに紛争をおさめることは、結局、弱者たる労働者が泣《な》き寝入《ねい》りを押しつけられておわることでしかありません。しかしそれでは、使用者の〝やり得〟をゆるすことになりますが、現実には例えば、違法・不当な解雇事件を裁判で争った数多くの労働者の個人、集団が存在し、一定数の裁判例が蓄積されてきています。

ところで、裁判は時間がかかるといっても、それは本案訴訟（本訴）の場合であって、仮処分《かりしょぶん》の場合は迅速《じんそく》な事件処理を期待できます。仮処分の手続は、必ずしも口頭弁論《こうとうべんろん》は必要とされず（民事保全法第三条および第二三条第四項）、書面審理だけで決定をおろすことができますが、通常であれば二〜三カ月で仮処分が決定します。仮処分の申立で多いのは、「従業員としての地位保全《ちいほぜん》」と「賃金・退職金等の仮払い」の二つです（一九九六年の場合、本案訴訟一五二五件、仮処分六八六件（うち、地位保全五〇九件、賃金仮払い七四件））。この制度は、突然解雇された場合などの緊急事態に対して、

### 信義則と権利濫用

民法第一条は、「私権は公共の福祉に遵ふ」（第一項）、「権利の行使及び義務の履行は信義に従ひ誠実に之を為すことを要す」（第二項）、「権利の濫用は之を許さず」（第三項）、と私的な権利の一般的な限界を定めている。このうち、第二項が「信義則」、第三項が「権利濫用法理」と呼ばれるものである。信義則および権利濫用法理は、あらゆる権利義務関係に通じる基本的原則とされている。裁判所は労働関係でも、使用者が一方的に定める就業規則について、信義則を引き合いに出して労働者の利益に配慮し、合理的な内容に限定解釈している。また、解雇権などの使用者の権利についても、権利行使の必要性に比して労働者の被る不利益がいちじるしく大きい場合には、権利の濫用として効力がないとされる。

書面審理でとりあえず決定を出してもらうものです（通常、書面審理以外に、数回の審尋《しんじん》が行なわれます）。この決定に不服であれば、本訴へすすみます。その場合でも、会社はこの決定の処分にしたがわねばならず、したがわない場合は、この決定を根拠として強制執行を求めることができます。仮処分の申立は、(1)申請の趣旨、(2)申請の理由（①被保全権利、②保全の必要性）を疎明《そめい》した「仮処分申請書」を地方裁判所に提出します。

以上の仮処分も含めて、労働裁判で多いのは、賃金、解雇事案などの個《こ》別的労使《べつてきろうし》紛争《ふんそう》であり、原告適格の点で、集団的労使紛争を処理するのに適さない構造になっています。この点、労働委員会が集団的労使紛争を主とする不当労働行為の成否をもっぱら処理する（Q36を参照）のと対極をなしています。また、裁判所では、基本的に権利義務の有無が争われますので、不当労働行為の成否以外に、労働基準法違反、就業規則違反ばかりでなく、民法の「信義則違反《しんぎそくいはん》」「権利《けんり》の濫用《らんよう》」（以上、第一条）、「公秩良俗違反《こうじょりょうぞくいはん》」（第九〇条）等の一般条項に依拠して主張することができます。

労働事件の争い方は、仮処分と本訴を併用したり、司法救済（裁判所）と行政救済（労働委員会）を組み合わせるなど、多種多様です。現代社会は価値がますます多様化し、その価値をめぐって利益主張が相対立し、衝突する局面が増えて紛争となるため、裁判外の紛争処理制度が重要な位置を占めるようになってきています。この裁判外の紛争処理制度が、「代替的紛争解決制度」（ADR（Alternative Dispute Resolution））といわれるものです。労働委員会制度もADRであり、訴訟上の和解も、広い意味

---

ADR

紛争解決制度のうちで最もハードなものが裁判である。裁判は国家によって行なわれ、判決は国家権力を背景にして強制的に実現される。これに対して、裁判以外の紛争解決制度を一括して、代替的紛争解決制度（ADR）ということがある。「代替的」とは「裁判に代わる」という意味である。訴訟社会といわれるアメリカでは、時間と費用のかかる裁判を避けるために、一九七〇年代に入って急増したPL（製造物責任）紛争をきっかけにADRがさかんに用いられるようになった。ADRには、司法型、行政型および民間型の三つがある。労働委員会制度や労政事務所のあっせんは行政型である。

ではADRといえます。

訴訟上の和解《わかい》の割合は、四〇%程度（通常労働事件／地裁）、労働委員会では、七〇%以上が和解で終結しています。和解とは、「当事者が互いに譲歩して、当事者間にある争いをやめる合意をすること」（民法第六九五条）ですが、労使の合意として成立する（合意型）ところから、紛争の早期・全面一括（係争事件が複数の場合）解決と合意内容の履行が効果的に保障される点で、一般にメリットがあると考えられています。とりわけ労使関係のような、当事者双方の関係が継続的である場合には、敵対的感情が融和されるという点で、強制型の判決・命令より適しているといわれます。しかし、和解不成立のケースとして次の原因が指摘されています。①当事者が意地ずくになってしまっているケース、②当事者が規範について争うケース（判例変更や他の事案に対する波及効果も目的に入れて争うケース）、③当事者の思い込みが強いケース、④当事者が強い個性をもっているケース、⑤当事者が狡猾《こうかつ》で、もっぱら訴訟の引き延ばしをはかろうとしているケース、⑥訴訟代理人の事件に対する見通しが十分でなく、相手方の提案や裁判官の説得に耳を傾けないケース、などです。

訴訟を行なうときは、労働問題専門の弁護士に依頼することが訴訟を有利にすすめる条件です（Q40・Q42を参照）。訴訟費用の負担に不安がある場合は、法テラスの各種扶助制度（労働訴訟の保証金貸付制度など）を利用する方法があります（Q42を参照）。

**裁判所の審理手続**

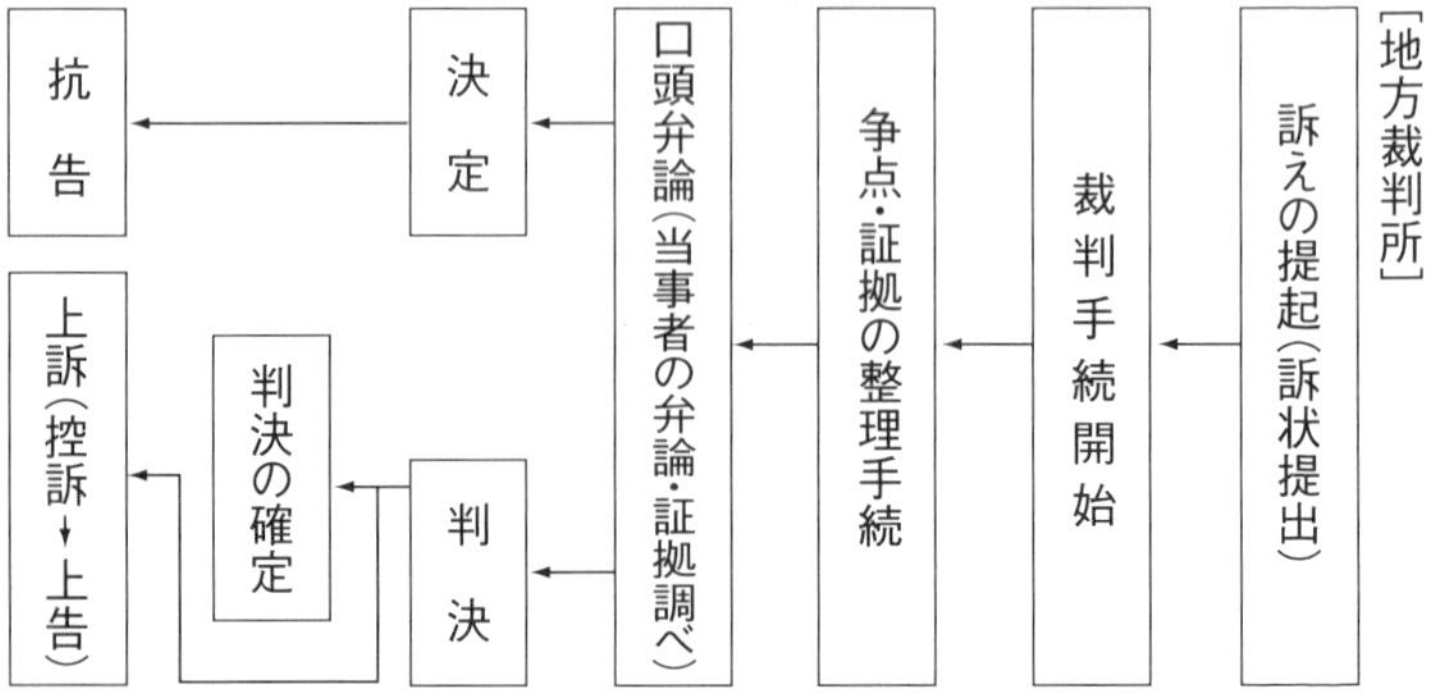

**余談雑談 ⑨**

# 地位保全・賃金仮払い仮処分に完勝

仮処分命令申立裁判《かりしょぶんめいれいもうしたてさいばん》は民事保全法《みんじほぜんほう》に基づき、緊急避難《きんきゅうひなん》的に権利（債権）の保全を求める裁判である。民事保全法第二三条第二項「仮の地位を定める仮処分命令は、争いがある権利関係について債権者に生ずる著しい損害又は急迫の危険を避ける為これを必要とするときに発することができる」。

不当解雇や不当配転等をめぐる民事裁判は一審判決が下されるまで、提訴してから二〜三年かかるのが一般的である。解雇無効を争う裁判の場合、労働者は他に就業して生活の糧《かて》をうる方法がないので、長期にわたる裁判では困窮《こんきゅう》することになる。したがって、当座の生計を維持するために一審提訴に先立ち（あるいは、一審提訴と同時に）、労働契約上の仮の地位の保全と、賃金仮払いの命令を裁判所に出してもらうのが解雇事案の仮処分裁判である。

以下、ロイヤル保険解雇事案を具体例にして、仮処分裁判のやり方、手続き、争い等について述べる。裁判所には、事案の概要を書面で説明する必要があるので、まずそれについて述べる。

ロイヤル保険会社は、英国に本社をおく世界でも大手の損害保険会社で、日本では一九七五年より営業を行なっている。九四年に赴任《ふにん》してきたオーストラリア人のイアン・キャロルマネジャーが、九五年九月末に突然、「十一月から新組織をスタートさせる。ついては、数名の社員には担ってもらう役割はありません」と社内通知を出した。

これに驚愕《きょうがく》した同社の労働組合は直ちに団体交渉を申し入れ、数回の団交のなかで組合員のなかには役割のない社員がいないことを確認した。その団交の後、ロイヤル社の№2と№4であった業務統括部長園田敏明氏とマーケティング部長の私の二人に対してキャロル氏は、「新組織では与えるポストがない。人材斡旋会社《じんざいあっせんがいしゃ》を紹介するので、九六年三月までに退社して欲しい」と退職勧奨を行なってきた。

ロイヤル開設いらい屋台骨を支えつづけてきた二人は、謂《いわ》れのない退職勧奨を直ちに拒否し、定年まで勤めると文書で通知した。以後、キャロル氏とのやりとりはすべて日本語による文書で行なった。同年十一月二日に社内組合は新組織を受け入れ、新組織はスタートしたので、ポストをうばわれ平社員になった私たちは社内組合に加入した（後に、私たち二人の加入をめぐり、社内組合は分裂することになる）。その後、強制自宅待機命令が出されたため、私たち二人は東京管理職ユニオンへも加盟した。

ユニオンとの三回目の団交を行なったところで、会社は九六年三月二十九日に突然、団交拒否の通知とともに、同月三十一日をもって二人を解雇すると通知してきた。

私たちは直ちに仮処分申立を行なうことにして、ユニオンの紹介により日本労働弁護団の徳住堅治、石井麦生弁護士（両弁護士とも旬報法律事務所）に相談したところ、事件を受任してもらえることになった。

九六年四月二十五日に、東京地方裁判所に「地位保全賃金仮払仮処分命令申立書」を提出した。申立に付帯して事実の経緯と私たち（債権者という）の主張を裏付ける証拠を疎明資料《そめいしりょう》として添付することになる。ここで事件発生いらい、キャロル氏と書面でやり取りしていたものが非常に役に立った。当該本人が作成する陳述書では、生活状況（収入と支出）を述べる必要があるが、ここでは、入社いらい保存しておいた給与明細書が役に立った。

ところで会社が従業員を解雇する場合、法的根拠が必要となる。ロイヤル社の就業規則の解雇規定は「会社が経営上やむをえないと判断し、労働組合がそれを了承したとき」と規定されている。社内組合にも管理職ユニオンにも会社側（債務者という）は解雇通知を出すまで解雇を口にしたこともなく、ましてや了承した事実はない。

仮処分裁判では、数回審尋《しんじん》が開かれ、債権者、債務者双方の主張を述べた準備書面と証拠を提出するが、私たちは三回目の審尋の際、社内組合から「解雇について協議したことも又、了承したこともない」旨の書面をもらい、それを証拠として提出した。債務者は社内組合が新組織を受け入れたことが二人の解雇を了承したことになると主張したが、児戯《じぎ》に等しい理屈で裁判所が受け入れるものではなく、「解雇無効、給与全額を一年間にわたり支払え」との命令が出た（一九九六年七月三十一日）。

その後、本訴審理中に第一次仮処分の期間がきれたので、第二次仮処分を申し立てたが、一般労働者と比較してかなり高額な給与の園田氏が僅かに減額されただけで「一審判決まで支払え」との命令が出た。

仮処分に限らず、裁判となると会社側は事実に反する主張を行なってくる場合が多いので、社内外への通達文書、経営管理資料等（とくに、整理解雇を主張してきた場合）できるかぎり多く入手しておくことをお勧めする。また、労働問題に精通した弁護士に依頼するのも肝要である。

〔東京管理職ユニオン　森園吉夫〕

# Q38 労働審判制度と裁判はどこが違うのですか

労働審判は裁判にくらべて費用も安く、申立てから解決までのスピードが格段に速いということですが、他にどんな特徴や問題点がありますか。

労働審判制度の一番の特長は、なんといっても、申立てから解決までのスピードが速いというところにあります。〇六年四月から施行になりましたが、平均審理期間は僅か七四・二日（施行後一年間の全国平均）。なお、申立件数は一一六三件、審理終了（既済事件）は九一九件。うち事件種別では、地位確認（解雇事件）四五四件、賃金等二四七件、終局事由別では、調停成立がもっとも多く六四四件（約七〇％）。まずまず順調な滑り出しというところです。

労働審判手続の特徴は、①迅速性（三回以内の期日で審理）、②専門性（専門家の関与）、③柔軟性（事案の実情に即した解決）、の三点です。

迅速性という点については、「三回以内の期日において、審理を終結しなければならない」（労働審判法一五条二項）と定められています。〇六年四〜十二月の労働審判既済事件（六〇六件）について終局期日回数をみると、第一回期日一〇二件、第二回期日二一四件、第三回期日二四五件、したがって、第一回〜第三回期日において終局した事件は五六一件（調停成立四一七件、労働審判一〇四件）で九〇%をこえています。つまり、事件全体の四分の三が、三回以内の期日で調停によって解決したことになります。なお、第四回期日の終局は一三件です。

その迅速性を労度審判手続の面からみますと、①三回以内の期日で決着、②申立書・答弁書以外は口頭主義、③第一回期日の充実、ということになります。①についてはすでに説明しましたが、②の点については、「書面のやり取りは時間がかかる。迅速性の面でも当事者本人から直接聴くことが重要」ということです。さて、問題は③です。労働審判法（四条）は「弁護士でなければ代理人となることはできない」と定めています。実際にも、東京地裁をはじめほとんどの地裁が「必要性や相当性が認められない」として弁護士以外の代理人を許可していないようです。その理由は、「やはり技術面でのハードルが高い」、つまり、第一回期日までの準備にある程度の訴訟技術が必要であるということのようです。これまでのところ、代理人を立てない本人申立は一三%程度、しかし、本人申立が増える傾向にあるともいわれます。

柔軟性とは、①権利関係をふまえつつ事案の実情に即した審判を行なう、②紛争解決のため相当と認める事項を定めることができる、ということです。労働審判手続は、「調停の成立による解決の見込みがある場合にはこれを試み、その解決に至らない場合には、労働審判を行う手続を設けることにより、紛争の実情に即した迅速、適正かつ実効的な解決を図ることを目的とする」（労働審判法一条）という調停と

---

**権利関係**

権利関係とは、権利義務関係のことであり、その存否や内容に関する労働関係紛争を権利紛争という。権利紛争は、権利義務関係の存否や内容にかかわるものであるから、当事者間で自主的に解決できない場合には、裁判所における労働審判手続や労働民事訴訟手続によって解決をはかることができる（Q32を参照）。

審判の二本立てです。実際の労働審判においては、調停が審判の四倍ぐらいの割合で終局しています。また、審判内容についても、権利関係をふまえたものでなければなりませんが、必ずしも実態法上の権利を実現することにとらわれず、労働審判委員会において柔軟にきめてかまわないとされます。

労働審判の申立ては、労働者、事業主のいずれからもできることになっています。労働審判制度の対象となるのは個別労働（関係民事）紛争です。例えば、労働契約の存否（解雇の効力など）、賃金・退職金等の支払いなどですが、募集・採用に関する紛争は、労働契約成立前ですから原則として労働審判の対象になりません。

労働審判手続の申立ては、管轄のある地方裁判所に行ないます。申立ては書面（労働審判手続申立書）を提出して行なわなければなりません。申立書には、①申立ての趣旨、②申立ての理由、を必ず記載しなければなりません。また、③予想される争点及び当該争点に関する重要な事実、④予想される争点ごとの証拠、なども記載しなければなりません。事件を審理して評議・審判する労働審判委員会は、当該地方裁判所の裁判官のなかから指定される労働審判官一名と労働審判員（労働関係に関する専門的な知識経験を有する者）二名、合計三名の合議体です。審判官と審判員は対等の立場で、同一の評議権をもち、決議は過半数の意見により行なわれます。

申立てがあると、第一回の労働審判手続の期日がきめられ、事件の関係人が呼び出されます。第一回期日は、申立てがなされた日から四十日以内に指定されます。同時に、相手方に対する答弁書の提出期限は、第一回期日の十日前くらいに定めら

---

**労働審判員**

労働審判員は、労働関係に関する専門的な知識経験を有する者のなかから最高裁判所が任命（任期は二年）し、最高裁が定める地方裁判所に所属する。実際には、労働側、経営側からそれぞれ五〇〇名を全国的な労使団体（連合、日本経団連など）が選定・推薦した者のなかから最高裁が選任している。労働側、経営側という立場・出身にかかわらず、労働審判員は、中立かつ公正な立場において、「労働審判事件を処理するために必要な職務を行う」（労働審判法第九条）。

れます。答弁書には、①申立ての趣旨に対する答弁、②申立書に記載された「予想される争点及び当該争点に関する重要な事実」、「予想される争点ごとの証拠」等の事実に対する認否、③答弁を理由づける具体的な事実（ここには、相手方の主張を記載します）、などを記載しなければなりません。

迅速な審理を行ない、労働審判手続を三回の期日内でおわらせるためには、第一回期日において労働審判委員会が事件の争点と証拠の整理を終え、第二回期日には証拠調べに入ることができるようなスピード審理が必要です。例えば、第一回期日には争点と証拠の整理、できれば証拠調べと争点のしぼり込みまで行い、第二回期日には本格的な証拠調べ（労働審判規則二七条、第二回の期日が終了するまでに、主張及び証拠書類の提出を終えなければならない）、できれば調停案の提示、第三回期日には、調停、審判というイメージです。

労働審判手続は、①調停の成立、②審判の言渡し（原則は口頭）、③法二四条一項による終了（労働審判委員会が、争点が複雑で審議が長期化するなど、紛争の迅速かつ適正な解決のために適当でないと認めるとき）、のいずれかにより終結します。審判の言渡しの場合、二週間以内に異議の申立てがないときは審判が確定（裁判上の和解と同一の効力を有する）、異議の申立てのあるときは審判は効力を失い、当該労働審判申立ての時に遡って、係属裁判所に訴えの提起があったものとみなされ、労働審判手続申立書が訴状とみなされます。

---

**法二四条による終了**

民事調停手続きにおいても、「事件の性質上調停をするのに適当でないと認めるとき」等には、「調停しないものとして、事件を終了させることができる」とされている（民事調停法第一三条）。同様の趣旨で、本条は、早期に民事訴訟手続における解決をめざすよう促すことができるとした、労働審判手続の例外的な流れを定めたものである。この場合には、労働審判に対し適法な異議の申立てがあった場合と同様に、申立て時に訴えの提起があったものとみなされる。

プロブレムQ&A

# Ⅵ

# 弁護士はどんな手助けをしてくれますか

# Q39 弁護士とはどんな職業ですか

**どんな弁護士に相談すればいいのですか。労働問題専門の弁護士はいるのですか。弁護士に訴訟を依頼するときの心得、弁護士との付合い方を教えてください。**

弁護士《べんごし》がどんな職業かということは、つまるところ弁護士の仕事が私たち市民の生活にどうかかわり、弁護士が法律相談《ほうりつそうだん》、法律手続、訴訟その他の法律問題について、私たち市民にどのような解決の手助けをしてくれるのかということであります。

日本には約二万四〇〇〇人の弁護士がいます。弁護士の多くは一般民事事件の訴訟代理人をもっぱらとする個人開業弁護士です。しかし近年、米英などの大規模法律事務所とくらべれば規模は小さいが、法人化を認める弁護士法の改正が行なわれたことから、四大法律事務所のように所属する弁護士が二〇〇人をこえる大型法律事務所もあらわれています。法人化した場合には、事務所を複数もつことができるなどのメリットがあります。一般に、弁護士が所属する事務所は、法律上、「法律事務所」、「弁護士法人」のいずれかを名称に含めることを強制されているため「弁護士事務所」という名称は使われません。

日本の弁護士は、弁理士、税理士の職務については弁護士法上、当然にその業務

---

弁護士

日本には現在、二万四三〇二人の弁護士がいる（二〇〇七年）。弁護士は全員いずれかの弁護士会の会員であるとともに、日本弁護士連合会（日弁連）の会員である。弁護士会は、地方裁判所の管轄区域（都府県ごと、北海道は四地域）ごとに一つ設立されているが、東京には例外的に、東京、第一東京、第二東京の三つの弁護士会があり、全国には五二の弁護士会がある。日弁連は、全国の弁護士会の連合体で、すべての弁護士と弁護士会がその会員である。

を行なうことができますが、司法書士、行政書士、社会保険労務士の職務については、その職務に付随する場合にかぎり、その業務を行なうことができます。しかし、公認会計士の業務を行なうことはできません。

以上のように、弁護士は多くの隣接法律資格の職務を行なうことができますが、だからといって、すべての法律について知識があり、事例に精通しているわけではありません。規制緩和にともない、弁護士が担当する業務分野は近時拡大を続けていますが、それにともない弁護士業の専門分化と限定化がすすんでいます。労働事件も専門的な知識を要求される分野のひとつですが、日本労働弁護団や自由法曹団に所属する弁護士が労働問題について知識があり経験も豊富です。

弁護士の仕事は法律事務として弁護士法《べんごしほう》で定められています。報酬《ほうしゅう》を得て行なわれる法律事務はすべて弁護士の職務として独占されています（弁護士法第三一条等）。なかでも、民事《みんじ》訴訟《そしょう》の代理《だいり》人引受《にんひきう》けがその中心です。ところで、民事訴訟など弁護士が得意とする裁判を通じての紛争解決は、ともすれば長い時間と多くの犠牲《ぎせい》のわりにはうしろ向きの仕事のように思われがちです。しかし、過去をしっかり総括することが現在を見直す問題提起を導き、明日の改善を迫ることになる、つまり、「急がば回れ」となる前向きの仕事であることを認識し、依頼者《いらいしゃ》は裁判による紛争解決を創造的なものにしていく決意が必要です。

ところで、依頼者が弁護士に事件の解決を相談するにあたってもっとも聞きたいことは①勝敗《しょうはい》、②費用、③時間の三つです。①の勝敗は、「弁護士は、事件

---

**弁護士報酬(1)**

一九九五年、二十年ぶりに全国各地の弁護士会の報酬規定の指針となる日弁連「報酬等基準規程」が全面改正された。この改正を機会に、弁護士報酬をできるかぎり明示することになったが、弁護士が報酬の金額または算定方法を明示することは、あくまで努力規定である（弁護士倫理第三六条）。「報酬等基準規程」の民事事件の着手金及び報酬金（第一七条）によれば、「着手金は、一〇万円を最低額とする」、ただし「経済的利益の額が一二五万円未満の事件の着手金は、事情により一〇万円以下に減額することができる」となっている。本章Q3を参照。

について、依頼者に有利な結果となることを請け負い、又は保証してはならない」（弁護士倫理第二三条）。②の費用については、以前は日本弁護士連合会《にほんべんごしれんごうかい》（日弁連）「報酬等基準規程《ほうしゅうとうきじゅんきてい》」があり、これを指針として全国各地の弁護士会がそれぞれ報酬規定を定めていましたが、〇四年四月一日から廃止され、個々の弁護士において報酬基準を定めることになりました（Q41を参照）。③の時間についても、「裁判に納期なし」という言葉があるくらいです。そこで、依頼者は弁護士に対し、なにもかも弁護士まかせにしないで、十分に話合い、相談するようにしなければなりません。また依頼後も、「弁護士は、依頼者に対し、事件の経過及びその帰趨《きすう》に影響を及ぼす事項を必要に応じ報告し、事件の結果を遅滞《ちたい》なく報告しなければならない」とされており、弁護士は依頼者に十分な報告・説明を行なう義務があります。

当事者同士の争いが当事者同士の話合いで解決しない場合や、団交拒否のように会社が話合いそのものに応じない場合に、利害対立やトラブルあるいは被害者の権利救済を法律的な紛争として解決をはかるため弁護士は事件を引き受けるわけですから、弁護士は法律的な見地から検討し、利害得失《りがいとくしつ》を依頼者に説明しなければなりません。

裁判は真実と虚偽との闘いであるといわれますが、とりわけ労働裁判においては、会社は本当のことを言うと負けるので、不法を隠すため嘘をつくのはあたり前と考えなければなりません。したがって、こうした労働裁判を勝ち抜くには、依頼者と弁護士の協力と忍耐がなによりも必要とされます。

## Q 40 どんなときに弁護士に頼んだらいいのですか

**労働組合をつくったら配置転換を言い渡され、拒否すると業務命令違反で解雇すると言われました。団体交渉にも応じません。弁護士に相談すべきでしょうか。**

日本はG８のメンバーであり、れっきとした経済先進国ですが、人権の面においては後進国《こうしんこく》といわれます。いま日本全国の職場では、労働者が企業のリストラと称する合理《ごうり》化《か》攻撃《こうげき》、例えば解雇《かいこ》および退職勧奨《たいしょくかんしょう》・強要、配転・出向などの強行、あるいは、差別をともなうさまざまな権利侵害の犠牲になっています。

こうした企業のリストラ攻撃や権利侵害を受けたとき、労働者が救済《きゅうさい》を求める法的手段としては、労働委員会に対する不当労働行為救済申立《ふとうろうどうこういきゅうさいもうしたて》（労委審査《ろういしんさ》）と裁判所に対する訴訟提起《そしょうていき》（労働裁判）、労働審判申立の三つの方法があります。労働事件にかかわる労委審査・労働裁判・労働審判は、いずれも特殊な領域ですから、弁護士のなかでも労働問題にくわしく経験のある弁護士に依頼することが肝要です。

労働委員会には、都道府県労働委員会（地労委）と中央労働委員会（中労委）があります。労働者が労使紛争や不当労働行為事件をはじめて申し立てる場合は、都道府県ごとに設けられている地労委になります。地労委は、あっせん・調停・仲裁などの方法により労使紛争の調整、ならびに、労働組合法第七条で禁止されている不利益取扱・団体交渉拒否・支配介入などの不当労働行為の審査・救済を行ないます。

労働裁判の場合も、都道府県ごとに設けられている裁判所（地裁）にまず提訴します。しかし、「むずかしくて、手間がかかって、解決まで時間がかかる」のが日本の労働裁判の実態です。労働民事通常訴訟（本訴）の審理期間平均十四カ月（一九九五年／既済事件）は、解雇・差別事件の四分の三が三カ月以内に解決するドイツとくらべ裁判の迅速《じんそく》さにおいて雲泥《うんでい》の差があります。ドイツの年間三四万二〇〇〇件（一九九一年）に対し、日本の労働裁判件数は二二〇〇件（一九九五年／本訴・仮処分新規受付件数）と百分の一にも達しません。そのため、労働者は裁判闘争に耐えられるかどうかで悩み、裁判に訴えるという決心がなかなかつきません。

日本労働弁護団は、普通の労働者が手軽に利用できる労働裁判をめざして「市民的労働裁判」運動を提起しています（一九九三年から）。これは、労働裁判を活性化《かっせいか》し、労働裁判の普及をめざす運動のスローガンです。権利侵害で苦しむ労働者と弁護士が直結し、労働者に意欲と条件があれば権利侵害に泣き寝入りしないで積極的に労働裁判をおこす手助けをし、企業社会のなかで労働者の市民としての自立や対等性を実現しようとする運動です。

「どんな時、弁護士に頼んだらよいか」という問題は、すなわち、労働委員会へ申し立てるのか、裁判に訴えるかどうかの悩みを決心に変える問題でもあります。

---

**大衆的裁判闘争と市民的労働裁判**

最近、多数の組合員や労働者の支援のもとで、みずからの人生をかける決意で裁判を闘う（大衆的裁判闘争）ばかりでなく、市民的な感覚で、気軽に訴えを提起する労働裁判（市民的労働裁判）を追求すべきだ、という主張が行なわれている。たとえば、解雇事件でも、原職復帰を目的にするというよりは、相応の退職金を支払わせる、といった姿勢で裁判に取組む労働者が増えてきている。労働事件にたずさわる弁護士のあいだにも、労働裁判を行なうのはごく一部の活動家というイメージを払拭し、また、司法反動との闘いに収斂するのではなく、企業社会や労働者の権利侵害の実態をできるだけ正確に反映し、労働裁判の活性化と企業支配をこえる権利闘争の前進をはかろうという声が強まっている。相談活動を積極的に活用し、運動を有機的に結ぶネットワークづくりにより、権利侵害の掘り起こし活動を提起しているのもその文脈である。

# Q41 弁護士を頼むといくら位かかるのですか

**弁護士を頼み、訴訟をおこすとしても、訴訟費用、弁護士費用が心配です。弁護士費用は高いと聞いていますが、弁護士費用はどのようになっているのですか。**

日本では弁護士は身近な存在とはいえませんが、その理由の一つに弁護士を頼むと高い費用がかかると考えられていることがあります。また実際に、弁護士の利用を妨げる大きな原因として、弁護士報酬のわかりにくさが指摘されています。

弁護士報酬には法律相談料（口頭《こうとう》による鑑定《かんてい》、電話による相談を含む対価《たいか》）、書面鑑定料、着手金《ちゃくしゅきん》（事件又は法律事務の対価）、報酬金（事件又は法律事務の対価）、手数料（一回程度の手続又は委任事務処理の対価）、顧問料および日当、の七種類があります（日本弁護士連合会「報酬等基準規程」第三条）。

訴訟などの「事件又は法律事務」の場合に、現在一般的に用いられている弁護士報酬の算定方法は、次の四つに大別されます。

① 着手金＋報酬金（成功報酬）
② 全面成功報酬制度（コンティンジェント・フィー・システム）
③ 時間制

④　一件いくらの固定額（案件が比較的単純なもの、少額なものに限られる）

このなかでもっともよく用いられる算定方法は①です。時間制はアメリカで普及していますが、日本では人気がありません。①の算定方法が依頼者、弁護士双方のメンタリティに合致《がっち》し望ましいと考えられています。

ところで弁護士は受任《じゅにん》に際し、依頼者に報酬額を明示するよう努めなければならないことになっています。しかし、弁護士報酬について依頼者と弁護士のあいだで契約書が交わされることはあまりありません。それでは実際に弁護士費用はどの位かかるかということですが、〇四年四月一日から弁護士会の「報酬基準」が廃止され、個々の弁護士において報酬基準を定めることになりました。同時に、弁護士は報酬（費用）の種類、金額、算定方法、支払時期、その他弁護士報酬を算定するための必要な事項を明示した報酬基準を作成し、事務所に備え置くことになっています。原則として、弁護士は依頼者とのあいだで自由に報酬をとりきめることができますが、事案の経済的利益、難易度、時間、労力などを勘案して適正かつ妥当なものでなければならないとされています。

おおよその目安について知りたいときは、日本弁護士連合会が報酬アンケートを毎年実施して「市民のための弁護士報酬の目安」をまとめていますので、お問い合わせください。なお、下記は、「報酬基準」廃止以前の民事訴訟の場合の目安です。訴訟の経済的利益の額（三億円超、三億円以下〜三千万円超、三千万円以下〜三百万円超、三百万円以下の四段階）に応じて着手金、成功報酬が定められています。

---

弁護士報酬(2)

①経済的利益1000万円の民事事件の着手金・報酬金の標準額（1995年改正）

・着手金（300万円×８％）＋（700万円×５％）＝59万円〈注〉

・報酬金（300万円×16％）＋（700万円×10％）＝118万円

②経済的利益の額が算定できないとき。経済的利益の額を800万円とし、弁護士は依頼者と協議のうえ、適正妥当な範囲内で増減額する。

・着手金（300万円×８％）＋（500万円×５％）＝49万円

・報酬金（300万円×16％）＋（500万円×10％）＝98万円

〈注〉法律扶助の場合の着手金は、経済的利益1000万円の場合で20万円（Q42を参照）。
着手金の算定基準：経済的利益1000万円の場合。300万円以下の部分８％（24万円）、300万円超3000万円以下の部分５％（35万円）の合計額（59万円）。

# Q42 弁護士はどこで紹介してくれますか

日頃の付合いがないので知り合いの弁護士がなく、どこで弁護士を頼んだらいいのかわかりません。いい弁護士を紹介してくれるところを教えてください。

解雇・配転・減給・降格《こうかく》などの不利益処分や労働条件の不利益変更、あるいは、不当労働行為や団結権侵害《だんけつけんしんがい》などの労使紛争がおき、労働事件として救済を求めて労働委員会に申立てを行なったり、裁判所に訴訟提起しようとすると、弁護士を頼まなければなりません。

「弁護士法」第一条は弁護士に対し、「基本的人権を擁護《ようご》」することをその使命として求めるとともに、「社会正義を実現」し「誠実にその職務を行い、社会秩序を維持」するよう努力しなければならない、と定めています。労働裁判の本質は、労働者の人権をめぐる真実と虚偽との闘いであるといわれます。「会社の門のなかに憲法と民主主義はない」といわれる日本の会社は、一歩その門のなかに入ると、経営者専制支《けいえいしゃせんせいし》配《はい》の憲法番外地《けんぽうばんがいち》・人権僻地です。労働者の人権をきちんと守っていない会社は労働裁判において本当のことを言えば負けるため、虚偽の主張・立証を必要とします。したがって、人権感覚のすぐれた弁護士が望ましいのです。

さて実際に、解雇、配転、賃下げや差別などの攻撃がわが身にふりかかったとき、一人で悩んでいないでだれかに相談するのが賢明ですが、わけても、訴訟など法的対応を必要とするときには法律の専門家である弁護士がとりわけ頼りがいのある相談相手といえましょう。しかし弁護士を頼むといっても、費用がいくらかかるのかそういう不安も含めて、どの弁護士に頼んだらいいのかなかなか気軽に考えるわけにもいきません。そんなときは、各都道府県の労働相談窓口（Q33を参照。東京都の場合は「労働相談情報センター」という名称）や地元の弁護士会、法テラスに相談し、弁護士を紹介してもらうのがいいでしょう。労働委員会への救済申立《きゅうさいもうしたて》や労働訴訟は特殊な領域ですから、日本労働弁護団や自由法曹団などに所属する、労働事件に精通している弁護士に依頼するのが間違いない方法です。また、日本労働弁護団の電話相談を利用すればいろいろな便宜《べんぎ》がえられます。同弁護団は一九九三（平成五）年から「雇用調整ホットライン」という電話による労働相談活動を開始し、現在も「職場いじめホットライン」など多岐にわたる「電話相談ホットライン活動」を行なっています。

労働委員会へ申し立てるなり、訴訟をおこすなどしてみずから権利を主張しないことには救済されませんが、弁護士の世話にならずに当事者本人一人だけでも、申立や訴訟をすることはできます。しかし、申立や訴訟を有利にすすめるためには、法的判断や法廷技術といった専門的要素も多いので労働問題にくわしい弁護士に依頼するのが効率的です。

---

**法テラス**

〇六年一〇月から、民事法律扶助事業が、財団法人法律扶助協会から新しく発足した日本司法支援センターに引き継がれた。

日本司法支援センターは、総合法律支援法（〇四年成立）に基づいて設立された法人で、愛称は法テラス。法テラスは全国の都道府県庁所在地など計五〇ヵ所にあり総合法律支援を推進するが、その業務のひとつとして民事法律扶助業務を行なう。法テラスが行なう民事法律扶助業務は法律扶助協会が行なっていたものを引き継ぐものであり、経済的理由のために弁護士や裁判所の費用を支払うことが困難な人のために無料法律相談や、弁護士費用の立替えなどを行なう。

専用ダイヤル
☎〇五七〇―〇七八三七四（おなやみなし）
（平日）九～二一時　（土）九～一七時

プロブレムQ&A

VII

# 組合はどう闘ったらいいのか

# Q43 組合より会社が強いのは当たり前では

**資本主義社会では資本の論理が貫徹するしかなく、現にリストラという名目のもとに労働者が迫害を受けています。労働組合は労働者を守れないのでしょうか。**

たしかに、常識論では組合よりも会社の方が強いといえるでしょう。資本主義社会においては、労働者は使用者に雇われて働くほかなく（つまり、「労働者」とは「労働力」以外に売るものがない存在として）、契約自由《けいやくじゆう》の市民法原理《しみんほうげんり》のなかで、労働者は雇用契約《こようけいやく》という対等とは名ばかりな不利な契約を強いられ、さまざまな迫害《はくがい》や抑圧《よくあつ》を受けてきました。しかし、そうだからこそ、十八世紀末いらい、全世界の労働者が、ねばり強く果敢《かかん》に、資本家に抵抗してたたかい、それがやがて、組織的、自覚的な運動、すなわち、労働組合運動へと生成・進展することになりました。そして、労働組合運動の進展によって、資本家に譲歩を迫り、資本家の市民法上の権利を蚕食《さんしょく》、制限していく過程で、労働者が労働組合をつくる権利、団結権をはじめ、団体交渉権、ストライキ権を獲得し、それを社会に承認させ、法律で保障させることに成功してきました。弱肉強食《じゃくにくきょうしょく》がならいの資本主義社会で、弱者は強者に勝てないという常識論が、労働者のたたかいによって打ち破られ、労働者を保護する法律が

---

団結禁止法

組合運動の初期には、多くの国において団結禁止法が制定された。団結禁止法とは労働者の団結そのものを犯罪とし、または不法行為として、刑事上・民事上の責任を追及するものである。しかし、労働組合の前進によって、やがて個別資本による団結承認が行なわれ、十九世紀後半、その積みかさねのうえに国家による団結承認が行なわれた。

制定されたのです。この三つの権利（労働三権）を、労働者が組合に結集して正しく行使するなら、会社側と対等にわたり合って、労働者の地位や権利を十分に守り、育成することができるのです。

この労働三権を正しく行使するには、労働組合が社会的に自立し、自主的に運営されていなければなりません。しかし、日本の大多数の組合は、企業別組合（カンパニーユニオン）で、この三権を自主的に行使できないのが実情です。団結権に関していえば、ほとんどの企業別組合は、正社員を擁護するだけです。その企業にはたらくパートや派遣《はけん》労働者、アルバイトなどまでウイングを広げて、団結権を保障しているとはいえません。関連会社や子会社の労働者についても、団結権の対象にしないケースがほとんどです。

団交権でも、企業別組合の団交は、開催前に会社側の労務・人事と綿密《めんみつ》に打ち合わせをして、団交そのものを形骸化《けいがいか》しています。団交の場で、職場における組合員の具体的な悩みや困難を、訴えることができないのが実情です。

スト権については、もっとひどい状況です。企業別組合は、組合員の投票でストライキを実施する権利を執行委員会に委譲《いじょう》させ、その力をバックにして、団交で使用者側と対等にわたり合い要求を実現する努力をすべきなのですが、そうした姿勢さえとることができない有り様です。最近では、ストライキ権投票すら実施しない組合がほとんどです。その一方で、ストによる賃金カットなどに備えた巨額のストライキ基金が貯《た》め込まれています。これほどのムダはないでしょう。

# Q44 団体交渉ってなんですか

**団交しても何も解決しません。そういう交渉態度は許されるのでしょうか。経営問題も団交の議題にできますか。団交申し入れはどのようにしたらいいですか。**

団体交渉《だんたいこうしょう》（団交《だんこう》）とは、労働者と使用者（会社）が対等な立場で交渉のテーブルについて話合い、問題解決をはかることです。団体交渉権（団交権）は、労組法第六条で保障されたものであり、労働組合に帰属します。条文は次のとおりです。

○労働組合法第六条（交渉権限）　労働組合の代表者又は労働組合の委任を受けた者は、労働組合又は組合員のために使用者又はその団体と労働協約の締結その他の事項に関して交渉する権限を有する。

## (1)　団交拒否と不誠実団交

この条文によって、会社は団交応諾《だんこうおうだく》を義務づけられており、組合が会社に団交を申し入れたとき、正当な理由なしにこれを拒否したり、無視することは、労組法第七条二号の不当労働行為に該当するものとしてきびしく禁じられています。この「拒否」には、単に話合いをしないだけではなく、実質的な拒否（不誠実団交《ふせいじつだんこう》）も含まれます。不誠実団交とは、交渉のテーブルには着席《ちゃくせき》するが、誠実に交渉に応じない場合です。誠実な交渉態度とは、「合意達成の可能性を模索《もさく》する義務」のことであり、会社が組合と交渉をする前提《ぜんてい》として一定の「譲歩意思《じょうほいし》」の存在が不可欠《ふかけつ》とされます。「譲歩意思」は「譲歩義務」ではありませんが、労働委員会ならびに裁判所が労組法第七条二号の解釈《かいしゃく》として会社に課している「誠実交渉義務《せいじつこうしょうぎむ》」とは、会社が交渉において、合意達成および譲歩に努力することを要請するものです。

一般に次のような事項が、「誠実交渉義務」可否の判断基準とされます。

(1) 譲歩意思〔なお、あらかじめ妥結の見込みがない、あるいは、譲歩意思がない、という理由で団交を拒否することもゆるされない〕

(2) 交渉担当者〔社長・労務担当役員等、自己の責任において説明・回答を行ない、妥結しうる権限を有する者が交渉担当者となり、団交に出席しなければならない〕

(3) 交渉期日〔団交期日や回答期日を理由なく引き延ばしたり、変更したりすることは不誠実な交渉態度とみなされる〕

(4) 交渉回数・時間〔実質的な話合いに必要な、相当な回数・時間。交渉回数が多く、交渉時間が長いほど、また、交渉間隔が短いほど、誠実な交渉態度とみられる〕

(5) 固執《こしつ》〔会社が、回答（例えば、ゼロ回答）・対案・提案に固執することは、不誠実な交渉態度とみなされる〕

(6) 資料・情報の開示《かいじ》〔必要な資料・情報（会社の経営状態を示す財務《ざいむ》諸表《しょひょう》等）を開示し、具体的な根拠、相当な理由を明らかにして、説明・説得しなければならない〕

(7) 合意内容の書面化〔書面化を拒否することは団交権の否定につながり、労組法第七条二号違反（団交拒否）とみなされる〕

また、交渉テーブルにつかず、文書回答に終始することも、団交応諾義務を履行《りこう》したことになりません。

## (2) 義務的交渉事項

次は、団交議題です。労使間で合意すれば、どんな議題でも交渉テーブルにのせることができます。しかし、法的に義務づけられている「義務的交渉事項《ぎむてきこうしょうじこう》」は限定されています。具体的には次の事項が、「義務的交渉事項」とされます。

(1) 賃金〔賃金・一時金・退職金・手当等〕、労働時間等の主要な労働条件、および、勤務体制、教育訓練、福利厚生《ふくりこうせい》、労働安全衛生《ろうどうあんぜんえいせい》、労働災害補償等。

(2) 人事等の規範《きはん》〔基準・制度〕に関する事項〔異動（配転・出向など）、雇用（解雇・転籍など）、懲戒、人事考課《じんじこうか》などの基準および手続。賃金制度（目標管理制度、年俸制など）。人事（処遇《しょぐう》）制度（進路選択制・選択定年制・管理職定年制・定年年齢延長〈引下げ〉等）〕

(3) 組合員個人への適用等〔上記(1)および(2)の組合員個人への適用、および、組合員個人の請求・要求等〕

(4) 組合活動〔組合活動に関するルール、便宜供与《べんぎきょうよ》等〕

以上が「労働組合又は組合員のため」（労組法第六条）の「義務的交渉事項」であり、「労働条件と組合活動に関する事項」とされるものです。しかし、「義務的交渉事項」

---

団体交渉の対象事項

企業として処理しうる事項であって使用者が任意に応ずるかぎり、どのような事項でも団体交渉の対象になりうる、とされる。したがって、株主総会の決定事項なども使用者が任意に応ずるかぎり、団体交渉それ自体は行なわれうる。「経営権」の主張についても、法律上は「経営権」という団体交渉を免れるための特別の権利が使用者にみとめられているわけではないから、「経営権」に属するか否かで義務的交渉事項か否かを決するのは適切でない、とされる。

は、以上の範囲に限定されません。

(5) 経営方針や役員人事、新会社設立や分社化、事業所閉鎖や工場移転などそのものは「義務的交渉事項」とはなりませんが、それが労働者の雇用や労働条件に関連するかぎりでは「義務的交渉事項」とされます。

したがって、交渉事項の設定の仕方の問題であり、工場移転自体は交渉事項にならないが、移転《いてん》にともなう転勤《てんきん》問題は交渉事項になります。

## (3) 団交申し入れ――交渉手続と交渉ルール

団体交渉を申し入れるときは、事前に交渉事項をしるした団交申入書《だんこうもうしいれしょ》を作成し、会社に提出します。団交申し入れは必ず文書で行ない、回答も必ず文書でもらうようにします。しかし、会社が必ず団交に応じるとはかぎりません。正当な理由のない団交拒否は不当労働行為として禁止されていますから、会社が団交を拒否した場合は、その拒否理由を明示させ、文書で受け取っておくことがたいせつです。

一方、会社に団交拒否の口実を与えないよう、交渉ルールについて組合が対策する必要があります。交渉ルールをめぐるトラブルの多くは、交渉の日時、場所、交渉時間、出席者等であり、会社はその点について合意が成立しないことを理由に、団交を拒否してきます。交渉日時は、会社としても検討および準備時間が必要ですから、組合側が希望する日時は、申し入れの日から十日ないし二週間後に設定します。場所については、「会社内」が原則ですが、「会社側が希望する場所でも可」と

厳しい表情で団体交渉をする労使

します。交渉時間は、交渉事項にもよりますが一回二時間ていどとします（就業時間《しゅうぎょうじかん》中に団交を行なう場合は賃金カットをさせないこと）。なお、交渉日時の設定は双方の交渉事項ですが、いったん合意した日時については正当な理由なく延期したり、引き延ばすことは原則としてゆるされません。

団交に出席する組合側メンバーについては、「委員長、書記長、他に執行委員会が団交委員として委任する者で、合計何名以内」と明記します。その際、氏名まで記載する必要はありません。団交委員を委任する対象者は、組合員以外のどんな人でもかまいません。友人はもとより上部団体の役員や友好組合の関係者、弁護士など、要するにだれでもいいのです（労組法第六条は、「労働組合の代表者又は労働組合の委任を受けた者」と定めています）。組合側メンバーについては、組合が自由に委任できるからです。会社側がこれに文句をつけて干渉するのは不当労働行為になります。会社側が組合側の委任状を要求する場合がありますが、そのときは、委員長名の委任状を作成して提示すればいいのです。

一方、会社側の出席メンバーについては、組合側が団交議題について決定権をもつ者の出席を要求するのは当然です。しかし、社長でなければ団交にはふさわしくないとも一概《いちがい》に言いきれません。会社側にも、団交メンバーを決定する自由がありますから、委任した弁護士やコンサルタントらを団交に出席させることができます。その場合でももちろん、会社側のメンバーとして団交を担える当事者能力《とうじしゃのうりょく》が求められます。団交の席で、「今はこたえられない」とか、「回答できるかどうかについて

---

**交渉権限の委任**

労働組合から交渉権限の委任を受けることができる者の範囲については格別の制限はない。したがって、当該組合の役員や組合員である必要はなく、他の組合の役員、上部団体の役員、地域の労働団体の役員、弁護士などだれでもよい。

次回までに検討する」などの逃げを打つようでは、当事者能力がないと言わざるをえません。組合側は、「単なるメッセンジャーボーイではダメだ」と、きびしくクギをさしておくべきでしょう。

その他に、交渉手続で問題になるのは、組合員名簿の提示がないことを理由に団交を拒否してくる場合があります。組合員の人数、氏名を明らかにすることが団交開始の要件だとして、執拗《しつよう》に組合員名簿の提示を求めてくるのは、会社が、組合の切崩《きりくず》しや組合員の脱退工作をねらっているなどが考えられます。しかし、団交開始にあたっては、従業員のなかに一定の組合員がいることを立証すればよく、全組合員の氏名を明らかにすることまで求められていません。交渉事項によっては、対象となる組合員の氏名を明らかにする必要がありますが（個人要求の場合など）、そのときは、組合の必要に応じて明らかにすればいいのです。

団交申し入れに際して、交渉ルールでもめそうなときは、あらかじめ団交のもち方について事務折衝《じむせっしょう》（窓口交渉）を行ない、地ならししておくのも一法です。

---

### 使用者の概念

個人企業の場合は当該個人、法人企業の場合は当該法人が使用者である。個々の使用者が団体交渉の当事者となりうることは明白であるが、団体交渉の当事者となりうる使用者の概念は、労働契約上の使用者よりも広く、「被用者の労働関係上の諸利益に何らかの影響を及ぼしうる地位にあるいっさいの者」である（使用者概念の拡大）。たとえば、会社合併の過程で吸収会社が被吸収会社の従業員やその属する労働組合に対し不当労働行為を行なった場合には、この吸収会社も使用者とみなされる。また、資本や役員などの関係から親子会社の関係にあり、親会社が子会社の業務運営や労働者の待遇に支配力を有している場合、親会社が子会社の従業員に対し使用者の地位にあるとされる。その他、社外労働者の受入れ会社なども使用者とみなされる。

# Q45 交渉の心得とテクニックを教えてください

団体交渉に臨む心構え、交渉を組合ペースで有利にすすめる戦略、交渉力強化の戦術、交渉が行き詰まったときの転進作戦を教えてください。

団体交渉《だんたいこうしょう》を一言でいえば、バーゲニングであり（実際にも、Bargainには「労働協約」の意味があります）、労働力の「売り手」と「買い手」の商取引です。とりわけ経済闘争は、「交渉にはじまり交渉におわる」といっても過言《かごん》ではありませんし、ストライキもまた、「ストライキのためのストライキ」はあり得ず、団体交渉と一体でなければなりません。

一般に交渉を有利にすすめるための要諦《ようてい》は、交渉相手に対してこちらの立場を優位におくことです。労働組合の場合は、ストライキを背景にして交渉をすすめることが重要です。そして、交渉の「原点」は要求です。「原点」とは「出発点」であり、「到達点」です。したがって、要求づくりに創意をあつめ、すぐれた要求の発見につとめることです。すぐれた要求は、それ自体、闘争の構想力を示すものであり、闘争意欲を引き出し、抵抗力を注入します。

交渉をはじめる前に、交渉のすすめ方、リーダーおよび交渉メンバーの役割（担当とイニシアティブ）をストーリーにして、交渉シナリオを作成することが大事です。交渉では、労使双方の主張がたたかわされますが、その内容は、必ずしもバーゲニングとはかぎらず、思想攻撃に及ぶこともしばしばです。会社側から、支払能力論や経済整合性論などが持ち出され、まず「パイを大きくしてから」などというのがそれです。しかし、一企業の経営の都合、企業内だけで、労働条件が決定されるわけはありません。相手の土俵《どひょう》に乗らず、こちらのペースで交渉をすすめることです。しかし、組合が財務諸表《ざいむしょひょう》や経営状況について分析し、経営動向を把握しておくことは、会社に一方的な主張を行なわせないためにも必要です。

バーゲニングでは、労使のバーゲニング・レインジ（労使交渉における双方譲歩限界《そうほうじょうほげんかい》の上下幅）をさぐり、組合は交渉により、そのバーゲニング・レインジの上限値《じょうげんち》で妥結することをめざします。バーゲニング・パワー（交渉力《こうしょうりょく》）となるのは、説得とブラフ（脅《おど》かし）です。説得とは、相手の主張を突きくずす対話であり、言葉をこえた全人格的な対決です。ストライキを背景とする交渉であれば、組合は強いバーゲニング・パワーをもちます。

交渉が思いどおりにすすまない場合でも、ねばり強くたたかい、ブラフ、戦術の強化、タイムリミットの設定、交渉レベルの転換を行ない、交渉を続けます。行き詰まったら職場に帰り、出直すことです。交渉が大詰めを迎えた段階では、妥結のチャンスをよく見きわめ、タイムリーな決断をくだすことがたいせつです。

---

**交渉戦術**

「交渉力とは、自己が主張する条件に相手を同意させる能力」と定義して賃金交渉における労使双方の交渉力を「同意することによるコスト（譲歩コスト）」と「同意しないことによるコスト（ストライキ・コスト）」をめぐる交渉戦術ととらえる考え方がある。この場合の「ストライキ・コスト」とは、会社にとってはストライキによる営業損失、組合にとってはストライキによる賃金カットがストライキの直接コストである。注意すべきは、ここでいう「コスト」はいずれも主観的なものである。交渉の過程で、相手の主観的「ストライキ　コスト」を大きくするために、ブラフやはったりを交えいろいろな手段を用いて相手に働きかけ、自己の交渉力を強化しようとすることを交渉戦術と呼ぶ。

# Q46 ストライキをやると、労使とも大変なのではないですか

**最近は、春闘のときにもストライキがなくなりましたが、なぜなのですか。ストをやると会社がつぶれる、ということを聞きますが、それは本当の話ですか。**

ストライキは、労働者が団結して要求を貫徹《かんてつ》するための手段です。また、戦後の労働運動の歴史や争議《そうぎ》の経過と結果をくわしく検討してみても、ストをしたために会社の経営が破綻《はたん》したというケースは皆無《かいむ》です。しかし、「ストをやると会社がつぶれるのでは」という危惧《きぐ》や不安が、使用者（会社）側はもとより、労働者側のなかでも見られることはたしかです。これは、なぜなのでしょうか。

まず第一に、ストライキが会社の事業や業務に打撃をあたえる力をもっているからであり、危惧や不安はそのことの証明といえます。日本の労働組合が積みかさねてきた経験を総括すると、ストの打撃力で、労働者側に有利な労働および雇用条件を確保してきたのは事実です。

それと同時に、ストライキに参加した労働者は、ストで要求を実現した後、ストによる事業や業務の滞留《たいりゅう》をとり戻すため、それまで以上に集中力を示して、ストによる影響を克服してきたことも歴史的事実です。しかも、スト実施が全社的に明ら

---

ストライキと企業意識

組合員に対する意識調査の結果によれば、わが国の労働者にとってストライキはきわめて異常な事態であり、ストライキに対する違和感が強い。このようなストライキへの違和感は、企業別組合の組合員がもつ企業利益との一体感によってさらに強められる。したがって、組合員のなかに根強く存在する企業意識を軽視して長期ストを行なうと、必ずといっていいほど組織が動揺する。こうした企業別組合のかかえる内部矛盾が、日本の労働組合のストライキ遂行能力を弱めている。

かとなった際には、経営者・管理職・労働者は、ストによる業務上の困難や滞留を事前にふせぐため対策まで講じます。今では、日本ではストはほとんどなくなりましたが、まれにスト突入となった職場では、こうした善後策《ぜんごさく》がとられています。

これではっきりするように、ストで会社がつぶれることなど、いっさいあり得ません。最近では、米国のティムスターズがUPS（合同小包配送）に対する大ストライキを打ち抜いて、非正社員の待遇改善をかち取るという画期的な勝利をおさめました。しかしこのケースでも、会社の業績はほとんどダウンせず、心配された従業員のレイオフも行なわれませんでした。

ストライキ（同盟罷業《どうめいひぎょう》）は、争議行為の一形態であり、争議権は、「勤労者」の労働基本権として憲法上保障されています（憲法第二八条）。したがって、ストライキは、正当な争議行為であり、もっとも基本的かつ普遍的な争議行為です。ストライキにはいろいろなやり方があります。ストライキというと、まず、全組合員によるストライキ（全面スト）が頭に浮かびますが、全組合員のなかの一部組合員が行なう部分スト、組合が特定の組合員を指名して行なう指名スト、などいずれも正当な争議行為です（政治スト・同情ストについては、必ずしも正当とはされません）。

このストライキに似た争議行為が、サボタージュ（怠業《たいぎょう》）です。ストライキは、完全な労務《ろうむ》提供《ていきょう》の拒否行為ですが、サボタージュは、労務の提供を一応つづけながら、その一部を拒否して行なう争議行為です。全体として仕事のスピードを落とすスローダウン、特定の仕事のみを拒否（例えば、出張拒否）するパターン、などさまざまな

---

**UPSスト**

米国最大の労組であるティムスターズがUPS（合同小包配送）に対して行なったストライキ。UPSはテンプス（短期派遣労働者）を最も悪用してきた会社といわれる。一九九七年当時、同社の従業員三三万八〇〇〇人のうち六〇％はテンプスであった。パート（平均時給一一ドル）とフルタイム（平均時給二〇ドル）とのあいだの大きな賃金格差を悪用してフルタイムの労働にパートを就かせていた。一九九七年三月、ティムスターズとUPSとのあいだに労働協約の改定交渉がはじまり、組合は十五日間にわたるストライキを打ち抜き、毎年七％五年間かけてパートの平均時給を一一ドルから一五ドルに引き上げる労働協約に八月一日仮調印した。UPSの被った損失は六億ドルと推定される。

**レイオフ**

呼戻し条件つき解雇のこと。アメリカで行なわれているもので、不況などに際して雇用を縮減するとき、先任権（Seniority）順位の低い者から再雇用を約して

争議戦術がありますが、原則として正当な争議行為と考えられています。

ストライキの権利を行使することは、組合の自主性・任意性を保障するものです。しかし、組合の正当な権利であるスト権を制限する法律が、政府・経営者によってつくられてきました。例えば、国家公務員、地方公務員のスト権をはく奪したり、労働関係調整法で公益事業《こうえきじぎょう》（運輸・郵便・電気通信・水道・電気・ガス供給・医療・公衆衛生）のスト権行使に、事前（すくなくとも十日前）に労働委員会等に通知するなどの制限条項を設けたりしています。

公益事業以外の組合にはスト権についての法的制限はないのですが、それにもかかわらず、組合と会社がストライキの事前予告を義務づけた「平和条項《へいわじょうこう》」を協定して、ストが行なわれにくいようにしているケースがあります。「平和条項」のなかには、「ストを行なうときには、一週間前に通告する。または、労働委員会にあっ旋を申請する」などの規定が盛り込まれることが多く、そうした条項を破棄しないと機動的なストが打てなくなってしまいます。ひどい例としては、労使の協約で、「ストライキはしない」と、組合側がみずからスト権を放棄しているケースも報告されています。

こうした協約や協定は、組合員の権利を阻害するばかりでなく、雇用の確保や労働条件の向上をはかるための、もっとも有効な手段を捨て去ったものといえます。組合は、みずから定めた規約に基づいて、ストを自主的に実施できるのです。


---

一時解雇し、復職させるときには逆に、先任権順位の高い者から行なう制度。その結果、概して若年層が解雇の対象となる。

**スト権放棄**
S新聞社の労働協約
第〇〇条（平和義務）会社と組合は、この「協約の精神」と「運用の原則」にもとづき、労使間の問題は、すべて話合いによって平和のうちに解決し、争議行為はしない。

## Q47 ストライキの効果的なやり方を教えてください

ストライキをやるときの工夫、効果的な打ち方を教えてください。ストライキの他に、法的にゆるされる組合の対抗手段にはどんなものがありますか。

組合や組合員が会社側の攻撃や工作に抵抗し、対抗するためには、憲法と労働法で保障された労働三権をフルに、しかも、創造的に活用することです。とくに、組合員のあいだの意思一致をはかるための会合を、きめ細かく、丁寧《ていねい》にやることです。組合員に組合の方針や情報を正しく伝えるために、機関紙や組合ニュースの発行などの情報・宣伝活動もたいせつです。会社側との団交は、具体的なテーマで開催を申し入れ、丁寧に、何回も行なう必要があります。

組合の抵抗行動というと、すぐにストだ、と考えがちですが、ストをやる場合にも効果をあげるためには、いろいろな工夫が必要です。ストに参加する組合員が、自分の要求を自覚的に表現する手段として、ワッペン、リボン、腕章《わんしょう》などをつけて、公然と意思表示すべきでしょう。意思表示の方法としては、机の上に三角錐《さんかくすい》を置いて、それに要求を書くなどの手も考えられます。リボンなどの着用は、不完全な労務提供とみなされ、正当な組合活動とみなされない場合もありますが、争議行為の

三角錐
三角錐が机の半分を占めるほど大きいとか、前の席が見えにくいほど大げさなものでない限り、業務運営妨害、施設管理権侵害の違法とはならない（門司信用金庫事件・福岡地裁小倉支部判決／昭和四五・六・三〇）。

一環として行なう場合は、不完全な労務提供となっても、また、職場秩序をある程度乱すことがあっても、正当な争議行為とされます。

ストライキの打ち方にしても、いつも全社いっせい、同時の、全面ストでなければならないということはありません。業務の流れをよくつかんだうえで、その時点において会社でいちばん重要な、打撃の大きい部門（決算時や繁忙時《はんぼうじ》など）を選んで、部分スト、時限ストを、集中的、波状的に、たたき込んでいく戦術もあります。これは心理的にも、会社側にあたえる効果が大きいでしょう。

要は、労働三権を創造的に活用することです。争議行為《そうぎこうい》に限っても、ストライキ以外にサボタージュや、いわゆる順法闘争《じゅんぽうとうそう》などの争議戦術があります。この二つは、日本の労働組合独特の争議戦術です。サボタージュについては、Q46で触れました。順法闘争は、たいへん皮肉な争議戦術です。これは、日頃守られていない法規を、組合の争議戦術として厳格《げんかく》に遵守《じゅんしゅ》することによって、その順法行為が業務阻害行為となるという争議戦術です。例えば、時間外労働拒否闘争、定時出退勤闘争、安全闘争などがこれにあたります。

しかし、実際にやるとなると、部分ストもサボタージュも、そして順法闘争といえども、けっしてやさしい闘争戦術ではありません。仮にうまくいったとしても、やられた会社の方もすぐに対抗手段を講じてきます。したがって、つねにきめ細かく、丁寧に組合員の意見を聞き、地道に情報・宣伝活動を行なうことがたいせつです。

---

**労使紛争と労働争議**

労使紛争とは、労働者個人と使用者とのあいだの個別紛争、および労働組合と使用者または使用者団体とのあいだに起きる集団的紛争の両者を含む。そして、後者の集団的紛争のみを労働争議というのが一般的である。労働関係調整法第六条は「この法律において労働争議とは、労働関係の当事者間において、労働関係に関する主張が一致しないで、そのために争議行為が発生してゐる状態又は発生する虞がある状態をいふ」としている。

# Q48 組合の対抗手段、争議戦術にはどんなものがありますか

ストライキ、サボタージュ、順法闘争など、どんな争議戦術があるのか、それぞれの争議戦術の性格と特徴、効果とリスクについて具体的に教えてください。

Q46は、「ストライキをやると、労使とも大変なのではないですか」というものでした。これがすなわち、ストライキの二重的性格《にじゅうてきせいかく》と呼ばれるものですが、この問題を考える場合、ストライキが合法化されるにいたった労働運動の歴史をふりかえってみるのが早道《はやみち》です。ストライキはもともと、治安や体制を守るために法律で禁止されていました。しかし、労働者は労働力を売って生活するほかありませんから、労働者はいくら法律に違反して刑罰を受けてもストライキをやめず、暴力ざたが頻発《ひんぱつ》し、刑務所《けいむしょ》は満員になりました。その結果、イギリスにおいて、一八七五年に「共謀罪《きょうぼうざい》および財産保護法」と「雇主および労働者法」の二法によって労働組合は刑事免責《けいじめんせき》を与えられ、一九〇六年には「労働争議法」によって民事免責《みんじめんせき》を与えられました。すなわち、正当なストライキは法律で禁止しない方が治安や体制の維持に得策であると考えられるようになり、ストライキが法律で保障されるようになったのです。

角度を変えれば、ストライキ権の保障とは、「使用者に損害を与える権利」（労組法第八条）、「使用者との契約に違反する権利」（労働力を提供する契約に違反しても、債務《さいむ》不履行《りこう》・不法行為による損害賠償責任を問われない）、「刑罰を受けない権利」（団結して業務からはなれても、威力業務妨害罪《いりょくぎょうむぼうがいざい》に問われない）の保障ということもできます。

有名なドイツの法学者イェーリングの「権利のための闘争」第三章冒頭に、「権利のための闘争は権利者の自分自身に対する義務である」という言葉が出てきますが、日本の組織労働者は、いまこそ、「権利のための闘争」に立ちあがった先人の闘争の歴史に思いをいたし、このイェーリングの言葉を胸にきざんで忘れないようにしなければなりません。

さて、争議行為とは、「同盟罷業《どうめいひぎょう》、怠業《たいぎょう》、作業所閉鎖《さぎょうじょへいさ》（ロックアウト）その他(a)労働関係の当事者が、その主張を貫徹することを目的として行ふ行為及びこれに対抗する行為であって、(b)業務の正常な運営を阻害するものをいふ」と、労働関係調整法第七条は定めています。この定義の(a)が主観的要件、(b)が客観的要件です。また、争議行為は労働組合の行為として行なわれるものですから、(c)労働組合の規約に定めるスト権投票の決定をへて、組織的、集団的な行為として行なわれるものでなければなりません。

現在、日本で行なわれている争議行為・戦術には、次のようなものがあります。

(1) 同盟罷業（ストライキ）

---

**イェーリング**

Rudolf von Jhering. 十九世紀ドイツの法思想家。「権利のための闘争」は、イェーリングが一八七二年にウィーン法曹協会で行なった講演原稿を、一般読者むけに修補し、公刊したものである。刊行されるやたいへんな反響をよび一九二一年までに、国内で二〇版を重ね、一七の外国で訳書が現れた、といわれる。巻頭に掲げられた「法の目標は平和であり、それに達する手段は闘争である」のモットーはあまりにも有名である。

**ゼネスト**

総罷業または総同盟罷業。同一地域、同一産業、または全国の主要産業の労働者が共同して同時に行なうストライキをいう。ゼネストには、①経済的ゼネスト（経済的要求をかかげた通常の労働争議が、支配階級の攻撃に対抗するために、同情ストの形をとって規模を拡大していく経済的ゼネスト）、②政治的ゼネスト（反労働者的政府の打倒ないし政策の変革を要求する政治的ゼネスト）、③革命的ゼネスト（現存社会秩序を一挙に転

①全面スト・部分スト・指名スト・時限スト
②〔一斉休暇《いっせいきゅうか》、上部遮断《じょうぶしゃだん》〕
③〔残業・休日労働拒否、出張・外勤拒否〕

(2) 怠業《たいぎょう》（サボタージュ）
①スローダウン、電話受発信拒否
②上部遮断、だんまり戦術
③出張・外勤拒否、〔定時出《ていじしゅつ》・退勤《たいきん》、一斉休憩〕

(3) 順法闘争《じゅんぽうとうそう》（争議行為に該当しない順法闘争）
①安全闘争
②一斉休暇
③残業・休日労働拒否、定時出・退勤、一斉休憩

(4) ピケ行為
①職場占拠（シットダウン）
②就労妨害
③入構阻止
④入出荷阻止

(5) 示威行為
①ワッペン・リボン・プレート・腕章《わんしょう》・ゼッケン着用（Q47を参照）
②ビラまき、ビラ貼り（Q50を参照）

---

覆する手段としての革命的ゼネスト）の三種がある。政治的ゼネストは、憲法の原則の破壊や侵犯をめざすものではなく、法の厳格な遵守によって正義を要求する建設的なものである。その手段としては国民投票、リコールなどが用いられる。西ドイツの共同決定法は政治ゼネストにより実現した（一九四八年）。これに対し、革命的ゼネストの窮極の論理は、武装した労働者の現存政府およびこれを支持する社会勢力に対する反乱となる。わが国では、未遂におわったが二・一スト（一九四七年）がその例である。

**政治スト**
政治的目的の達成を主眼とするストライキ。たとえば、特定の内閣の退陣や特定の立法または政策の要求または反対を目的とするストライキなどがこれにあたる。しかし、政治ストと経済ストの境界は不明確であり、政府や経営者団体は、このようなストライキにしばしば政治ストのレッテルを貼り、これを妨害または弾圧しようとする。

③職場集会、シュプレヒコール、デモ行進（Q49・50を参照）
④赤旗・懸垂幕《けんすいまく》・横断幕掲揚《けいよう》
⑤イヤガラセ戦術（社長宅へのイヤガラセ戦術など）

以上(1)~(3)において、二つの争議態様《そうぎたいよう》に掲示されているものがあります。たとえば一斉休暇闘争ですが、法律上争議行為を禁止されている公務員・公共企業体等《こうきょうきぎょうたいとう》の職員が、過去においてこれを順法闘争の名のもとに闘争戦術としてきました。しかし、一斉休暇闘争が上記(a)~(c)すべての要件に該当する場合は、休暇権《きゅうかけん》の濫用《らんよう》とみなされ、「年次休暇に名を藉りた同盟罷業（ストライキ）にほかならない」（最高裁判決／昭和四十八年）とされます。以上の争議行為のうちの主なものと、使用者の「争議行為」であるロックアウトについて次に要点をしるします。

### 1 全面スト・部分スト・指名スト・時限スト

最小の人員・犠牲で最大の効果をあげるには、全面ストより部分スト、ストライキよりサボタージュが争議戦術として有効です。全面ストが組合に所属する組合員全員をストに入れるのに対して、部分ストは特定の職場を指定して組合員の一部をストに入れ、部分的マヒにより全体への打撃（サボタージュ的効果）をねらう戦術です。判例《はんれい》も、「一般にいわゆる部分ストとは企業の一部門におけるストライキをいい、争議戦術としてしばしば行なわれ、ストライキ実施の方法の一つとして正当な

---

**同情スト**

同情ストとは、すでに争議状態にある他の企業（あるいは他の産業）の労働者のストライキ（原ストないし第一次ストという）を支援して行なわれるストライキで、支援ストとも呼ばれる。同情ストは日本ではきわめて稀であるが、判決の法解釈は、争議行為を団体交渉のコロラリイ（帰結）として、すなわち、争議行為を団体交渉の「手段」としてとらえ、同情ストは違法としている（杵島炭鑛事件・東京地裁／昭和五十年）。同情ストは、ストライカーとその使用者のあいだに争議が存在しないのであるから、団体交渉によって処理できる事柄ではない。したがって、原則的に違法だとするものである。

**山猫スト**

組合員の一部集団が、組合所定機関の承認をえないで独自に行なうストライキ（つまり、団体交渉の当事者になりえないものによるストライキ）を山猫ストという。これに似たものに非公認ストがある。下部組合が上部組合の承認をえない

ものと解せられる」（広島高裁判決／昭和三十四年）としています。

指名ストは、組合員のうち特定の個人を指名して行なうストライキです。指名ストについても判例は「ストライキの範囲を縮減《しゆくげん》し、ある職場における特定の組合員を指名して、その者だけをストライキに入れるいわゆる指名ストもやはり一種の部分ストである。したがって、右の指名ストは特異のストライキ形式ではあるけれども、それが組合の指令にもとづきその組織的行為としてなされるかぎりはやはり組合の争議行為として正当なものといわねばならない」（広島高裁判決／昭和三十四年）としています。

時限ストは、最小の時間で最大の効果をあげるため、全日スト（二十四時間スト）に代えてたとえば一時間単位で小刻みに打つストライキです。わが国の労働法は、労使関係の当事者間に争議行為の予告義務を課していないので、争議予告なしに、部分、指名、時限ストを交互に組合わせて反復し、「波状《はじよう》スト」を行なうことも可能です。

## 2　怠業（サボタージュ）

サボタージュは「かくされたスト」とも呼ばれます。労働の不《ふ》完全《かんぜん》履《り》行《こう》、作業能率の低下を組織的に行なうことによって「業務の正常な運営を阻害する」争議行為です。ストライキとの違いは、ストライキの場合、組合員の労働力が全面的、組織的に使用者の支配からはなれ、原則的にウォークアウト（walk out）、つまり職場放棄《しょくばほうき》

---

で行なうストライキ（団体交渉の主体になりうるがその団交権が上部組合の統制下にあるものによるストライキ）が非公認スト。判例は、山猫ストは労働組合による団体交渉秩序を侵害するものとして違法とするものが多い。

**三権委譲**

三権とは、団体交渉権、スト指令権および妥結権。単位組合から上部団体（企業連本部あるいは単産）へ三権を委譲することを、三権委譲という。三権委譲は通常、大会決議により行なわれる。しかし、三権委譲決議によって上部団体たる単産が排他的な交渉権を握るわけではなく、下部組合の戦術ダウンや妥結の承認権をもつに過ぎない場合が多い。

の形態をとるのに対して、サボタージュの場合は、組合員の労働力の一部が使用者の支配からはなれるだけで、全面的に使用者の支配からはなれることがない点です。

サボタージュ戦術の特徴は、「かくされたスト」といわれるように陰湿《いんしつ》であり、やられる側の企業にとっては対抗する手段に乏しい、実にいやらしい戦術です。使用者側はロックアウト（作業所閉鎖）で対抗することはできますが、サボタージュによる労働の停廃状態《ていはいじょうたい》が軽微であって、労働力の提供が不完全でも賃金支払義務を負わせるに足る価値をもっているとみとめられる場合は、対抗防衛手段としての性格を逸脱《いつだつ》し、加害意思をともなう過剰ロックアウトとして正当性を失い、使用者は賃金支払義務を免れることができません。

サボタージュ戦術は、スローダウン、ゴースローあるいはオシャカ戦術などともいわれ、さまざまな態様のものがあります。定時《ていじ》出《しゅっ》・退勤《たいきん》は、始業（終業）時刻の定時を厳守して、その時刻以前の入門（以後の出門）をさしとめ、担当職場への到着、作業準備を遅らせる（担当職場からの退出を早める）戦術です。上部遮断は、会社上部からの指示・命令・連絡等の伝達、上部への報告等の伝達を拒否する戦術です。これらは一種の怠業的性格をもつ争議戦術ですが、その戦術の特殊性から、とくに使用者側に積極的な対抗措置が見当たらず、また、争議行為とみとめることも実際にはむずかしいという、使用者側にとってはやっかいきわまりない戦術です。

## 3　ピケ行為

どうやって闘ったらいいか、夜遅くまで議論は続く（ミドルネットの会議、九七年一月）

日本の労働組合の多くが企業別組合であること、ストライキも部分スト、時限ストが多いことなどから、日本では、ストライキの際に、欧米のように職場放棄《しょくばほうき》（ウォークアウト）せず、会社の施設に座り込む（シットダウン）戦術がとられます。「座り込みスト」は日本独特の争議戦術なのです。

企業別組合は、職場が団結の場であり、また、使用者のスト破り防止にも有効であることから、「座り込みスト」は一般的に行なわれていますが、しかし、組合がこの戦術を強化して、職場を排他的《はいたてき》に完全占拠する場合は違法とされます。判例も「労働者が企業設備に対する使用者の支配を完全に排除し、これを排他的に占有し、しかも何等の業務活動をも為さないものであるから、単なる座り込みストライキの域を越え、使用者の企業設備の支配権を不必要に侵害するものであって、争議行為の手段、方法において違法たるを免れず」（大阪地裁判決／昭和三十四年）となっています。

また、職場占拠してピケットをはる場合も、ピケッティング自体は違法ではありませんが、行き過ぎると違法とされる場合があります。スクラムを組み、労働歌やシュプレヒコールで気勢をあげているだけなら、単なる「団結の示威《しい》」であって、問題はありませんが、製品・原材料《げんざいりょう》の搬出入のために会社施設に入構しようとする者を、人垣をつくったり、スクラムを組んだりして阻止することは、「業務の遂行行為に対し暴行脅迫をもってこれを妨害するがごとき行為はもちろん、不法に、使用者側の自由意思を抑圧し或はその財産に対する支配を阻止するようなことは許さ

---

ピケッティング

ピケッティングは、ピケのはり方、ピケをはる場所、ピケで阻止しようとする相手方、その相手の態度や行動、阻止する態様などの諸状況に応じて、正当、違法がきまる。組合脱退者、第二組合員、使用者が雇った暴力団等のスト破りに対しては、ある程度強力なピケであっても大目に見られる。腕やえり首をつかまえて引き戻したりしても違法とされないこともある。ピケによる圧力を強く行使できないのは、第三者に対してである。取引先やお客に対しては、あくまで言論による協力要請の範囲にとどめるべきである。

れない」とする最高裁判決（昭和二十七年）があります。また、就労《しゅうろう》しようとする者を、単に言論で説得するだけでなく、スクラムを組んで、説得に応じない者の通行を最終的に阻止することも、「平和的説得ないし団結の示威」の範囲をこえるとされます。いずれの場合も、平和的説得がピケットの正当性の限界とされます。

### 4　ロックアウト（争議行為に入った労働者を閉め出すための工場・事業所閉鎖）

ロックアウトは、労働者の争議行為（とりわけ、サボタージュおよび部分ストなどサボタージュ的効果をもつ争議行為）、争議行為にともなうピケッティングなどに「対抗する行為」として、労調法第七条に定められた使用者の争議行為です。したがって、ロックアウトの適法要件は、労働組合の争議行為に対する対抗防衛手段としての相当性にあり、「労働者側の争議行為によりかえって労使間の勢力の均衡が破れ、使用者側が著しく不利な圧力を受けるようになる場合」（丸島水門事件・最高裁判決／昭和五十年）、すなわち、「労働者の業務阻害行動が使用者に異常な損害を与える態様でなされたため、使用者が争議労働者に対し労務受領を拒絶できなければ労働争議上著しく不利な立場におかれる」（菅野和夫東大教授）場合にかぎられます。組合の団結破壊を目的とするようなロックアウトは、もちろん違法です。

---

**ロックアウト**

先制的ロックアウト（労働者がいまだ業務阻害行為を行なっていないのに使用者が行なうロックアウト）は正当性がない。対抗的ロックアウト（労働者が業務阻害行為に入ったのちに使用者が行なうロックアウト）のうち、防禦的ロックアウトについては正当、防禦の目的をこえて逆に使用者の主張を組合に呑ませるためのロックアウトは攻撃的ロックアウトとして正当性がない、とされる。

# Q49 会社の敷地内で組合の集会を開けますか

**会社の敷地内で組合の集会を開こうとしたところ、会社が施設管理権を主張してきました。会社のなかには憲法が保障する集会の自由は及ばないのでしょうか。**

組合が会社の敷地《しきち》内《ない》や建物のなかで集会や会合を開こうとする際に、会社側が「施設管理権《しせつかんりけん》」を主張して制限しようとしてくる場合があります。「施設管理権」という独自の権利があるわけではありませんが、所有権・占有権《せんゆうけん》と労働契約上の業務命令権《ぎょうむめいれいけん》が複合したものとして慣用的に使われている言葉です。

日本では、企業別組合は会社側と施設利用協定をむすび、施設を使用する権利をみとめさせています。組合活動を円滑《えんかつ》に行なうために、日常的な事務処理や組合員に対する情報・宣伝活動が不可欠です。そこで多くの組合は、組合事務所の貸与《たいよ》、掲示板《けいじばん》の供与、会社施設内で集会を行なうことなど、会社施設の利用について会社から一定の便宜供与《べんぎきょうよ》を受けています。しかし、労使関係が緊迫して、争議や抗議行動を行なう状態となったときには、会社が施設の貸与や利用を中止したり、退去を要求してくることがしばしばあります。争議中であっても、組合事務所等の貸与中止は不当労働行為とみなされますが、会社施設内の集会については、憲法第二一条

---

施設管理権

会社が、自己の事業場の敷地、建物およびそれらのなかでの諸施設を管理する権限。判例は、労働組合は企業内に設置された企業施設を利用する必要性が大きいことのゆえに、企業施設を利用する権利を当然に取得するものではなく、組合活動のための企業施設の利用はあくまでも使用者の許可ないし同意があってはじめて行なうことができる（国鉄札幌運転区事件・最高裁判決／昭和五十四年）。懲戒権との関連については、「従業員が就業規則で禁止ないし許可が必要とされている事業場内での政治活動や宣伝活動を行なった場合には、使用者は、当該行為が企業の風紀・秩序を乱すおそれがなかったという場合でないかぎり、規則違

の「集会・結社・表現の自由」と、会社の「施設管理権」が相争う状況にあると理解して、組合側としては、企業の場を組合活動の権利が保障されるべき場ととらえる立場にたって、あくまで集会の権利を主張すべきでしょう。

会社側の「施設管理権」行使の例としては、スト中の労働者が会社施設に入ることを禁止して立ち退かせる「ロックアウト」があげられます（争議「権」と違って、労働法にロックアウト「権」はありません。労働者側の争議行為に対する対抗防衛手段として相当とみとめられているに過ぎません。実際に、ロックアウトの正当性がみとめられたケースはごく稀《まれ》です）。この効力をめぐっては、裁判所や労働委員会で争われており、判例や命令では、組合側に有利なものも不利なものもありますが、「ロックアウト」されても、組合側は堂々と集会を開く権利を行使すべきでしょう。

こうした労使双方が相争う権利のあり方については、労使のあいだの力関係できまるのが普通です。組合側としては、自分たちの力を行使する法的な根拠と権利を、自信をもって表明し、力関係で最初から有利な立場をきずく必要があります。「施設管理権」に抵抗して解雇された事件もありますが、こうした解雇を正当とみとめた判例や命令は出ていません。ただ、解雇にいたらない懲戒処分《ちょうかいしょぶん》をみとめたケースはあります。こうした弾圧をくり返させないためにも、組合は、問題が解決した時点で、施設管理に関して労働者の責任を問わない、などを盛り込んだ労使協定を会社側と締結しておくべきでしょう。

---

反を理由に懲戒処分を行なうことができる」（電電公社目黒電報電話局事件・最高裁判決／昭和五十二年）。

**便宜供与**

労組法第七条三号は、使用者が「労働組合の運営のための経費の支払につき経理上の援助を与えること」を禁止するとともに、①協議・交渉時間に対する賃金補償、②厚生資金・福利基金への寄附、③最小限の広さの事務所の供与、をみとめている。これを便宜供与というが、①～③の他に、チェックオフ、組合休暇、在籍専従などが便宜供与として一般的に行なわれている。

# Q50 ビラまき、デモ行進などの宣伝活動は自由にできますか

街頭でのデモ行進やビラ配布は、事前の届け出や許可が必要なのでしょうか。会社の施設や敷地内でのビラ貼りやビラまきは、自由にできるのでしょうか。

ビラ・チラシの配布や、ハンドマイクなどを使った情報・宣伝は、組合のたいせつな活動です。これは、憲法第二八条で保障された「勤労者」の団結権の具体的なあらわれであり、憲法第二一条で保障された「表現《ひょうげん》の自由」の権利の行使でもあります。しかし、街頭でのマイクを使った活動には、法律、条例でさまざまな制限があり、事前に警察に届け出ることが求められる場合もあります。また、ビラまきなどでも、会社や特定個人の所有地の敷地内では、所有者や使用権者が活動を制限してくることもあります。ただ、実際上は、交通の邪魔《じゃま》にならないようにすれば、自主的に、自由にマイクでの情報・宣伝や、ビラまきが行なえるケースが多いこともたしかです（判例法理では、ビラまきの場合は、「無許可」（使用者の意に反するもの）であっても「施設管理権」を侵害しないとし、一方、ビラ貼りについては、「施設管理権」を侵害する（とくに「損壊」に該当する場合）とする傾向にあります。「施設管理権」については、Q49をご参照ください）。

その際に注意すべきことは、情報・宣伝活動の内容が特定の個人や法人の名誉《めいよ》棄《き》

損《そん》・信用失墜《しんようしっつい》にならないようにすることです。中傷《ちゅうしょう》・誹謗《ひぼう》にあたる表現があった場合には、相手から刑事告訴《けいじこくそ》されたり、民事上の損害賠償を請求する訴訟をおこされるおそれがあります。情報・宣伝活動のときには、表現の自由を駆使《くし》すると同時に、こうした点にも十分配慮しなければなりません。また、スピーカーを搭載《とうさい》した街宣車《がいせんしゃ》（宣伝カー）を使うときには、事前に、その車についての街宣許可証《がいせんきょかしょう》を警察から取得しておく必要があります。条例で、特定地域では一定以上の音量を出せないように規制されることもあります。

組合やその他の団体が、市民的な権利行使の方法として、デモなどの街頭行動を行なったり、集会を開いたりするのは当然のことです。憲法第二一条で「集会《しゅうかい》・結社《けっしゃ》・表現の自由《ひょうげん》」が保障されているからです。しかし、街頭でのデモや集会については、①公安条例《こうあんじょうれい》、②道路交通法《どうろこうつうほう》、による規制があり、地方自治体が条例を設けて、その制限の範囲内でみとめるケースが多くなっています。例えば、デモは事前に所轄《しょかつ》の警察署に届け出て、行進のルートなどについて警察と折衝《せっしょう》し、了解を取り付けているのが実情です。東京都では、三日前に届け出て、ルートについても了解を取り付けておく必要があるとされています。集会についても、不特定多数の人びとに参加を呼びかける場合には、事前に、警察や地方自治体に届け出ると定められているところも多くあります。もちろん、こうした規制や制限に屈することなく、憲法で保障された権利に基づいて堂々と警察・自治体と交渉し、集会・デモを行なえばよいのです。

---

**ビラ内容の正当性**

ビラの内容が使用者の労務政策の批判攻撃である場合は、内容が全体においで真実であれば正当性がみとめられる。使用者の経営政策の批判攻撃である場合は、それが労働条件や労働者の待遇と関連性があり、内容が全体として真実であれば正当性がある（正当性なしとされた事例、中国電力事件・最高裁判決／平成四年）。

**公安条例**

治安保持のために、地方公共団体が大衆的な集会やデモ行進などの規制・取締りを目的として定めた条例の通称。事前の届出または許可などを規制の内容とする。地方公共団体は、国から独立した団体として独自に法規範を制定する自治立法権をもっている（憲法第九四条「地方公共団体は、法律の範囲内で条例を制定することができる」）。

# Q51 会社の経営にまで組合はタッチできるのですか

組合が、社長の退陣や交代を要求したり、それを要求してストライキをすることは違法でしょうか。経営権には、組合はいっさい介入できないのでしょうか。

組合が団体交渉で会社に要求できる事項は、主に労働条件、雇用条件などとされています。しかし、団交の際に、会社側が賃上げ要求に対して「会社に支払い能力がない」として、賃上げを拒否したり、賃上げ幅を抑えようとしてくることがよくあります。これに対抗するには、経営状態、売上や経費、利益の実態を調べ、経営内部の状況をよく分析、把握《はあく》しておく必要があります。労働条件や雇用条件は経営の根幹をなすものであり、それだけに、組合側がその面から経営内部を深く追及して、経営全体に迫り、経営のあり方をチェックすることは可能であり、当然とも言えます。

例えば、ベースアップ・ゼロや昇級《しょうきゅう》制度の改悪は、経営の失敗や無能を従業員に転嫁《てんか》し、犠牲《ぎせい》を押しつけようとするものにほかなりませんから、そういう事態をまねいた経営者の責任を追及するとともに、経営のあり方についてさまざまな角度から批判し、要求していくことが重要です。現状の日本企業の、閉鎖《へいさ》的な、相互もたれあい主義の経営から脱皮《だっぴ》するために、組合が経営に対してもっと積極的に、正当なチェック機能を果たすことを期待されています。

会社の役員人事などを、組合側から要求することはムリだと一般に考えられています。しかし、役員人事を含めていわゆる経営事項が、すべて「経営権」に属する会社の専決事項《せんけつじこう》ということではありません。鉱業所長追放を目的とするストライキの正当性が争われた事件で、最高裁は、「専ら同所長の追放自体を直接の目的とするものではなく、労働者の労働条件の維持改善その他経済的地位の向上を図るための必要的手段」として行なわれたときには、このようなスト目的は労働組合運動として必ずしも正当な範囲を逸脱《いつだつ》するものではない、という判断を示しました。以上の鉱業所長や、さらに、取締役の追放を目的とする争議行為も、労働条件改善のための必要な手段として行なわれる場合は、正当な争議目的とされます（なお、交渉事項についてはQ44「義務的交渉事項」の項をご参照ください）。

ところで、「経営権」という概念は、「施設管理権」と同様、法律上の概念ではありません。しいて定義すれば、「資本所有権の企業経営面における一つの作用ないし権能」であるとされますが、要するに、労働条件や労働者の経済的地位の向上と関連性をもたない経営上の専決事項は、非常に限られるということです。現在、日本の企業では、株主総会《かぶぬしそうかい》や監査役、取締役会は単に形式的な法律手続として存在するだけで、まったく機能していないのが実情です。こうした異常な状況に、クサビを打ち込み、経営のチェック機能を果たすことは、労働組合の社会的責任でもあります。

---

**鉱業所長追放**

大浜炭鉱事件・最高裁判決／昭和二十四年

**経営権**

労働組合の影響力を弱め、団体交渉事項の範囲を限定するために、使用者により主張されてきた、経営者の企業経営上の排他的専決権。しかし、経営権という概念が法律上存在するわけではなく、まして、労働者の労働権に対応する概念ではない。企業の管理運営に属する事項であっても、それが労働条件、労働関係に影響を及ぼすかぎり、その労働条件、労働関係の面において団体交渉の対象となる。

## Q52 マスコミの利用、記者会見で注意するポイントは

労働問題を専門に扱う記者クラブはあるのですか。記者クラブへの申し込みはどのようにすればいいのですか。記者会見のやり方も教えてください。

記者クラブは、たいてい役所などの公共的な場所に設置されており、原則として、発表したい人はだれでも申し込むことができます。労働問題なら、東京では霞が関の労働省に記者クラブ（労働省記者会《ろうどうしょうきしゃかい》／加盟社四二社）があります。朝日、毎日、読売、日経などの全国紙や、北海道新聞、東京新聞などのブロック紙、地方紙、ＮＨＫ、民放テレビ各社、通信社などが加盟しており、いつも多数の記者が常駐《じょうちゅう》しています。記者クラブの運営は、その月の当番となる幹事社が窓口となっています。

申し込みは、発表したい日の二日前までに幹事社《かんじしゃ》に電話をかけ、発表したい案件の内容（組合結成の事実、会社側の弾圧・差別・いじめの実態告発、労働委員会への申立など）をざっと説明したうえで、発表予定の日時を相談するとよいでしょう。記者クラブ側の都合で、日時を変更したり、記者会見ではなく、単に資料配付にとどめたりするケースもありますが、発表そのものを拒否される心配はほとんどありません。

裁判をおこしたときには、裁判所内の記者クラブ（東京なら、霞が関の司法記者クラブ

---

**記者クラブ**

記者クラブは、中央官庁、都道府県庁、市役所などの公的機関や経団連、電気事業連合会などの経済・業界団体などに設置されており、日本新聞協会に加盟する新聞社やテレビ局等の記者たちが常駐している。記者たちの「親睦の場」が建前であったが、九七年十二月、日本新聞協会の編集委員会が「取材拠点」と位置づける見解をまとめた。

役所や業界が、みずからに有利なニュースを提供して記者たちに書かせ、情報操作しているという批判もあるが、その反面、記者たちが結束して権力に立ち向かい、隠されている情報を引き出すというメリットがあることも否定できない。

（加盟社二六社）で発表するのが普通ですが、その場合も、労働省記者クラブに資料を配付しておくのがよいでしょう。司法記者クラブが、他の事件でたて込んでいる場合には、労働省記者クラブで発表するのも一案です。

東京以外のところでは、各道府県庁にある記者クラブ（普通、県政記者クラブといいます）で発表するのがよいでしょう。労働問題専門の記者はいませんが、地方事件を担当する記者が常駐しています。事前に幹事社に申し込めば受け付けてくれます。

記者会見のやり方は、申し込みの際に幹事社に相談すれば、たいていのことは教えてくれます。ただ、記者は忙しいので、ぶっきらぼうな応対をされることもあります。そうした場合でも驚かずに、じっくりと説明すればこちらの意図は伝わるはずです。記者会見では、発表内容を文書にしたもの（ニュースリリースといいます）を、加盟社数（二〇〜三〇部）だけ用意して配付するようにします。ニュースリリースは、発表内容（組合結成の趣旨、会社の状況と対応、問題点など）をA４サイズ二枚ていどにまとめます。あまりたくさんの資料を持ち込んでも読まれません。

記者会見は長くても三十分でおわるようにします。司会役の幹事社の合図で説明をはじめ、できれば十分以内におわらせます。その後、質疑応答に移りますが、これも十分以内にすむようにすべきでしょう。説明は、記者会見で訴えたいポイントを三つぐらいにしぼり込み、簡潔にわかりやすく行ないます。記者からきびしい質問が飛ぶときもありますが、それにひるまずに、ハッキリと受けこたえをしましょう。


---

労働運動の側から見れば、記者クラブは多くの報道機関に訴えることができるという点で、効率的な発表の場である。発表を希望する者には、原則として「開かれている」が、労働者や市民が気軽に利用することが、その閉鎖性を変えることにもつながる。

プロブレムQ&A

# Ⅷ 倒産・企業再編とどう闘うか

# Q53 「会社が潰れそうだ」という場合の労働相談はどこにすればいいのですか

**会社が倒産しそうだ、という場合、賃金や雇用はどうなるのですか。賃金や雇用を守るためにどうすればいいのですか。どこへ相談に行けばいいのでしょうか。**

通常の労働問題についての対処《たいしょ》と、倒産《とうさん》および倒産が予測される状態のなかで発生する労働問題（以下、「倒産型」労働問題ということにします）についての対処との大きな違いはなんでしょうか。

「倒産」という言葉は慣用語《かんようご》ですが、普通、会社が「経済的な破綻《はたん》から、①支払《しはらい》不能《のう》（通常、不渡手形《ふわたりてがた》を出したとき）、あるいは、②債務超過《さいむちょうか》になり、営業の継続《けいぞく》が困難《こんなん》となって事態《じたい》が表面化《ひょうめんか》した場合」を指します。したがって、通常の労働問題と「倒産型」労働問題との違いを一言でいえば、会社の存続について考えなくてもよいか、それとも、会社の存続について考えなくてはならないか、の違いであるということになります（以下、「倒産型」労働問題に対処する労働運動を「倒産闘争」ということにします）。

倒産の八五～九〇％は、銀行取引停止処分《ぎんこうとりひきていししょぶん》というかたちで発生します（六カ月内に不渡手形を二度続けて出すと、銀行取引停止処分になります。なお、残り一〇～一五％のほとんどは、自己破産《じこはさん》の申立による倒産です）。したがって、倒産闘争は銀行取引停止処分を受

---

不渡手形

一般に、手形・小切手の支払いを拒絶されたことを不渡という。厳密には、手形交換手続で交換呈示された手形・小切手で支払いに応じられないものが、不渡手形である。第一回の不渡届があり不渡報告に掲載されたものについて、その手形の交換日から起算して六カ月以内の日を交換日とする手形につき第二回の不渡届が提出されたときは、銀行取引停止処分になる。取引停止処分とは、不渡手形の振出人等に対して銀行が、取引停止処分日から二年間、当座取引およびいっさいの貸出取引をすることを禁止される処分である。

けてはじまる、と思われるかもしれませんが、実は、そうではないのです。倒産は、倒産という事態《じたい》が表面化《ひょうめんか》しないかぎり、まだ「倒産」とはいえませんが、いったん事態が表面化すると、法的環境《ほうてきかんきょう》が一変して、保全処分《ほぜんしょぶん》等がすすめられ、労働側の要求や行為、経営側との契約《けいやく》が法律上の制約《せいやく》を受けることになります。

しかし、「倒産」は突然やってくるわけではありません。事実上の倒産は、事態が表面化する以前にすでにはじまっており、すくなくとも倒産前三カ月頃までには、その徴候《ちょうこう》をキャッチできるはずです（以下、この倒産が表面化する以前の、事実上倒産となった危機状態を「倒産状態《とうさんじょうたい》」ということにします）。したがって、この「倒産状態」の徴候《ちょうこう》（Q55を参照）をできるだけ早くキャッチして、対処することが肝要《かんよう》です。つまり、倒産会社の経営者は、いよいよ経営が行き詰まって、「営業の継続が困難」となり倒産が回避《かいひ》できないとなると、倒産の意思決定を行ない、倒産手続の選択をはじめます。倒産闘争は、この段階で、経営者のうごきをいち早くキャッチするところからはじまります。「倒産状態」の会社は、いわば法的無秩序状態にあり、さまざまな詐害《さがい》行為が発生します。経営者や他の債権者、「整理屋《せいりや》」（高利貸《こうりがし》・暴力団）から、労働者もみずからの権益《けんえき》を防衛するため、主張と行動を行ない、経営側と折衝し、場合によっては、職場防衛のため経営側と協力しなければなりません。

「会社が潰《つぶ》れそうだ」または「潰れるかもしれない」という不安を覚えたら、一刻《いっこく》も早く、労働組合に相談に行ってください。適当な組合がわからない場合は、労政（主管）事務所や労働団体（連合など）、日本労働弁護団等（Q32・33を参照）に問

---

**債務超過**
物的会社（株式会社など）の財産計算において、資産（プラス財産）よりも負債（マイナス財産）がオーバーすることをいう。支払不能とならんでみとめられた特別の破産原因。

**保全処分**
民事保全のこと。仮差押えおよび仮処分の総称（民事保全法第一条）。民事訴訟本案の権利などを保全する一般の仮差押えおよび仮処分。民事保全の手続は、その命令の発令に関する保全命令の手続と、その命令の執行に関する保全執行の手続とからなる。

**詐害行為**
債務者が故意に財産を減少させ、債権者に十分な弁済を受けさせないようにする行為（民法第四二四条）。

**整理屋**
会社の倒産に際し、みずから債権者として、あるいは、債権者や債務者の代理人として、合法・違法のさまざまな手段を弄して倒産整理を行ない、不正な利得をはかる職業集団。事件屋ともいう。

い合わせ、組合の紹介を受けてください。労政事務所は、組合結成の相談にものってくれます。未組織《みそしき》の職場で労働組合がない場合は、既存の個人加盟方式の組合に加入するなり、早急に組合を結成することをおすすめします（組合結成については、Q9・Q13を参照）。

雇用保障《こようほしょう》や労働債権確保《ろうどうさいけんかくほ》の闘い、さまざまな法的手続や事務処理を考えた場合、従業員の結束、労働者の団結をはかり、力を合わせることが最低条件です。その上で、分担して事態に対処し、機動力を発揮しなければなりません。労働者が個々ばらばらでは、「倒産状態」という緊急事態、異常事態を闘い抜くことは、まず不可能です。労働組合を結成（に加入）したら、会社に通知し、団体交渉を申し入れます。個人ごとの交渉申し入れでは、交渉力が弱くなかなからちがあきません。ここは、労働組合法にもとづく団体交渉権をフルに活用すべきなのです（会社は、基本的に組合の団体交渉申し入れを拒否できません）。

労働組合とともに、専門の弁護士に相談し、アドバイスを受けることもたいせつです。倒産処理の手続は、法的手続そのものであり、関係する法律も多く複雑であるため、倒産問題に強い弁護士の法律知識と実務知識は、労働者の倒産闘争に欠かせません。経営者や管財人《かんざいにん》との重要な団体交渉（交渉）には必ず同席してもらうようにします。弁護士の紹介は、都道府県の弁護士会や日本労働弁護団で行なってくれます。

---

**労働債権**
会社の倒産時に、その会社の従業員が会社に請求できる債権。未払賃金、退職金、解雇予告手当（三十日未満の予告期間で解雇されたとき）、社内預金など。

## Q54 倒産と破産はどう違うのですか

**倒産と破産は違うということですが、倒産してもまだ再建の可能性があるということでしょうか。どんな場合に倒産になり、破産するとどうなるのでしょうか。**

倒産は法律用語ではありませんが、破産《はさん》はれっきとした法律用語です。破産は、破産法という法律で定められた、倒産会社の整理方法の一つであり、したがって、倒産即破産ではありません。

倒産は、Q53で述べたように、「経済的な破綻から、支払不能あるいは債務超過になり、営業の継続が困難となって事態が表面化した場合」ですが、民間の信用調査機関では、次のケースを事実上の倒産と見なしています。

① 不渡手形等を出し、銀行取引停止処分となったとき
② 会社更生法または民事再生法の適用を地裁に申し立て、受理されたとき
③ 商法第三八一条に基づき、会社整理手続に入ったとき
④ 商法第四三一条に基づき、特別清算手続《とくべつせいさんてつづき》に入ったとき
⑤ 破産法第一三二条～一三六条に基づき、地裁に自己破産《じこはさん》の申立をしたとき
⑥ ③に準ずる手続で、任意整理《にんいせいり》（私的整理《していきせいり》）に入ったとき

---

民事再生法

一九九九年十一月十四日可決・成立、翌年四月一日施行。民事再生法は、和議法に代わる再建型倒産法制の一般法といわれる。和議法を下敷きとしており、アメリカ合衆国連邦倒産法（チャプター・イレブン）のDIP型の後見型倒産法制である。すなわち、再生債務者が第三者的地位を与えられ、債権者の利益代表者として、債務者が財産を自己管理し、再生手続を遂行する。法制定の背景には企業倒産と消費者破産の急増があるが、経営に行き詰まった企業が経済的に破綻する前に法的に早期再建をはかれるようにするのが趣旨である。そのため、再生手続は、簡易・迅速・低廉をめざしている。

例えば、山一證券の倒産（一九九七年）は自主廃業《じしゅはいぎょう》ですから、⑥の任意整理に該当します。

さて、倒産会社は、解体《かいたい》（消滅）か再生（再建）か、の道をあゆむことになります。その割合は、営業継続の再生三割、廃業・休業の解体七割、すなわち、「再建三割、消滅七割」というのが専門家のあいだの通説です。

会社更生法、民事再生法、商法による会社整理、同特別清算および破産法を、倒産関係五法《とうさんかんけいごほう》といいます。破産宣告《はさんせんこく》は会社にとって、経済的な死刑宣告です。倒産関係法は、会社の解体・消滅という社会的・経済的損失を防止する必要から、

(a) 企業維持
(b) 破産予防

の理念・原則の上にたっています。したがって、倒産した会社が法的整理手続によって処理される場合、

(1) 再建型法的手続（上記の②、③）を優先して進行させ、
(2) (1)が失敗したときに、解体型法的手続（上記の清算型⑤）へ移行

します。したがって、⑤の破産手続は、上記①～④の手続がすべて失敗におわった場合の、最後の受け皿となる手続です（もちろん、いきなり破産手続から始まる場合もあります）。

それでも、「再建三割、消滅七割」がきびしい現実です。また、債権棚上げ、事業縮小、人員整理が経営再建のきめ手となっており、再建は、債権者と従業員の大

---

帝国データバンクによれば、法施行後の一カ月間に申請した企業は六四社に達し、前年の和議申請の三倍のペース（Q58参照）。

**任意整理**

会社（債務者）の経済活動が破綻したときに、裁判所の手を借りないで、債権者と債務者が任意に協議して、債務者の債権・債務の整理を行なう手続。任意整理にも再建型と清算型の二つがあるが、裁判所にもち込まれて法的に処理される手続にくらべて、その利用度は高い（中小企業の倒産処理に最適といわれる）。私的整理ともいう。

きな犠牲のうえに達成されています。

ところで、倒産ということ自体はたいへんなことですが、いますこし冷静になって考えてみますと、信用取引はできないものの、現金取引まで停止されたわけではありませんから、企業活動は継続しているのです。会社がまだ当事者能力《とうじしゃのうりょく》をもっているという言い方もできます。倒産にいたっても、会社が当事者能力をもっているわけですから、契約行為を行なうことができます。当然、この契約行為の対象には、労働契約も労働協約も含まれます。労働債権（賃金・一時金・退職金等）は、他の一般債権に先んずる優先債権ですから、労働者および労働組合の立場からすると、倒産後であっても、労使の自主的取決めによって解決することは可能です。また、非常にむずかしいことですが、債権者の協力を得ながら労使協力して、企業再建を実現するといったこともまったく不可能ではありません。

以上のように、倒産は企業がかなり深手を負った状態であるものの、まだ、死にいたらない状態であり、応急治療は可能なのです。

これに対して、破産は企業の死滅を意味します。裁判所の監督のもと、裁判所が選任した破産管財人《はさんかんざいにん》によって、企業はいっさいの自主的活動を停止させられ、当事者能力を喪失します。しかし、倒産よりも条件のきびしい破産状態のなかで労働組合を結成し、破産管財人と団体交渉して（ただし、更生管財人と違い、破産管財人は労働法上の使用者とはいえない）、比較的有利な解決を実現した事例もあります。

倒産と失業が増え続ける日本

**更生管財人**

会社更生法の適用がみとめられ、更生手続の開始が決定すると、更生管財人が任命される。更生管財人は、会社財産の管理権と経営権をもつのみでなく、更生計画案を作成し、その後の実行を担当する。会社更生の成否は、まさに更生管財人の力量にかかっていろ（会社更生法第四三・五三・一八九・一四七条）。

広義のM&A

経営危機型 | 事業再編型

企業再編法制

整理解雇（会社都合退職／リストラの場合など）

企業の経営上の理由からなされる人員整理。判例は次の①～④の4要件を満たすことを求めている（整理解雇の4要件）

①整理解雇をしなければならない経営上の根拠が十分にある。
②企業が希望退職募集など解雇を回避する十分な努力をした。
③解雇の基準が明確であり対象者の選別が公正である。
④解雇について事前説明、協議が十分におこなわれた。

会社の都合による割り増し退職金と解雇予告手当（30日前の予告がない場合）がもらえる。

| 企業再編の手法 | 企業再編の内容 | 労働契約の承継等 |
|---|---|---|
| 合併 | 事業統合・分離<br>グループ内組織再編 | 包括承継 |
| 株式交換・株式移転 | 純粋持株会社設立<br>完全親会社・子会社化 | 包括承継 |
| 会社分割 | 事業統合・分離<br>純粋持株会社設立<br>グループ内組織再編・分社化 | 労働契約承継法（部分的包括承継 |
| 営業譲渡 | 事業分離<br>グループ内組織再編 | 特定承継 |
| アウトソーシング | 事業分離 | 転籍には労働者の個別の同意が必要 |
| 業務提携・資本提携 | 事業共同化 | （経営権は移転しない） |

倒産法・企業再編で会社の存続、雇用、未払賃金等はどうなるか

企業の再建 / 事業の再建 → 倒産法制

倒産法制
- 清算型
- 再建型

| 倒産法制 | 破産法 | 商法による特別清算 | 商法による会社整理 | 民事再生法 | 会社更生法 |
|---|---|---|---|---|---|
| 適用の対象 | 個人（自然人）法人 | 清算中の株式会社 | 株式会社 | 個人（自然人）法人 | 株式会社 |
| 申立ができる者 | 債権者・債務者・債権者に準じる者 | 債権者・清算人・監査役・株主 | 取締役・債権者・株主 | 債務者・債権者 | 会社・債権者・株主 |
| 申立の理由 | 支払不能または債務超過 | 清算に著しい支障があるか、債務超過の疑い | 支払不能（または債務超過）のおそれまたは疑い | 支払不能（または債務超過）のおそれがあるか、事業の継続に著しい支障をきたすことなく弁済期にある債務を弁済できないこと | 支払不能（または債務超過）のおそれがあるか、弁済すれば事業の継続が著しく困難になること |
| 財産の管理者 | 破産管財人 | 清算人 | 代表取締役 管理人 | 再生債務者（管財人が選出されている場合は管財人）、または保全管理人 | 更生管財人、または保全管理人 |
| 弁済・再建の方法等 | 配当手続による清算（事業の経営は終了する） | 協定条件による清算（事業の経営は終了する） | 全債権者の同意による整理案での再建（経営権は原則として債権者に残る） | 後見型再建手続として、原則として債務者が経営権を失わず再建 | 会社更生計画により、更生管財人が経営 |
| 未払賃金等の弁済 | 破産手続き開始前3カ月間の給料および退職前3カ月間の給料に相当する退職金は財団債権。その余の破産宣告前の未払賃金は「優先的破産債権」として配当手続のなかで弁済される（株式会社、有限会社および相互会社の雇用者の場合）。破産宣告後の賃金は「財団債権」として配当手続によらず弁済される。 | 賃金等は、破産手続の場合と同じく一般優先債権となる。 | 賃金等については特段の規定はない。しかし、労働者の債権は、労働者の個別的同意を得ずに減額、猶予その他の不利益な取扱いはできない。 | 再生手続開始決定前のすべての未払賃金は「一般優先債権」とされ、再生手続によらず随時弁済される（株式会社、有限会社および相互会社の雇用者の場合）。手続開始後の賃金・退職金は「共益債権」として扱われ随時弁済される。 | 更正手続開始決定前6カ月間の賃金は、最優先の「共益債権として更正手続によらず随時弁済される。退職一時金は、退職前6カ月間の賃金総額に相当する額または退職一時金の三分の一に相当する額のうちいずれか多い額を限度として「共益債権」。手続開始後の会社の都合による退職一時金は全額「共済債権」。 |

## 倒産・リストラ解雇の特定受給資格者制度

倒産・リストラなどの会社の一方的な都合による解雇の場合、「特定受給資格者」として最大230日の失業保険給付が受けられます。所定給付日数は次のとおり。

| 被保険者期間 | 1年未満 | 1年以上5年未満 | 5〜10 | 10〜20 | 20年以上 |
|---|---|---|---|---|---|
| 30歳未満 | 90日 | 90日<br>(90日) | 120日<br>(90日) | 180日<br>(120日) | |
| 30歳以上35歳未満 | 90日 | 90日<br>(90日) | 180日<br>(90日) | 210日<br>(120日) | 240日<br>(150日) |
| 35歳以上45歳未満 | 90日 | 90日<br>(90日) | 180日<br>(90日) | 240日<br>(120日) | 270日<br>(150日) |
| 45歳以上60歳未満 | 90日 | 180日<br>(90日) | 240日<br>(90日) | 270日<br>(120日) | 330日<br>(150日) |
| 60歳以上65歳未満 | 90日 | 150日<br>(90日) | 180日<br>(90日) | 210日<br>(120日) | 240日<br>(150日) |

(　)は一般受給資格者

## 退職金にかかる税金

退職金は分離課税される。「退職所得の受給に関する申告書」を提出しないと、一律20%源泉徴収される。

●退職金税額の計算方法

(1)退職所得控除額の計算方法(勤続年数＝Y)
　勤続年数20年以下　　Y×40万円(80万円以下の場合は、80万円)
　勤続年数20年超　　(Y−20年)×70万円＋800万円

(2)退職所得税の税率(課税所得は千円未満切捨)

| 課税される所得金額 | 税率 | 控除額 |
|---|---|---|
| 1千円〜3,299千円 | 10% | |
| 3,300千円〜8,999千円 | 20% | 33万円 |
| 9,000千円〜17,999千円 | 30% | 123万円 |
| 18,000千円以上 | 37% | 249万円 |

(3)計算方法
　課税される所得金額×1/2×税率

(4)計算例
　退職金2,000万円、勤続25年の場合
　①退職所得控除額 1,150万円
　②課税所得　850万円
　③税率　20%(—33万円)
　④退職所得税　52万円

## 労働者健康福祉機構による未払賃金の立替え払い

中小企業が倒産、事実上の倒産をした際、「賃金の支払の確保等に関する法律」によって未払賃金の上限80%が雇用主に代わって支払われる。返済の必要はない。

| 立替え払いの限度額(退職時年齢) | |
|---|---|
| 30歳未満 | 上限88万円(未払賃金110万円の場合) |
| 30歳以上45歳未満 | 上限176万円(未払賃金220万円の場合) |
| 45歳以上 | 上限296万円(未払賃金370万円の場合) |

〈手続〉

①企業が1年以上労災保険の適用を受けていること、2万円以上の未払賃金があることなどが条件。

②事実上の倒産の場合、労働基準監督署長に倒産の認定を申請する。法律上の倒産の場合、裁判所、管財人などに証明を申請する。

③認定書などの交付を受け、未払賃金額が確定した後、労働者健康福祉機構に請求書を提出する。

(平成14年現在)

余談雑談⑩

# 私の倒産争議

まずは争議の概要だ。会社は、株式会社グラフィカといって、東京都多摩市に所在し、創業二十年弱のいわゆるベンチャー企業で、コンピュータ・グラフィクスの装置を製造・販売していた。従業員は二〇〇名に近づいたこともあったが、倒産の頃には半減していた。

倒産(自己破産)したのは一九九四年三月だった。労組はその半月前に、既存の労組(全労協・全国一般東京労働組合)の分会として結成した。この時点で賃金未払いが三カ月になっていた。組合結成翌日にはじめての団交、その後、社長が逃亡するなかで会社を占拠、争議へ突入して行った。

未払い賃金獲得を軸に、社長の刑事責任追及と経営者に返済不能が必然の無責任な融資をしたメインバンク三菱銀行(当時)の謝罪を求めての闘争だったが、破産管財人が団交拒否をするという特異な事情で、それについての都労委(東京都地方労働委員会)での闘争が主要な内容になった。

倒産から半年後に賃確法(賃金の支払の確保等に関する法律)により未払い賃金の八割を獲得、二年後に一〇〇%を管財人との和解で変則的に獲得し、争議は収束に向かった。

グラフィカの場合、メインバンクの三菱銀行が社長に信じがたい融資をしている。年収三〇〇〇万円の社長に利子だけで九〇〇〇万円になる融資をして、無理やり(社長がそう言っていた)豪邸をもたせている。社長は株式上場をめざして盲進したが成果はあがらず、浮足立った経営で会社は荒れていった。挙句は、会社のお金で利子を払うようになった。そのお金も会社の三菱の口座から社長の三菱の口座へ、そして三菱へと移動しており、三菱銀行は承知していたはずだ。融資相手が破産しようが、その経営する会社が倒産して従業員が放り出されようが、銀行は抵当権を第一に行使して被害を最小限にするだけで、まさに衛利行(エイリアン)だ。

映画「エイリアン」を思い浮かべていただきたい。生物とはいってもエイリアンに人間性など微塵も感じられないし、そんなものを期待すれば命取りとなる。エイリアンが人体に寄生し、吸いつくして、遺体を放棄するさまは、グラフィカおよび社長と三菱銀行の関係にぴたりとかさなる。銀行というと公共機関のように思う。その社会への影響を考えれば公共性は高いし、税金を投じて救済するというようなとんでもないことまでおこっている。しかし、その性格は公共心はおろか道徳性すら欠落している。それでは、法律は守るのかというと、法の精神をまったく解さず、銀行にとって法律は責任回避の手段にすらなる。

倒産一年以上前に管理職の賃金遅配がはじまった。その後、一般従業員も遅配になった。一般従業員の遅配が約半年つづいてついに不払いになった。十一月分の半分以上と十二月分が未払いのまま、年内営業最終日になった。

九三年の十二月中に私は労働基準監督署（労基署）に相談に行った。その頃、従業員のなかに売掛金の入金を差押さえる準備をしているグループがあった。翌年一月に私もそれに加わった。差押さえの機会を二回うかがったが芳しくなく、仕方なく二月十三日に組合結成となった。その後、社長が行方をくらますなか、不渡りが出た。

その後三月一日、社長は裁判所に社長個人とグラフィカの破産を同時に申請し、三月四日、破産宣告が出た。そして、『日経ビジネス』誌（四月四日号）にわざわざ投稿し、「組合のために会社が倒産した」と宣伝した。

私は、賃金が不払いになって労基署に相談に行った。賃金が支払われるのは当然すぎるほど当然のことで、十分とはいえないまでも公的になんらかの措置がなされるものと期待した。ところが、労基署はなんら効果のあることをしなかった。争議になって社屋を占拠し、資料をあさっているうちに労基署からの勧告書が何枚も出てきた。かつて担当者が勧告への対応をどうするか社長に尋ねたら、「罰金五〇〇〇円だから放っておけ」とこたえたそうだ。それほど労基署はなめられているが、それも納得できる。組合が社長を賃金不払罪で労基署に告訴したのだが、検察に送検されるまでに二年もかかった。その間、何度も何度も組合は催促した。

グラフィカ争議の当該組合員は、はじめ五十数名いた。それが五カ月後に五人になり、一年後に三人になった。最後まで闘い抜いた三人は、実力闘争も法廷闘争もやって未払い賃金を一〇〇％獲得したが、他の人たちは法廷闘争の範疇である賃確法によって、未払い賃金の八割を獲得した。それは倒産から半年後のことだが、賃確法は制度としてあるのだから、それだけのことなら、闘うまでもなく結論は早期に出てしまっているのであり、実力闘争嫌いの面々がどうして五カ月も組合に居たのか不明である。

〔元グラフィカ分会長　小川　修〕

## Q55 倒産は予知できますか

会社が倒産するという危険信号は、どんなところに注意していればわかるのですか。販売不振や赤字経営への転落・累損の他にどんな徴候が見られますか。

---

企業の倒産を、数式化して予知することは不可能に近いことです。そこで次に、企業危機の危険信号を、ヒト、カネ、モノの要素にわけて列記してみます。

〈ヒトに関する要素〉

・社員とくに幹部社員の退社が目立ち、会社の中枢人物《ちゅうすうじんぶつ》が辞める
・人事異動が激しい
・経営者の経営意欲《けいえいいよく》喪失《そうしつ》、経営陣の内紛、社員の士気《しき》低下《ていか》
・社長が事業外のことに手を出しすぎるのが目立つ
・経営状況の説明がなくなる、大雑把《おおざっぱ》になる、あるいは、急に丁寧《ていねい》になる
・得意先とのトラブルが急増
・労使関係の悪化・抗争
・見慣れない人物の出入り

〈モノに関する要素〉

・業界内での製品ランク、競争力、マーケットシェアの下落
・異常取引の急増（ダンピング、買い急ぎ、仕入れの急増、売買の大口化、事業目的と場違いな取引、など）
・自社生産に使う原材料の処分
・取引先が転々と変わる
・広告をやめる
・設備投資が過剰になる

〈カネに関する要素〉

・支払いの悪化
・融通手形《ゆうずうてがた》操作《そうさ》のうごきが見られる
・給与の遅配《ちはい》・欠配《けっぱい》
・不良債権の増加
・株価の低下
・主力銀行の移動・不在
・本業以外の投機《とうき》思惑《おもわく》に手を出している

この他、企業、業界内外での「噂」に注意を払う必要があります。なぜなら、企業にとってもっとも大事なものは、「信用」という形のないものだからです。注意深くチェックすれば、まだまだいくつも「危険信号」を見つけ出すことができます。

---

**融通手形**
　実際の商取引にもとづかず、単に資金融通のために振出・裏書・引受などの手形行為のなされた手形。資金繰りが窮迫した企業の多くが、最後に手を出すのが融通手形操作である。しかし、これが命取りになるケースが多い。

**主力銀行**
　ある企業の取引銀行のうち、もっとも多額に融資し、資本関係だけでなく、人的・情報的にも密接なつながりをもつ銀行。メインバンク。戦後の日本経済の成長を陰で大きく支えてきたメインバンク制は、一九八〇～九〇年代のバブル経済の興亡を経て、グローバル経済化と金融環境の様変わりする変化のなか、間接金融、株式持合い制度とともに、大きく地盤沈下した。

# Q56 「倒産型」労働問題がおきたらどう対処すればいいのですか

倒産と闘うには、労働者が団結しなければ闘い抜けない、ということですが、その上で、労働債権や労働者の権益を守るためにどう対処すればいいのですか。

会社が倒産または「倒産状態」（企業危機）に直面した場合に、だれしも考えることとは、「給与や退職金は貰えるのだろうか」ということではないでしょうか。

ひとつだけハッキリしていることは、「黙っていては、絶対に貰えない」ということです。ことここにいたって、「労働債権を支払わないのは違法ではないか」と叫んでみても、ただ叫んでいるだけでは、だれもあなたに給与や退職金を運んできてはくれません。自分の権利は自分で守るという自力救済《じりききゅうさい》あるのみです。わたしはモメごとが苦手《にがて》なんだといって身体をうごかさない人は、多くの場合、泣き寝入りするしかありません。たしかに不当なことですが、それが冷厳《れいげん》な現実です。

「倒産型」労働問題への対処でまず求められるのは、迅速《じんそく》さです。「倒産型」労働問題とは、労働債権（賃金・一時金・退職金等）が通常どおり支払われるかどうか不安である状態、もしくは、通常の方法ではその確保がむずかしい状態をいいます。賃金（一時金等も含む）に対する請求権の時効期間は二年間、退職金の場合は五年間で

---

時効

ある事実状態が一定の期間継続した場合に、権利の取得・喪失という法律効果をみとめる制度。取得時効と消滅時効がある。退職手当以外の賃金の消滅時効期間は二年間、退職手当は五年間（労働基準法第一一五条）。

す（労働基準法第一一五条）。したがって、仮に支払われなくて会社を辞めたとしても、時効《じこう》にいたらなければ、未払賃金として請求することができます。しかし、会社がなくなってしまった場合は、仮に請求権があったとしても、賃金等の確保が非常にむずかしいものになるだろうということは、だれにでも容易に想像がつくのではないでしょうか。

たしかに労働債権は、公租《こうそ》公課《こうか》、担保《たんぽ》付債権《つきさいけん》の次に優先して支払われる優先債権《ゆうせんさいけん》です。しかし、法律にそう定められていても、会社に資産がなくなってしまえば、もはや絵に描いた餅にすぎません。したがって、会社が「倒産状態」になったとき、労働者および労働組合は、なにはともあれ倒産する会社の資産の確保、保全を、迅速にやらなければなりません。

まず、やらなければならないことは、職場に労働組合がない場合は労働組合をつくることです（Q53を参照）。労働者が団結しなければ、倒産闘争を闘い抜くことは容易ではありません。そして、組合を結成（に加入）したら次のことを行ないます。

① さらに多くの仲間に呼びかけ、結集する（組合員は多ければ多いほどよい）

② 組合員一人ひとりの労働債権額《ろうどうさいけんがく》を計算し、証明する（会社の賃金台帳、各人の給与明細等、裏付けとなる資料の収集・保管）

③ 会社の経理、資産・負債および債権・債務の把握

④ 社長を含む経営陣の日々の行動の監視、把握

以上の作業に見通しがついた時点で、会社に団体交渉を申し入れます。基本的要

求項目は次のようなものです。

(1) 労働債権の確認と支払条件の協定化〔代表者印押印《だいひょうしゃいんおういん》、印鑑証明書添付《いんかんしょうめいしょてんぷ》〕

(2) 確認した労働債権の担保となる、債権（売掛債権《うりかけさいけん》等）、動産《どうさん》（製品等）等の資産譲渡合意書の作成〔未払労働債権の支払いのために債権等を譲渡する、と書く〕

(3) 闘争終了するまでの、会社内における組合活動の保障、組合活動のための会社施設の利用、組合事務所の貸与《たいよ》等の協定化

(1)および(2)の協定書および合意書は、できるだけ具体的（売掛債権の特定その他）に書くことがたいせつです。公正証書にできれば、法的にも強力です。(3)の要求については、やや奇異に思われるかもしれませんが、いざ倒産となると、実にいろいろな関係者があつまり、債権をめぐる争奪戦がくり広げられるのが通例です。そうした場合、合法的に会社内に立ち入る権利、合法的に会社内を占拠できる権利をもっていることは、例えば、会社資産を整理屋に自由にさせずに、組合有利にことを運ぶためにも重要です。また、(1)・(2)の要求を実行するためにも、(3)の獲得は大切です。

(3)の協定があれば、使用貸借としての占有権を主張することができますから、適法な職場占拠となります。協定は倒産対策として結ばれたものですから、目的が達成されるまで破産管財人といえども一方的な協定破棄はゆるされません。また、労働者の生産物である製品等については留置権がみとめられますので、経営者や一般債権者による製品搬出を合法的に阻止することができます。

**売掛債権**

会社が倒産状態になったときにはほとんどの場合、目ぼしい会社財産はすでに売り払われているか、残る財産も担保権が設定されていて、頼りになるのは売掛債権だけという状況になっている。したがって、労働債権を確保するためには、会社と交渉して売掛債権を労働組合に譲渡させておく方法が有力である（その場合、会社から債務者に対して、債権譲渡通知書を郵送して貰うことが必要）。売掛債権とは、得意先に対する商品の売上代金、請負代金等の未収金のこと。

(2)の会社債権や会社資産の譲渡協定、担保設定行為は、労働債権の限度内であれば「否認権」（破産法一六〇条）や「詐害行為取消権」（民法四二四条、Q53を参照）の対象になりません。

倒産後の団体交渉は、民事再生法の適用を受けて従来の経営者がそのまま再建に当たる場合は従来の経営者、会社更生法適用の場合は更生管財人と行ないます。破産の場合は、破産管財人に団交応諾義務が課されます（但し、立法化されていません）。また、「破産管財人は、破産債権である給料の請求権又は退職手当の請求権を有する者に対し、破産手続に参加するのに必要な情報を提供するように努めなければならない」（破産法八六条）と定められています。

一連の倒産法は、労働組合等が倒産手続に関与する権利を次のように定めています。

(1)破産法

裁判所は、破産手続開始の決定をしたときは、その決定の主文や破産管財人の氏名等の公告すべき事項を労働組合等に通知しなければならない（破産法三二条四項）。営業又は事業の譲渡につき許可をする場合には、労働組合等の意見を聴かなければならない（七八条四項）。債権者集会の期日を労働組合等に通知しなければならない（一三六条三項）。

(2)民事再生法

裁判所は、再生手続開始の申立てがあった場合には、労働組合等の意見を聴かな

---

**否認権**

破産手続開始前に破産者が行なった行為の効力を否定して、失われた財産を破産財団に回復する破産管財人の権利（破産法第一六〇条）。否認権は、会社更生法（第八六条）、民事再生法（第一二七条）にも定めがある。

ければならない（民事再生法二四条の二）。営業又は事業の全部又は重要な一部の譲渡を許可する場合には、労働組合等の意見を聴かなければならない（四二条三項）。債権者集会の期日は、労働組合等に通知しなければならない（一一五条三項）。財産状況報告集会において、労働組合等は意見を述べることができる（一二六条三項）。再生計画案について、労働組合等の意見を聴かなければならない（一六八条）。労働組合等は、再生計画案を認可すべきかどうかについて、意見を述べることができる（一七四条三項）。再生計画の認可又は不認可の決定があった場合には、労働組合等に通知しなければならない（七四条五項）。

(3) 会社更生法

民事再生法とほぼ同様の手続関与の権利を法定。

○五年一月一日の破産法の改正により、破産手続開始前三カ月間の給料および退職前三カ月間の給料に相当する退職金が財団債権に格上げされました（債権届出不要）。その余は従来どおり優先的破産債権として扱われますので配当を受けるためには債権届出が必要です。

いざ倒産となると、債権者をはじめ、親会社その他、整理屋にいたるまで、日頃あまり見かけない顔ぶれがいっせいに押し寄せてきます。こうした関係者の利害が複雑に錯綜《さくそう》して、「倒産型」労働問題は一筋縄《ひとすじなわ》では解決にいたりません。労働者の権利を実現するためには、労働組合という労働者の「武器」を最大限に活用することです。

---

**再生計画案**

民事再生において管財人が選任されていない場合には、再生債務者等は、再生債権者による債権届出期間満了後の裁判所の定める期間内に、再生計画案を作成して裁判所に提出しなければならない（民事再生法第一六三条）。再生計画案には、再生債権者の権利を変更する条項、共益債権、一般優先債権の弁済に関する事項が掲載される。裁判所は、再生計画案について労働組合の意見を聴かなければならない。

## Q57 整理、破産、会社更生で、会社はどうなるのですか

**会社が倒産したあと、結局、会社はどうなるのでしょうか。再建できるのか、消滅するしかないのか、そこに至る整理手続にはどんな違いがあるのですか。**

会社が倒産すると行き着くところ、(1)再建（別会社形式の再スタートを含む）、(2)清算（消滅）、(3)破産（消滅）、のいずれかになります。その場合に、倒産の処理手続として、①法的整理手続、②任意（私的）整理手続、の二つがあります。つまり、「整理」とは、倒産した会社の、(1)か、(2)か、(3)か、への処理手続のことです。

(1)の再建型整理手続の代表が、会社更生法《かいしゃこうせいほう》（二〇〇三年四月改正法施行）と民事再生《みんじさいせい》法《ほう》（和議法《わぎほう》に代わって二〇〇〇年四月施行、Q58参照）による更生・再生手続です。倒産関係法の理念・原則は会社再建を最優先する（Q54参照）ものですが、なかでも会社更生法は、会社更生手続《かいしゃこうせいてつづき》が他のすべての倒産手続に優先する手続であることを規定しています（会社更生法第三七条一項）。労働者にとっても、会社更生法は最も有利な整理手続です。賃金等についても最優先の「共益債権《きょうえきさいけん》」として扱われます。〇三年四月施行の改正法には、①早い処理、②旧経営陣の続投（DIP型更生手続）、③更生計画によらない営業譲渡を認める、など民事再生手続の特徴がほとんど取り入れら

---

共益債権

更生手続開始前六カ月間の賃金、その総額に相当する額の退職手当またはその退職手当の額の三分の一に相当する額のうちいずれか多い額、および更生手続開始後の賃金等は共益債権とされ（会社更生法第一一九条・一一九条の二・二〇八条）、更生手続によらずに随時弁済される（二〇九条一項）。共益債権は破産法の財団債権にあたるものであり、「共益債権は、更生債権及び更生担保権に先立って、弁済する」（二〇九条二項）。民事再生法においても、再生手続開始後の賃金等は共益債権とされ、再生手続によらないで随時弁済される（民事再生法第一一九条・一二一条）。

れています。したがって、その手本となった民事再生法も同じ特徴をもっています(Q58参照)。ただし、会社更生法の適用は株式会社に限られますが、民事再生法は株式会社に限らず、会社法人、医療法人、学校法人、個人、消費者、自営業者などすべての法人、個人が利用できます。株式会社、有限会社および相互会社《そうごがいしゃ》の被用者については、再生手続開始決定前のすべての未払賃金が「一般優先債権《いっぱんゆうせんさいけん》」、再生手続開始決定後の賃金・退職金は「共益債権」として扱われ、いずれも随時弁済されます。債権者、債務者、株主など当事者間の対立が厳しいときは民事再生手続より会社更生手続が向いています。そのため、民事再生を申立てた案件が、その手続を申立てた後、会社更生に手続変更するケースも増えています。

(2)の清算型整理手続《せいさんがたせいりてつづき》には、「商法による特別清算」と破産法の手続があります。清算手続は、〝債務超過《さいむちょうか》を解消し、債権債務を差引きゼロの状態〟にしたうえで、会社を消滅させることが目的です。「商法による特別清算」は、解散して清算中の株式会社が、清算の遂行に著しい支障をきたす事情または債務超過の疑いがある場合に清算人が申立てて行なう手続ですが、近年、親会社が子会社を清算するために利用するケースが増えています。債務超過のことを破産原因と呼びますが、破産を申立て破産手続が終結すると、会社は消滅します。なお、労働協約や就業規則は倒産により当然に効力を失うことはなく、管財人や債務者を拘束します。会社更生法六一条三項および民事再生法四九条三項は管財人や債務者の労働協約解除権を否定しています。

---

**法人**

人または財産の結合であって、権利をもち義務を負うことのできるものを法人という。法人は、国家や都道府県市町村など地方公共団体等の公法人と、私法人にわかれる。私法人には、一定の目的のために結合した人の集団で権利能力をもつ社団法人と、一定の目的にささげられた財産で権利能力をもつ財団法人の二つがある。社団法人は、営利を目的とする営利法人(会社)、公益を目的とする公益法人(日本赤十字社など)、そのいずれでもない中間法人(労働組合など)にわかれる。社団法人となれるものでも手続き未了のもの、未登記の労働組合などは「権利能力なき社団」である(Q8を参照)。医療法人・学校法人は財団法人。

## Q58 新しい倒産法といわれる民事再生法とはどんな法律ですか

**和議法に代わる民事再生法は、これからの日本の倒産法制の中核を占める法律だということですが、どんな背景と特徴をもつ法律ですか。**

バブル崩壊後の日本の一九九〇年代は「失われた十年」といわれるほどに経済が停滞し、その元凶は大量の不良債権《ふりょうさいけん》にあるとされました。不良債権の処理を行なうには債権回収を促進しなければなりません。そのために新たにサービサー法が制定され、サービサーと呼ばれる民間債権回収業者《みんかんさいけんかいしゅうぎょうしゃ》が登場しました。しかし、その程度のことで一〇〇兆をこえるともいわれる大量の不良債権が解消するはずはなく、最終的には債務者《さいむしゃ》である企業を破産させるか、再建するかという問題に行き着くことになり、ここに至って倒産法制《とうさんほうせい》の不備が不良債権処理の妨げになっているとする意見が高まりました。一九九八年に中小企業の倒産の急増を受けて中小企業を対象とする再建型の倒産処理手続を早急につくるべきだということになり、二〇〇〇年四月から民事再生法《みんじさいせいほう》が施行されることになりました（和議法《わぎほう》は同年三月で廃止）。

民事再生法はこれからの日本の倒産法制の中核を占める法律であるといわれます。日本の倒産法制は一九二二年に制定された破産法と和議法にはじまりますが、この

---

サービサー法

一九九八年十月に成立した債権管理回収業法。それまで日本では、債権の回収は銀行自身がするほかは弁護士に委託するしかなかったが、同法の成立によって不良債権の処理、債権の流動化（銀行の貸出債権を小口化して投資家に売りさばくこと）を行なうために民間業者（サービサー）が参入できることになった。サービサーとは、銀行のもつ企業への貸出債権や個人向けの住宅ローン債権の回収を専門に扱うノンバンク。

二つの法律は当時のドイツ法やオーストリア法の系譜をひくものです。これに対して民事再生法は、戦後改革のなかでアメリカの法制度（当時の連邦破産法）の影響のもとに導入された会社更生法と同様、アメリカ倒産法制（アメリカ連邦破産法第十一章、チャプター・イレブンといわれる）を相当参考にしています。チャプター・イレブンの特徴は次のとおりです。

① 支払不能、債務超過《さいむちょうか》でなくても申立てができる。
② 債務者が申立てたら同時に裁判所は救済命令《きゅうさいめいれい》を下す。
③ 救済命令がおりると自動的に債権者の権利行使が凍結される。
④ ＤＩＰ（Debtor-in-Possession）が採用されている（チャプター・イレブンを申立てた債務者がそのまま経営を続けられる）。

以上のチャプター・イレブンの特徴は民事再生法にそっくり引き写されています。民事再生法は迅速《じんそく》な倒産―再生処理をめざすものですが、その反面《はんめん》、申立て後に自力再生型の再生計画が作成できず、一部を営業譲渡《えいぎょうじょうと》して残りは清算《せいさん》に移行あるいは「民事再生＋営業譲渡」のＭ＆Ａ型のケースが増えており、今後さらに増える見通しです。再生手続開始決定後に裁判所の許可があれば再生計画を待たずに営業の一部または全部を譲渡することができます（民事再生法第四二条）。そして、営業譲渡は会社分割の場合と異なり、労働契約は当事者間の合意に基づく特定承継《とくていしょうけい》であることを理由に「雇用を継承しない」労働契約不承継条項《ふしょうけいじょうこう》が登場して、裁判上の争点となっています。

---

**チャプター・イレブン**

アメリカ連邦倒産法第十一章は再建型手続（Reorganization）を扱っており、これが俗にチャプター・イレブンと呼ばれている。日本の民事再生法はこのチャプター・イレブンを参考にして立法されたものである。アメリカ連邦倒産法は、一九七八年に改正されたときに偶数番の法律が奇数番の法律に統合され、その後の改正で第十二章が追加された。ちなみに、第七章が清算を扱っている。

**ＤＩＰ**

アメリカで、連邦破産法にそって旧経営陣が残り、再建にあたっている企業をＤＩＰという。日本でも民事再生法や会社更生法などの法律に基づいてＤＩＰが可能になったが、アメリカでは再建中の企業に対する融資が一般的に行なわれている。こうした融資制度のことをＤＩＰファイナンスという。日本でも、破綻企業が増えるなかで、ＤＩＰファイナンスを実施する金融機関が増えている。

営業譲渡の場合の労働契約上の権利義務の承継については、①合意承継説、②原則承継説、③当然承継説、の三説があります。ところで、営業譲渡の「営業」とは、ⅰ土地・建物・機械設備などの有体財産《ゆうたいざいさん》、ⅱ技術、信用、得意先関係等の経済価値のある事実関係も含む無体財産《むたい》、ⅲ経営者、管理職、労働者などの人材からなる「有機的一体として機能する財産」、であるとされます。営業の全部または重要な一部を他に有償で譲渡することを営業譲渡といい、商取引（Q59参照）の一種とみなされます。そうすると、労働契約上の権利義務の承継も商取引の一種であり、譲渡・譲受双方の合意にしたがうことになり、営業譲渡は上記①合意承継説すなわち特定承継、つまり双方会社が合意しなければ雇用が承継されない、ということになります。しかし、二〇〇一年四月施行の商法改正（商法第三七三条）によって法制化された会社分割も、「営業ノ全部又ハ一部」を実質的に営業譲渡するものです。それにもかかわらず会社分割は包括承継、営業譲渡は特定承継とするのはあまりに形式的にすぎます。学説・判例は②原則承継説が多数であり、ＥＵの営業譲渡指令四条も当然承継を定めています。③当然承継説は、労働契約の承継には労働者の同意が必要であるとする自明の労働法理を企業に遵守《じゅんしゅ》するよう求めるにすぎず、整理解雇の四要件をみたす場合には整理解雇が可能です。

以上の労働契約承継問題に限らず、民事再生法においては当事者主義がとられているので主体的に行動することが肝要です。中立てから再生計画の遂行まで再生手続への労働者・労働組合の意見陳述や申立てなど積極的な関与が必要です。

---

**M&A**

M&Aとは、企業の合併（Merger）および買収（Acquisition）のこと。日本では、一九九〇年にバブル時最高の七五一件のM&A件数を記録したが、バブル崩壊後にいったん減少したのち増加に転じ、二〇〇〇年には一六三五件を記録してバブル時最高の二・二倍になった。最近は、日本の大企業がリストラクチュアリングの目的で、経営資源の「選択と集中」をすすめるため、事業部門や子会社を売買するケースが増えている。広義のM&Aには業務提携や資本提携も含める。

余談雑談 ⑪

# 倒産を労働組合はどう闘ったか

東京管理職ユニオンは、結成以来約十年、大小あわせて一〇件ほどの倒産争議を経験してきました。そのなかから最近の倒産争議を紹介します。

N興業（東京・新宿）は、創業二十五年を数える、ビル管理・清掃の請負を業としている会社です。最近数年、公共事業体を中心に売上げを伸ばし、業界では風雲児的な存在でした。破綻に追い込まれた理由は、公共工事入札における徹底的なダンピングで仕事を取ったまではいいが、採算割れが続出し、資金繰りが追いつかなくなったことが主な原因です。

この会社が、二〇〇三年五月、突然不渡りをだして事実上の倒産。追い討ちをかけるように、N興業の債権を有する同業他社のT社から、地方公共団体から支払われる請負代金の差押さえをされてしまいました。要するに、賃金を差押さえられたも同然です。

この会社に、Sさんという東京管理職ユニオンのメンバーがひとりいたので、私たちは、この会社と相対する事になりました。

Sさんは、N興業が請負っていた東京都のある建物の現場管理者として勤務していたのですが、〇二年秋頃より、給与の遅配がはじまったので、会社の危機を感じていましたから、いざという時の対策を組合と練っていました。その矢先に倒産。そして、X社長は雲隠れ。

この事件で、私たちは奇跡的な好条件をひとつだけもっていました。会社の本社事務所が、私たちの組合事務所と同じビルの上階に所在していたということです。X社長が雲隠れしたとはいっても、全国約四〇カ所の現場は、Sさんの勤務する現場を含め動いていますから、それは押しかけ始めた債権者から逃れるためのものであり、本社に必ずやってくるに違いない、それを待てばよい。そのための絶好のロケーションを私たちは持っていました。

不渡りをだしてから数日後の深夜、案の定、X社長は会社にやってきました。その数日間を利用して、組合は、Sさんを分会長とする職場分会を結成し、一六名全員の組織化を完了しています。

早速団交の申し入れをしにいくと、社長は観念したかのように応諾、直ちに団交開催。

私たちは、団交賃金関係資料の提供と、会社が完全に倒産した場合に必要になると思われる協力事項をまず確約させました。

続いて、T社の差押さえがこの時点で効かない部分の債権譲渡

（将来発生する労働債権相当部分。東京都との契約は、翌年三月までであり、T社の差押さえは六月支払い部分までであった）を社長に迫るとともに、この時点では、六〇％の現場が生き残っていたので、そのすべてに組合を作らせろ、そうすれば会社の存続もありうると力説したのですが、答えは当然、ノー。中卒で現場に入って以降、ようやく辿りついて獲得したものを、得体の知れない私たちに簒奪されるとでも思ったのでしょう。無理からぬ話です。

四月分以降、賃金が支払われず、また、X社長といくら交渉しても埒があかないという状況の中で、私たちは職場の仲間たちとひとつの確認を行ないました。とにかく現場で働きつづける事。何があっても、掃除をし続ける事。

そのような現場の仲間の決意を背景に、雇用確保を内容とする東京都に対する交渉、債権者T社に対する交渉、物品納入業者からの協力の取り付け、賃金仮差押裁判の提起、労働基準監督署に対する申し入れ等の諸行動を行ないました。

ところが六月末日に至って予想外の事態が発生しました。理由は省略しますが、N興業に対し、T社とは別の債権者であるB社が、第三者による破産申立てを申請し、裁判所の決定がおりてしまったのです。

その翌日、東京都は、N興業の後釜業者を七月中に再入札を行ない、八月一日より翌年三月末日までの期間請負わせると言明しました。それに対して、私たちは、「賃金未払いのまま清掃業務を遂行していた事を、東京都は承知していながら、今日まで見てみぬ振りをしてきた。東京都の責任で雇用を確保しろ！　それが出来ないのであれば、新しい業者が決まろうと知ったことではない。私たちは働き続けるからな！」というような啖呵をきって席をたったのでした。

ところが、さすがは役人とでも言いましょうか。東京都は八月一日午前八時から開始される業務についての入札業者の決定を七月二十七日の夕刻まで引き延ばして見せたのです。

次の業者は堪ったものではありません。そのような短期間では、自前での要員、物品の調達・確保はおぼつきません。やむなく都は私たちの分会員を雇用せざるを得なかったのです。

予想していた通りには事態は進展しませんでしたが、とにもかくにも、全員の雇用は確保、また、未払い賃金も賃金確保法の適用を受けて大部分確保できたのです。

N興業の倒産争議で押さえたモノは、目に見えない、働き続けるという意志と実践だということです。

〔東京管理職ユニオン　安部　誠〕

# Q59 会社の合併・分割で労働契約上の権利義務はどうなりますか

**会社分割は営業譲渡とどこが違うのか、なぜ労働契約承継法が会社分割制度とセットで導入されたのか、企業再編リストラとは何か、教えてください。**

一九九七年に独占禁止法が改正され、「事業支配力が過度に集中することとなる持株会社は、これを設立してはならない」と法改正されたことにより「事業支配力が過度に集中」しなければ差し支えないことになり、株式所有を通じて傘下《さんか》グループ会社の事業活動を支配・統制することを主たる事業とする純粋持株会社《もちかぶがいしゃ》が解禁されました。それ以前には、みずから事業活動を行ないつつ他社株式を所有する事業持株会社は存在しましたが、この法改正により、みずからは事業を行なわずグループ全体の戦略マネジメントに特化《とくか》する純粋持株会社が解禁されました。

この純粋持株会社をつくりやすくしたのが、企業再編制度の一環としての株式交換・株式移転制度《かぶしきいてんせいど》（一九九九年十月施行）と会社分割制度《かいしゃぶんかつせいど》（二〇〇一年四月施行）の導入（商法改正）です。企業再編の手法はこの二つの手法の導入により一挙に多様化しました。

株式交換・株式移転制度は完全親会社を創設するための制度です。既存のA社がB社（既存）あるいはX社（新設）を完全親会社にする場合に、B社に対する手法が

---

独占禁止法

独占禁止法のフルネームは「私的独占の禁止及び公正取引の確保に関する法律」（一九四七年施行）。「公正且つ自由な競争を促進し」「一般消費者の利益を確保するとともに、国民経済の民主的で健全な発達を促進する」ことが目的。すなわち、競争維持政策を実現する法律であり、経済政策立法の基本になるものとして、経済法制の中心に位置づけられている。

株式交換、X社に対する手法が株式移転です。株式交換では、完全子会社となるA社の株主が保有するA社株式を完全親会社となるB社に拠出し、それに見合うB社株式の割当を受けます。株式移転では、完全子会社となるA社の株主が完全親会社となるX社を新設するためにA社株式を拠出し、新設されたX社から新株の割当を受けるもので、主に純粋持株会社を新設する場合に用いられます。

会社分割制度は会社営業の全部または一部を分割して、新設する会社または既存の会社に承継させる制度です。事業の統合・分離、純粋持株会社化、グループ内再編、分社化《ぶんしゃか》など、企業再編のさまざまな局面において用いられます。会社分割《かいしゃぶんかつ》には、分割するA社の営業の一部または全部を、新設するX社に承継させる新設分割《しんせつぶんかつ》と、既存のB社に承継させる吸収分割《きゅうしゅうぶんかつ》があります。新設分割の場合も吸収分割の場合も、X社またはB社は承継した営業に見合う株式を発行しますが、その際にA社に割当てる方法とA社の株主に割当てる方法があります。A社に割当てる方法は分社型（物的分割）、A社の株主に割当てる方法は株主の地位に変動があるので分割型（人的分割）と呼ばれます。

株式交換・株式移転制度や会社分割制度は合併とともに、取引行為（売買）である営業譲渡（Q58参照）と異なり、組織法上の行為として構成されているため、商法上の手続きを踏むことにより権利義務関係の個別の手続きが不要となります。例えば、権利義務の承継についてみると、営業譲渡の場合は特定承継ですが、合併や会社分割の場合は包括承継です。合併の場合は、解散会社のすべての権利義務が合併会社

---

**純粋持株会社**

持株会社とは、株式の所有を通じて傘下企業の経営を支配し、グループ全体の戦略立案や個別企業の経営チェックを行なう会社。持株会社のなかで、自らは事業を行なわず、グループ全体の戦略的マネジメントに特化する会社を純粋持株会社といい、銀行や証券会社が設立する場合には金融持株会社と呼ぶ。独占禁止法が改正され、一九九七年に純粋持株会社、一九九八年に金融持株会社の設立が解禁された。

（吸収合併による存続会社《そんぞくがいしゃ》または新設合併による新設会社）に包括的に承継されるため、解散会社の全労働者の労働契約上の地位と内容は労働条件も含め合併会社に同一内容で包括的に承継され、合併会社は特定の労働者について労働契約の承継を拒否することはできません。また、承継に際して労働者個別の同意は不要です。解散会社の労働協約についても合併会社に包括的に承継されます。

二〇〇〇年五月の商法改正によって、会社の「営業ノ全部又ハ一部」を他の会社に承継させる会社分割制度が創設されました。会社分割に際しての権利義務の移転については、承継される「営業」を構成するものとして分割計画書に記載された権利義務は一括して当然に承継会社（新設・吸収）に承継されるとする部分的包括承継の考え方が採用され、上記商法改正と同時に「会社の分割に伴う労働契約の承継等に関する法律」（労働契約承継法）が成立しました。労働契約承継法は対象となる労働者を四つにグループに分けて取扱います。承継営業を「主たる職務」とするか「従たる職務」とするか、「分割計画書」に名前が記載されているかいないかの組合わせの四つで、「主たる職務」の場合の労働契約は基本的に包括承継されます（Q60参照）。

「企業再編」リストラが急増しています。日常化する企業再編による解雇や賃金・労働条件の引き下げに対抗するためには労働側の抜本的な戦略の練り直しが必要です。

---

**企業再編リストラ**

株式交換・株式移転制度（一九九九年施行）や会社分割制度（二〇〇〇年施行）など企業再編法制の整備によって企業再編が容易になり、その広がりのなかで、大規模な人員削減や労働条件が改悪される事態が進行している。その背景にあるのは、九〇年代に入ってグローバル化した企業間国際競争の熾烈化、それに対応するためのコア・コンピタンス（中核事業）の選択・集中、その反対の中核事業とシナジーのない事業や不採算事業の分離・整理をすすめる構造改革にともなう企業再編が激化しており、二〇〇〇年には日本企業による再編件数が二四〇〇件に達した。

# Q60 企業再編・リストラとの闘い方を教えてください

**会社分割を理由とする解雇や労働条件の切り下げは許されるのか、会社分割に対抗するためにどういう闘い方ができるのか教えてください。**

企業再編法制・税制、会計制度の整備（Q29年表を参照）により、企業の再編が円滑にすすめられるようになり、再編手法も外部資源を活用する事業再編、グループ内の組織再編、事業再編と組織再編の組み合わせ等一挙に多様化しました。その結果、「企業再編」リストラが急増し、労働者の雇用、労働条件など労働者の権利が危機にさらされ、労働組合つぶしなどの不当労働行為が横行しています。

上記事業再編、組織再編のいずれの再編においても多用される会社分割の場合、会社分割制度の創設にあわせて成立した「労働契約承継法」に労働契約上の権利義務の包括承継が定められています（Q59を参照）。そして同法八条に基づき「指針」に「会社は一方的な労働条件の不利益変更を行ってはならず、また、会社の分割の前後において労働条件の変更を行う場合には、法令及び判例に従い、労使間の合意が基本となる」「普通解雇や整理解雇について判例法理が確立しており、会社は、これに反する解雇を行ってはならない」と基本原則を定めています（「指針」第二2）。

---

**組織再編税制・会計**

組織再編税制とは、法人税法上の組織再編税制としての規定により合併、会社分割、現物出資および事後設立の税制をいう。株式交換・株式移転は租税特別措置法で規定され、組織再編税制とは別の規定になっている。組織再編は原則として課税取引であるが、組織再編のうち一定の要件を満たす組織再編を適格再編といい税法上の特典がある。

組織再編会計は、狭義には合併、会社分割、現物出資、事後設立および営業譲渡を含み、広義には株式交換・株式移転を含むこともある。ただし、債務超過会社は組織再編行為ができない。

会社分割を理由とする解雇や労働条件の一方的な切り下げは許されません。

会社分割には、分割する会社（分割会社）がその事業に関して有する権利義務（全部または一部）を既存の会社（承継会社）に承継させる吸収分割（会社法二条二九号）と、分割会社が新たに会社を設立（新設会社）して承継させる新設分割（会社法二条三〇号）の二つがあります。

会社分割に際しての権利義務の移転は、承継される事業を構成するものとして分割計画（契約）書（下記注を参照）に記載された権利義務は一括して新設（吸収）会社に承継されます。まず、承継される事業に主として従事する労働者（主たる従事者）の労働契約は、新設（分割）会社に当然に承継されます。主たる従事者の労働契約は、承継対象となる権利義務として分割計画（契約）書に記載され、記載されなかった場合には異議を述べることができ、異議を述べればその労働契約は新設（分割）会社に承継されます。一方、承継される事業に従として従事する労働者（従たる従事者）および全く従事しない労働者は分割会社に残ることが保障されます。すなわち、従たる従事者の労働契約が、承継対象として分割計画（契約）書に記載された場合には、異議を述べて分割会社に残ることができます。

以上のように、会社分割法制においては主たる従事者か否かによって、労働契約が新設（分割）会社に承継されるか、分割会社に残るかがきまります。さて、主たる従事者とは次のような場合です。①承継される事業にもっぱら従事する場合、②承継される事業のみならず、それ以外の事業にも従事している場合には、従事する時

---

**労働契約承継法指針**

労働契約承継法第八条は「労働大臣は、分割会社及び設立会社等が講ずべき当該分割会社が締結している労働契約及び労働協約の承継に関する措置に関し、必要な指針を定めることができる」として、指針第二において、1通知、2労働契約の承継、3労働協約の承継、4労働者の理解と協力に関する事項、講ずべき措置等を定めている。

**分割計画書・分割契約書**

会社分割において、新設分割の場合は分割計画書、吸収分割の場合は分割契約書を作成し、株主総会（吸収分割の場合は双方の株主総会）において承認を受けなければならない（商法第三七四条および三七四条の一七）。これにより、分割計画書等の記載にしたがって、分割会社の権利義務が分割会社と新設会社等とのあいだに分割・承継される。改正商法附則第五条一項は「労働契約の承継に関しては、分割をする会社は、分割計画書又は分割契約書を本店に備え置くべき日までに、労働者と協議をする」と定めている。

間、役割等を総合的に判断する、③総務、人事、経理等の間接部門に従事する労働者についても、上記①、②の方法によって判断します。

会社分割法は、分割会社が締結している労働協約の承継についても定めており、労働協約（その一部）も、分割計画（契約）書に記載することによって新設（分割）会社に承継させることができます（承継法第六条一項）。但し、労働条件その他の労働者の待遇に関する基準（労組法第一六条、規範的部分）は、労働協約締結組合の組合員が新設（分割）会社に承継されるときは、当該組合と新設（分割）会社とのあいだで同一内容の労働協約が締結されたものとみなされます（承継法第六条三項）が、組合事務所の貸与、その他の便宜供与など（労組法第一六条の基準以外の部分、債務的部分）は、分割会社と新設（分割）会社のあいだの合意によって分割（労働組合が分割されるため）することができます（承継法第六条二項）。

労働者・労働組合の会社分割手続きへの関与についても法で定められています。①分割にあたり労働者の理解と協力を得るよう努める（承継法七条）、②労働者・労働組合との協議（改正商法附則5、承継法六条、「指針」第二4）、③労働契約・労働協約の承継、承継される営業の概要等の労働者・労働組合への通知（承継法二条、「指針」第二1）、④労働者の異議申立て（承継法四条・五条）。以上の手続きに積極的に関与して（「分割計画（契約）書」への関与、労使の事前協議による合意の取付けがとりわけ重要）労働者の権利を守り、ルールにのっとり同意のない労働契約の承継や変更の強要を跳ね返さなければなりません（営業譲渡についてはQ58を参照）。

一杯かたむけながらたのしく談論風発する組合員

プロブレムQ&A

# Ⅸ

# 組合運営はどうしたらいいか

# Q61 組合規約はどのようにつくるのですか

組合規約できめておかなければならないこと、その際、注意すべきこととは何ですか。法内組合にするには、どんな規約にしなければなりませんか。

組合規約《くみあいきやく》は、組合の組織・運営に関する事項を定めるとともに、組合員の基本的権利義務を定める、組合の基本法です。規約にどのような事項を記載するかは、組合の自由にゆだねられるものですが、労組法は規約に一定の事項（必要的記載事項《ひつようてききさいじこう》）を記載することを要求しています（同法第五条第二項）。ただし、この規定の要件を満たさなくても、単に、「この法律に規定する手続に参与する資格を有せず、且つ、この法律に規定する救済を与えられない」（労組法第五条第一項）不利益を受けるにとどまります（Q８参照）。

労働組合の設立は自由であり、規約も組合員の意思で自由につくれますから、組合結成時の規約は、そんなにあれもこれもということではなく、とりあえず、必要最小限の事項をきめておくだけでいいでしょう。そのことを前提として、労組法第五条第二項の求める「必要的記載事項」を、次に要約することにします（巻末の「労働組合の規約モデル」をご参照ください）。

---

組合民主主義

労働組合の運営および内部統制の基本は組合民主主義である。組合員が忠実に

(1) 名称〔なるべくその名称だけをみて、すぐそれが労働組合であることがわかるような名称〕
(2) 主たる事務所の所在地
(3) 組合員が、その組合のすべての問題に参与する権利および均等の取扱いを受ける権利を有すること
(4) 何人も、いかなる場合においても、人種、宗教、性別、門地《もんち》または身分《みぶん》によって組合員たる資格をうばわれないこと
(5) 役員は、組合員の直接無記名投票《ちょくせつむきめいとうひょう》により選挙されること〔この選挙は、過半数ではなく、相対多数で上位から決定する。直接無記名投票なので、委任状《いにんじょう》による委任はゆるされない。役員とは、執行機関または監査機関の構成員をいう。意思決定機関の構成員は役員ではない。執行機関の役員名称として一般的なのは、委員長・副委員長・書記長（以上三役）、執行委員〕
(6) 総会は、すくなくとも毎年一回開催すること〔大会ともいう。労働組合の最高意思決定機関であり、諸活動の基本方針を決定する〕
(7) すべての財源および使途《しと》、主要な寄付者《きふしゃ》の氏名ならびに現在の経理状況を示す会計報告は、組合員によって委嘱された職業的に資格がある会計監査人《かいけいかんさにん》〔公認会計士〕による正確であることの証明書とともに、すくなくとも毎年一回組合員に公表されること〔規約上明記されていればよく、実際に公認会計士の監査を受けることは求められない〕
(8) 同盟罷業は、組合員または組合員の直接無記名投票により選挙された代議員

その規約にしたがうとともに、組合の各機関および役員の意思決定や行動がすべて民主的手続をへて表明された組合員大衆の合意にもとづき、それに統制されている状態をいう。全員の合意がえられなくとも、自由な発言と民主的な討論を通じて、可能なかぎり最大限の合意を形成する努力が払われなければならない。組合の団結力、交渉力、闘争力の強さは、組合民主主義がどれだけ実現されているかにかかっている。

**意思決定機関と執行機関**

労働組合の機関は、意思決定機関〔議決機関〕と執行機関の二つからなる。議決機関としては、組合大会または総会、これに次ぐ中間議決機関として中央委員会等がある。執行機関は執行委員会と呼び、委員長・副委員長・書記長の組合三役をはじめ執行委員など組合役員で構成される。執行機関は、組合業務の遂行にあたり、その日常業務の処理のために、書記局・専門部などの下部組織を設置する。

の直接無記名投票の過半数による決定を経なければ開始しないこと（同盟罷業とはストライキ（団体的統一意思にもとづく労務提供拒否行為）のこと。ストライキ以外の争議行為については、この投票形式は必要ない）

(9) 規約は、組合員の直接無記名投票による過半数の支持を得なければ改正しないこと（(8)の投票は有効投票数の過半数で決定するが、規約改正の投票は組合員総数の過半数の支持を要する。有効投票数の過半数が賛成しても、組合員総数の過半数に達していなければ、「過半数の支持」があったことにはならない）

「必要的記載事項」を記載して「労組法上の労働組合」となる資格要件をそなえるためには、以上九項目の各号規定を、条文どおりの用語をもちいて規約上明記することが必要です。

ただし、この規約審査は、規約が実際に守られているか否かは問題でなく、形式上の表現が問題とされます（規約審査は形式を重視）。

以上が、法の求める「必要的記載事項」ですが、この他にも、組合の組織・運営に関する基本法である規約として、きめておかなければならないことがいくつかあります。

例えば、目的、事業、構成員の資格（組合員の範囲）、組合員の権利義務、意思決定機関および執行機関の構成・運営・権限、財政に関する規定、などです。以下に補足します。

---

**在籍専従**

在籍専従とは、企業の従業員籍を保持したまま、組合役員に選出された期間だけ従業員としての職責をはなれ、労働組合の業務に専従する組合役員をいう。わが国の企業別組合ではもっとも一般的な形態である。一九四九年の労働組合法改正により、在籍専従者に対する使用者の給与負担は不当労働行為となった。

⑽　目的および活動
「労働条件の維持改善、経済的地位の向上」など、労働組合の目的とするところを端的に書くとともに、「その目的の達成に必要な活動を行なう」ことを明らかにします。
⑾　組合員の範囲
組合員の範囲は、組合員が自主的にきめることができます。ただし、「労組法上の労働組合」の資格要件をそなえるためには、労組法第二条但書一号の要件を満たさなければなりません。
⑿　義務
「団結保持義務」として包括《ほうかつ》される、組合の規約・方針を遵守《じゅんしゅ》し、機関決定にしたがって行動する義務です。なかでも、とくに重要なものの一つは、組合費および機関で決定した費用を納入する義務です。
⒀　機関
組合には、決議機関（大会または総会。大会に次ぐ次級決議機関として中央委員会等をおくことがあります）、執行機関（執行委員会）、会計監査（上記⑺の会計監査人とは別です）の三つの機関を設けるのが一般的です。機関を設置すれば、選出方法および任期を定めておく必要があります。
⒁　加入および脱退

---

組合員の範囲
Q10、Q14を参照。

加入の場合は組合の方針・規約を承認して、また、脱退の場合は理由を明らかにして、所定の加入申込書または脱退届出書を提出してもらいます。加入・脱退は、執行委員会の承認事項とします。

⒂ 統制

組合の規約・方針等に違反した組合員に対する制裁の種類と手続を定めます。

⒃ 組合費

Q66をご参照ください。

⒄ 財産管理および返還禁止

「組合財産の管理は執行委員会が責任を負い、何人に対してもこれを返還しない」などと定めます。

労組法第二七条に定める不当労働行為の救済申立を行なうには、「労組法上の労働組合」でなければなりません。しかし、「補正勧告《ほせいかんこく》」の制度があり、組合規約が労組法に適合しない点がある場合は、きめられた期間内に指摘された個所を補正すれば、法に適合することになります。したがって、救済を急ぐときは、さきに労働委員会に申し立て、あとから指摘された個所を補正し、規約改正すればよいのです。

---

**組合費**

労働組合の収入源は、資産収入、寄付金、事業収入、加入金および組合費などであるが、通常の労働組合は資産収入や事業収入はすくないから、組合費は労働組合の財政にとって基本的な収入源である。わが国の組合費の特徴は、企業別組合ではチェックオフの普及により組合費の徴収率が高く安定していること、個々の組合員の基本給に比例する定率制もしくは定額プラス定率制であるため、賃金や物価の動きに対して調整が容易であること、である。

## Q62 組合の会議では自由に発言できないのでは

**組合の会議で執行部の見解と異なる意見を表明したり、組合員としての権利を主張して積極的に提言することは、むしろ望ましいことだと思うのですが。**

どんな労働組合も、所属する組合員とのあいだに特別の権利や義務の関係をもつことになりますが、それでもその組合員個人の憲法上の市民としての権利をそこなうことはできません。個々の組合員相互の関係においても同様のことがいえます。したがって、組合の会議で、特定の個人の名誉《めいよ》を棄損《きそん》したり人格を否定するものでないかぎり、その会議のテーマや趣旨にそうものであれば、どのような発言もゆるされます。

別の角度からいえば、労働組合の活性化のためには、組合員個々人から多様で色合いの違う発言がでることの方が望ましいのです。通常、執行部がみずから意図する方向に組合員全体の考え方を誘導しようとしますが、最終的に一定の方向に結論がまとまるとしても、組合員一人ひとりから、違う意見が自由闊達《じゆうかったつ》にでる方が、結局は強固な合意をつくることになります。ただ、現実の労働組合では、組合員個々人からいろんな発言のでること、とりわけ執行部と違う意見のでることをおそれる傾向が、多々あります。異なる見解を受け入れるのを「敗北」としたり、執行部と

---

大衆討議

労働組合の意思決定における組合民主主義のモデルは、大衆討議による決定であり、機関運営における集団指導制である。組合員大衆のナマの声を機関決定に反映させ、その表明された大衆の声にしたがうことが大衆路線と呼ばれる。幹部独走や幹部請負に対する戒めであるが、また、組合内部にイデオロギー的対立や党派的派閥闘争、その他の内部矛盾が内在することを示すものでもある。

違う意見をもつことを執行部に対する「不信任」と受けとめる、権威主義的で狭い考え方がなお強いからでしょう。いろんな意見を取り入れながら全体の合意をつくる努力をせず、執行部の考えを押しつける官僚主義《かんりょうしゅぎ》的な運営がなされているからでもあります。しかし、時代の趨勢《すうせい》として、組合員個人個人の権利や立場・意向を尊重しながら組合運営がなされねばならないという考え方が、ますます強まってきているのが実情です。

権利を主張する前提として、組合員としての義務を果たすことが求められますが、その最大のものは組合費を払うことです。執行部が気に入らないからといって、組合費を払わずに権利を主張することはできないというべきでしょう。ただし、それ以外の「組合員の義務」を履行しないからといって、除名《じょめい》されることは稀ですし、まして「発言」のみを理由に除名されることはありえません。

判例も、この立場にたっています。「組合執行部の方針を批判し、組合民主化運動をすすめたことは除名理由とならぬ(1)」「組合執行部批判のビラを配布したことを理由とする除名は無効(2)」「解雇《かいこ》撤回闘争《てっかいとうそう》を支援しない旨の組合大会の決議に反して支援活動を行なったことを理由とする組合員の権利停止処分は無効(3)」「組合費滞納者に対する除名決議は、その手続、内容等に何ら違法性がなく有効(4)」「組合役員が会社から金を貰ったとの噂を流し、しかもそれについての組合の調査に協力しないためなされた除名は有効(5)」「組合機関紙の編集発行人が、組合執行部に対する中傷、誹謗、揶揄《やゆ》、嘲笑《ちょうしょう》の記事を特集として掲載したことを理由とする除名処分は有効(6)」。

十人十色で意見は違う。自由な発言が大切だ

(1)横浜地裁判決/昭和五四・一〇・二六
(2)大阪地裁判決/昭和五六・一・二六
(3)東京地裁判決/昭和五三・二・二四
(4)東京地裁判決/昭和四六・四・一七
(5)東京地裁判決/昭和五四・一〇・二
(6)東京地裁判決/昭和五九・八・二七

# Q63 組合に入ると集会や行動に動員させられるのでは

上からの指示や要請にしたがわず、動員を拒否した場合、処分されるのでしょうか。個人の意思を無視した強制的な動員でも処分になるのでしょうか。

たしかに旧来《きゅうらい》の労働組合では、「消費税反対」の集会とか、反戦・平和をめざす運動など、さまざまな行動等への参加の要請が、個々の組合員に対して行なわれてきました（これを組合用語では「動員《どういん》」といっています）。しかし、最近は、そのような活動も、あまり取り組まれなくなっているのが実情です。組合員一人ひとりの意思や考え方を無視してまで、そのような活動への参加を求めるのはむりなことです。したがって、一般的にいえば、組合に入ると上からの指示であちこちの集会やイベントに必ず参加させられるというわけではありません。

しかしながら、今日の労働組合でも、次のような三つのタイプで、いろんな運動への参加の要請が行なわれています。

(1) 公務員や公共企業体等の組合では、その組合の性質上、国や政府、自治体等に対する政策的な要求を突きつけなければなりませんから、そのための集会や行動への参加要請が活発です。

(2) いわゆるカンパニーユニオン（企業別労働組合）の場合には、その企業ごとの事情の必要性に応じて、さまざまなイベント（例えば、運動会、文化祭、レジャー行事など）への参加を求められることが多いようです。ときには、その企業のなかから選挙に立候補する人がいると、会社、組合、あるいはその双方から、選挙活動や選挙集会などへの参加要請がなされることがあります。

(3) いわゆる個人加盟のユニオンや、合同労組の場合には、組合員本人自身の問題だけでなく、他の組合員の問題を解決するための集会や、支援の行動・会議への参加を求められることが多いでしょう。

現状では、以上の三つのタイプが行なわれているようですが、その場合でも、個人の意思を無視して参加を強制することは、労働組合法上もみとめられないと思われます。ただ、労働組合の側からすれば、全体でしっかりと討議して組合員全体の合意をつくる努力が必要なのであり、そうした努力の結果、多くの組合員の参加をえて組合としての団結を示せれば、それが望ましいということでしょう。どれだけ労働組合を民主主義的に運営できるかがポイントになるということです。

裁判所も、「組合と方針の異なる政治的ビラを配布し、また組合の会議に無届で欠席した執行委員及び組合員の除名は無効[1]」「組合の指令或いはそれに基づく行動が客観的に違法であれば組合員にはこれに服従する義務はなく、ロック・アウト中の工場内に強行就労する旨の指令に違反したことを理由とする除名は無効[2]」としています。

---

**公務員の労働組合**

公務員は、国家公務員法や地方公務員法などによって労働組合法の適用を除外されており、憲法第二八条にいう労働者ではあっても、労働組合法上の労働者ではない。その代償的措置として、公務員法で「職員団体」をつくり（国家公務員法第一〇八条の二、地方公務員法第五二条）、当局と交渉することがみとめられている。公務員関係の労働事件の裁判手続は、行政事件訴訟法によって行なわれる（一般民間産業の労働事件については民事訴訟法）。すなわち、行政事件訴訟になる。

---

（1）大阪地裁判決／昭和五三・三・二〇
（2）秋田地裁判決／昭和三五・九・二九

## Q64 労働組合は個人の問題を取り上げてくれないのでは

**ホワイトカラーの場合、仕事のやり方が個別化する方向にあり、また、就業規則で一律に、会社の都合を一方的に押しつけられることにも不安を感じています。**

労働組合は、多くの労働者が一緒になって団結し、共通の労働条件の向上をはかることを主たる目的としていますから、従来は、あまり個人の問題を扱うのには積極的ではなく、得意でもなかったといえます。また、「団結」のまえに個人の問題は「わがまま」とされることも多かったのでしょう。とくに、企業のなかで労働組合全体の利益を守ろうとする企業別組合の場合は、まず会社とのあいだで「基本計画」をきめますから、それに反対したり同調できない人を受け入れにくい傾向があります。例えば、会社全体の組織編成について組合と会社が合意した後、ある組合員の配置転換が問題になり、その組合員が個人としてその人事《じんじ》に応じられないと訴えても、その個別事情についての会社との交渉には消極的、というのが企業別組合の実情でしょう。

しかし、現在、労働条件は一人ひとりの労働者のはたらき方のレベルまで細かくきめられ、一般的な基準だけで労働組合の側がそれを規制するのはむずかしいのです。言い方を変えれば、企業の個々の労働者に対する「支配」がすすんでいるということです。とくに、サービス業などの第三次産業では、労働者が一緒に、一律にはたらくということがほとんどなくなっていますから、労働組合としても、個々の組合員がどのようにはたらいているのか、キメ細かくチェックすべき時代になってきているのです。一人ひとりの問題を全体で議論しながらその解決をはかるというシステムを、つくることが求められています。裁量労働制《さいりょうろうどうせい》がホワイトカラー全体に広がると、労働時間は労働組合との合意ではなく、個人個人（と会社）がきめることになります。但し、労使委員会を通じて組合が関与できますから（労基法第三八条の四）、組合としても、個人のはたらき方に関心をもたなくてはならないわけです。労働組合によっては、個人の生活問題等の相談に積極的に応ずる「世話役活動《せわやくかつどう》」に力を入れているところもありますから、広い意味での個人の問題は取り上げられているともいえます。一方、個人加盟のできる労働組合が増えています。そのような組合は、直接個人の問題を扱いますから、そこに相談すれば問題解決に役立つでしょう。

　最高裁判所は最近、「労働者は、企業において、自由に人間関係を形成する自由を有する」(1)という趣旨の判決を出しました。ここにみられるのは、職場が単にはたらいて賃金を得るだけのところであるばかりではなく、各自の人格を発展させる場でもあるという考え方です。そのような新しい考え方に対応するにも、個人の問題にどう取り組むか、新しい労働組合活動のあり方が問われているとも言えるでしょう。それに対応して、組合員個人もしっかり自立することが求められます。

---

**裁量労働制**

　実際に働いた時間にかかわらず、「業務の性質上その遂行の方法を大幅に当該業務に従事する労働者の裁量にゆだねる必要がある」特定の業務については、労使が協定で定める時間労働したものとみなして賃金を支払う制度。裁量労働制は一九八七年の労基法改正による新設にはじまり、九三年の法改正で専門業務型裁量労働制導入（五業務）。その後、九七年四月に「労働大臣の指定する業務」として六業務追加指定して一一業務に拡大。さらに九八年の法改正により新たに企画業務型裁量労働制が導入された［専門業務型（三八条の三／九九年四月施行）、企画業務型（三八条の四／二〇〇〇年四月施行）］。

（1）関西電力事件・最高裁判決／平成七・九・五

## Q65 組合役員は会社がきめるのでは

労働組合の役員は、大会で組合員の直接無記名投票によって選出されるということですが、あらかじめどこかできめられ、大会は単なる儀式としか思えません。

労働組合の役員は、当然のことながら、それぞれの労働組合の規約に基づいて選出されるべきです。そして、労働組合法は、労働組合が「労組法上の労働組合」であるために、労働組合の規約が一定の要件を満たすことを求めています。すなわち、労組法第五条第二項では、組合役員の選出は、組合員の直接無記名投票によるか、または、労働組合の大会のために直接無記名投票で選出された代議員による、大会での直接無記名投票によって行なうことを義務づけています。それぞれの労働組合において、このような労組法上の要件を満たして、組合役員が正しく、民主的に選出されるべきです。しかし、実際には、このような労組法上の規定に基づいて正しく選挙が行なわれていない場合も多いようです。

組合役員の選出は労働組合の基本的な活動の一つであり、そのような労働組合の運営と活動に対して、使用者（会社）側が干渉し、支配介入することは、不当労働行為としてきびしく禁止されています（労組法第七条三号）。しかしながら、今日、企業別組合の多くにおいて、労働組合の役員が就業時間内《しゅうぎょうじかん》に活動する便宜《べんぎ》を、使用者側から供与されていることとの関係で、会社内のどの事業所においてだれが役員に選出されるかについては、当然のことながら、会社の人事・労務担当者にとって重大関心事であります。そのために、人事・労務担当者の意向が、労働組合内部に陰《いん》に陽《よう》に影響をおよぼしてくることは、当然に考えられることでしょう。その結果、次のようなエピソードさえ語られる始末になっています。

ある産業の企業別組合をまとめる上部団体の会合において、ある組合役員は次のように発言したということです。「わたくしは本来、経理・総務畑の仕事を旨として、勤続七年になりますが、こんど労働組合の上部団体の仕事をやれと人事課長に言われたので、このたび担当することになりました」。このようなことが平然と語られる実情にあるのが、今日の大企業を中心とする企業別組合（カンパニーユニオン）の実態であるといえます。

このような嘆かわしい実情を一日も早く打開するためには、組合員一人ひとりの組合活動に対する積極的なかかわり方と、それに基づく積極的な組合運営上の改革が試みられなければならないでしょう。本来、会社側のあり方をチェックし、組合員の労働条件の向上をはかるべき労働組合の役員が、相手側である会社の「任命《にんめい》」で選ばれるとすれば、労働組合がその役割を果たせるわけがなく、組合員の信頼を得ることもできません（Q74をご参照ください）。

---

**組合役員**
組合の執行機関の仕事を遂行したり、監査するために、組合大会によって選任される者を組合役員という。執行委員会の構成メンバーと会計監査の総称。執行役員は、組合の民主的運営、運動方針の実現、闘争の組織化などについて、組合員に対し責任を負う。執行機関の構成員とならない会計監査は、執行機関が大会決議をいかに執行しているかを監察し、とくに、組合会計の正不正、適不適を監査して、大会に報告する責任をもつ。

## Q66 組合費はどのくらいの額で、どのように支払うのですか

組合費は、組合によって差があるのですか。活動のわりには組合費が高いのでは。臨時組合費や選挙活動カンパの徴収にも応じなければならないのでしょうか。

組合費は、各労働組合で任意に決定されますので、組合によって、その額も徴収《ちょうしゅう》方法も違っています。きめられた一定額の組合費の支払いは、組合員として当然の義務であり、これを怠《おこた》ると組合員としての権利を失うのは当然です（ただし、ある種の臨時組合費については支払わないこともゆるされるとの判例もあります）。

公務員・公共企業体の労働組合や、社会的によく知られているような組織（大体は大企業の労働組合）においては、おおむね月額基本給の二％と、一時金（ボーナス）支給時にその二〜三％くらいの額が徴収されています。それ以外に臨時組合費という名目で選挙活動のための資金や、その他いくつかの名目の闘争資金などが徴収されているようです。このように、一般組合員からみるとかなり高い組合費をあつめている組合においては、組合活動がそれなりに目に見えるかたちで活発に行なわれているか、または組合員個人にとってある程度の利益が還元されている場合には、高いという苦情《くじょう》がなくても、まったく不活発な組合の場合には、大きな不満の原因に

なります。

徴収方法は、前記したような大きく有名な組合の場合は、チェックオフ方式（会社との協定で、給与から組合費を天引きするシステム）が採られていますが、組合役員や職場の組合世話役が毎月あつめる場合もあります。また、一部の個人加盟ユニオンや合同労組では、郵便貯金を利用した自動引き落としの方法がとられています。

額の低い組合費は組合活動の不活発さの結果でもあり、また、原因でもあります。高い組合費の方が、組合の力を発揮《はっき》するにはベターといえるでしょう。高い額を支払っているにもかかわらず、組合活動が不活発で、組合員個人にとってみれば何のために組合費を払っているのかわからないような状況においては、当然のことながら、組合員それぞれが、組合活動のあり方を十分チェックする必要があります。

ただし、Q62でも述べましたが、執行部に対して不満があっても組合費を支払わない場合は権利を主張できません。ただ、臨時組合費については、支払わなくてもよいとされることもあります。しかし、組合運営の観点からみれば、この問題は組合全体の合意形成の不十分さにポイントがあるといえます。判例は次のとおりです。

「臨時組合費として、いわゆる安保資金や組合の決めた支持政党または統一候補のための選挙運動資金を強制的に徴収することは許されない(1)」「組合大会で臨時組合費徴収の決定をすれば、その使途・性質の如何を問わず、常に組合員に請求しうるというものではなく、徴収目的が労働組合の基本的な目的から離れた活動のために必要な資金である場合には、納入に応じない者から強制的に徴収することはできない(2)」

**闘争資金**

労働組合が闘争のために支出する特別の資金の総称。ストライキ資金、組合活動による犠牲者救援資金、法定闘争資金などを含み、デモの動員費や闘争時の通常経費をとくに闘争費と呼んでいるにすぎない場合も多い。このうち最も重要なのは、ストライキ資金である。スト中の組合員の生活を支える資金である。ストライキ資金のほとんどは、通常の組合費のなかから積み立てられるのではなく、ストライキ基金などの名称で組合費とは別枠で徴収され、組合員個人の名義で積み立てられる形式のものがほとんどである。

(1) 最高裁判決／昭和五〇・一一・二八
(2) 札幌地裁判決／昭和四七・一二・一三

プロブレムQ&A

X

# 読まれるビラや機関紙のつくり方

# Q67 ビラや機関紙にどんな役割があるのですか

機関紙やビラで組合の方針や意思を伝達することは重要ですが、さらに積極的に活用するために、機関紙やビラには他にどんな役割があるのか教えてください。

組合活動は、なんといっても、できるだけ多くの仲間をあつめる必要があります。もちろん、一人でも入れる合同労組などもありますが、一つの職場で組織される組合の場合、一人でも多くの仲間がいることが会社側に対する力の源泉《げんせん》になるからです。そのためには、組合の考え方や方針が、わかりやすい形で職場や会社全体に伝わることが大切であり、機関紙やビラは、その最も有力な手段となります。さらに、まだ組合に入っていない人たちの意見や批判を、組合の方針に反映させ、より妥当なものに変えていくための場を提供する手がかりとしての役割を果たします。

このことは、会社の大小にかかわらず、従業員が少なくほとんどの人が顔見知りであるような中小企業でも同じであり、機関紙が定期的に発行されることで、組合の存在感を、仲間ばかりでなく、会社側にも示すことができます。そこに盛り込まれる方針や考え方は、当然のことながら、組合員の意見を事前に反映するものですが、それが、改めて文字やイラストの形で示されることで、もう一度、組合員全体が、それらの項目について深く考える機会を得られるからです。方針が、「絵に描いたモチ」では、文字どおり、一文の値打ちもありません。組合員一人ひとりが、方針を本当に自分のものにして実現をめざして動き、一人の動きが、全体を支える。そうしたダイナミックな組合活動をつくりあげるのが機関紙やビラの機能です。機関紙やビラは、組合を動かす神経系統《しんけいけいとう》であり、組合活動の大事な生命線です。

会社側は、組合と争いとなった際に、裁判や労働委員会の場で、組合の機関紙やビラを会社の主張を根拠づけるための証拠として持ち出してくることがよくあります。それだけ、会社側も機関紙やビラを、目をサラのようにして読んでいるわけですが、こうした事実が逆に、機関紙やビラの大切さを証明しているとも言えます。ある解雇事件で、会社側が、解雇が組合潰《つぶ》しを狙った不当労働行為でないと主張するために、当時の組合の機関紙発行が少なかったことをあげつらって、「組合活動は低調で、組合潰しをする必要もなかった」と強弁した例もあるほどです。

機関紙やビラが定期的に発行されることは、組合員の結束の強化や会社側への圧力になるだけではありません。まだ組合に結集していない仲間が、機関紙やビラで組合の存在や考え方を知って組合加入を考えたり、また、組合の方針に対し意見や批判があれば、身近にいる組合員にそれを伝えたり、機関紙に投書を寄せたりする機会を提供します。その結果、組合の方針や考え方を、より豊かなものに変えていくことが可能になります。機関紙は、組織拡大と交流の場としても活用されることになります。

---

**証拠**

証拠とは、事実を認識するための資料の意味と、このような資料をもたらす有形物の意味がある。前者を証拠資料、後者を証拠方法という。たとえば、証拠方法である証人からえられた証言が証拠資料であり、また、供述調書が証拠方法で、その記載内容が証拠資料ということになる。証拠の分類方法は種々あるが、供述証拠・非供述証拠は証拠資料の性質による区別、人的証拠（証人・鑑定人・当事者本人）・物的証拠（証拠物）は証拠方法の性質による区別、である。刑事訴訟法第三一七条は、「事実の認定は、証拠による」と規定しており、この近代法の大原則を証拠裁判主義という。

# Q68 機関紙にどんな内容の記事を載せれば読んでもらえますか

組合の機関紙はあまり組合員に読まれないということですが、どんな紙面づくりをすれば読んでもらえますか。読者の興味を引きつける秘訣をご教授ください。

組合の機関紙の多くは、紋切型《もんきりがた》の記事ばかりで、デザインやレイアウトもパッとしない、いわゆる「お堅《かた》い機関紙」が大部分です。大企業の企業別組合では、機関紙が配られても、そのままゴミばこ行きというケースがほとんどのようです。組合の幹部は揃《そろ》いもそろってダサく、セックスアピールがないと揶揄《やゆ》されるのと同様に、機関紙も普通の新聞や雑誌にくらべると、読者を惹《ひ》きつける魅力にまったく欠けているのが実情です。なけなしの財政から資金をヒネリ出して発行するのですから、一人でも多くの仲間に読んでもらえるよう工夫《くふう》する必要があります。

その昔、という表現になってしまいますが、敗戦直後の茨城県で、白馬にまたがって農民たちの組合運動を盛りあげた山口武秀という伝説的な活動家がいました。山口は、「ビラや機関紙こそ運動のいのちだ。わたしは全身全霊《ぜんしんぜんれい》をこめて一字一字刻《きざ》み込むようにして書く」と語っていました。そこまではムリにしても、内容はもちろん、文章のはしばしに至るまで神経をはりめぐらせて、「だれに読んでもらうのか、なにを伝えたいのか」を、いつも頭に入れて書くべきでしょう。

記事としては、職場におきている具体的な問題をまず取りあげる必要があります。各職場からの「職場だより」のようなコーナーを設けることも一案でしょう。リストラ・合理化など、経営の根幹にかかわる問題がおきたときには、キッチリとした経営分析を行なって、そうした攻撃の非合理性を暴露《ばくろ》するだけの力量を貯《たくわ》えておくこともたいせつです。それには、普段から、社外の経理の専門家や経済記者などにもコンタクトをとっておき、定期的に、経営の批判的分析を行なう記事を掲載するとよいでしょう。客観的で深みのある経営分析が、会社側を牽制《けんせい》する効果を発揮し、会社の身勝手《みがって》な宣伝をゆるさない結果にもつながります。

組合活動は、会社の組織とは異なる、もう一つの共同体を創り出すことも意味しています。そこでは、労働条件の改善や雇用の確保などの、組合の第一義《だいいちぎ》的《てき》な問題ばかりではなく、その時代を彩《いろど》る文化や、組合員の家族の生き方なども、共通のテーマとなるはずです。機関紙は、そうした幅広い交流の場として活用されるべきでしょう。話題の映画、ビデオ、小説、ノンフィクションなどの紹介や感想、批評などを掲載すれば、紙面に潤《うるお》いが生まれるだけでなく、読者の拡大にもつながります。組合員の家族の紹介、その生き方、考え方を伝える記事も、組合員相互の親近感《しんきんかん》を増す効果があります。その際は、写真がきめ手となります。読者が興味をもつのは、なんといっても「人」です。人物に焦点をあてた柔らかな読み物をミックスすることが秘訣《ひけつ》です。

---

**経営分析**

経営分析は、Business Analysisの邦訳で、財務諸表の数字をもとに体系的に分析を行ない、その向こう側にある経営上の諸実態をとらえようとするものである。基本的な経営分析の体系は、①儲ける力があるかを見る収益性分析、②つぶれる心配がないかを見る安全性分析、③これから発展していく力を見る成長性分析、の三つからなる。財務諸表（Financial Statements）とは、企業の財務状態を表す会計諸表。貸借対照表（Balance Sheet）、損益計算書（Profit and Loss Statement）、営業報告書、損益処分案および以上の付属明細書のことである（商法第二八一条）。決算報告書ともいう。

# Q69 具体的にどう取材し、どうやって記事を書けばよいのですか

**取材の仕方、記事の書き方について具体的にご伝授ください。機関紙作成のシステムづくり、ニュースソースの開拓はどのようにすればよいのですか。**

まず、機関紙の編集委員会をキチンと編成し、編集委員が記者として足でネタをあつめることが肝心《かんじん》です。自分の足元の職場が抱《かか》えている問題をたんねんに掘りおこすことからはじめましょう。アルコール・コミュニケーションも含めて各職場のキーマン（仕事ができる人という意味ではありません。問題を抱えている人、どこに問題があるかわかっている人のことです）から情報を仕入れます。もちろん、その情報は、さらに複数の人にあたってウラをとり、事実かどうかを確認しなければなりません。それを編集委員会の会議にかけて、討議を深めたうえで、機関紙に掲載します。事実そのものの持つ力で、読者の目を紙面にクギ付けにする、一カ月に一本はそんな迫力満点の記事を載せたいものです。それにかんする組合の対処方針や問題解決の方向なども「解説」のかたちでつけ加えるとよいでしょう。同業のライバル会社の知合いが自分の会社が隠しているマイナス情報を握っているケースもよくあるので、大いに他社や異業種《いぎょうしゅ》の仲間とも交流を深めて、ニュースソースを拡大することも必要です。

組合の機関紙は、ともすると政治情勢や経済の動向などの「大状況」から説きおこし、スローガンのようなきまり文句を並べたてておわってしまうケースも、まま見受けられますが、やはり、自分の足元から発言するという姿勢がベストでしょう。

編集委員だけでは、ネタのあつめ方も片寄り、問題の見方も一面的になってしまう心配もでてきます。そこで、各職場に「通信員」を配置して、その人たちから情報を寄せてもらう方法もあります。通信員は情報提供だけではなく、自分で記事も書くようにすれば、紙面に多様性がうまれ、きめ細かな情報が掲載できるようになります。通信員と編集委員の合同会議を定期的に開いて、情報交換を行なったり、取材の仕方や記事の書き方について相互に研修したりするのもよいでしょう。組合の組織強化という効果も期待できます。通信員のなかから編集委員になってもらう仕組みをつくっておけば、紙面の硬直化も防げそうです。

組合員だけでなく、まだ組合に加入していない人たちから「投稿」を募《つの》ることも、紙面の活性化につながります。組合活動に関連した情報のほか、組合活動に対する批判や意見、会社側のやり方への批判や告発など、どんなテーマでもよいでしょう。タイミングをとらえて、特定のテーマについての意見を特集することもよいでしょう。また、機関紙は、組合側から意見や方針を伝えるばかりではありません。組合員や、組合員以外の人たちの意見や考え方を組合側にフィードバックしたり、同じ職場や地域、産業ではたらく仲間たちの交流と討論の場としての機能ももつべきでしょう。

---

**職場組織**

労働者が現実に働く職場を単位に結成される組合の末端組織。日本の組合の場合は、職場あるいはいくつかの職場の従業員がそのまま支部・分会を構成するのが通例である。規約上のフォーマルな組織と、インフォーマルな組織の場合もある。職場組織は、現場労働者の要求や苦情を組合の政策や要求に反映させ、現場労働者の組合活動への積極的な参加の足場となる意味で、組合民主主義のとりでである。

# Q70 イラストやカットの工夫、安い印刷所の探し方・選び方を教えてください

**イラストやカット、レイアウトを工夫してビジュアルで読みやすい機関紙やビラを安く、手際よくつくるには、どんな方法や機器がありますか。**

最近ではパソコンが普及し、紙面のレイアウトはもちろんのこと、写真を取り込んだり、カットをつくったりするのもずいぶんと簡単になってきました。そのためのソフトもたくさん出回っています。デジタルカメラを活用すれば、臨場感《りんじょうかん》にあふれた現場写真をふんだんに盛り込むこともできます。いまでは、一般の新聞と見まがうばかりの、きれいな紙面をつくることも不可能ではありません。

パソコンは、WindowsとMacintoshの二つのグループに大別されますが、レイアウトやデザインには、Macの方が便利というユーザーもいます。Macをつくっている米国のアップル社と、Windowsのマイクロソフト社が提携したことで相互乗り入れがはかられ、ユーザーにとっては一段と便利になるとも見られています。まず、パソコンに習熟《しゅうじゅく》すること、これが機関紙づくりの第一歩といえそうです。機関紙の編集委員は、必ず一台持つようにしたいものです。

印刷についても、近頃では、昔よく使われた謄写版《とうしゃばん》の原理を応用した簡易印刷機

が普及してきました。レンタルなり、買取りなりで組合事務所に一台置いておけば、たいへん便利です。コピー機にくらべてコストは、はるかに安くすみます。

　コピー機を置けるような組合事務所もなく、簡易印刷機を借りる資金もない場合でも、あきらめることはありません。最近は、簡易印刷機のある住民サービスセンターやボランティア活動向けのセンターを設ける地方自治体が増えてきました。そういうセンターに用紙を持ち込めば、一枚あたり五〇円ていどの原紙代を払うだけで、何枚でも印刷させてもらえます。コンビニなどのコピー機を使うと、印刷枚数一枚あたり一〇円取られるのが普通ですが、それにくらべればタダ同然の低料金です。

　組合運動だけでなく、市民・住民の運動とも交流を広げていけば、そういう耳寄《みみよ》りな情報も必ず飛び込んでくるはずです。県庁や市役所、区役所、町村役場に、まず、問い合わせてみてください。近くに、そうしたサービスセンターがない場合でも、町の印刷所では、最近、簡易印刷機を設置しているところも多いので、尋ねてみましょう。通常の印刷にくらべて、格段に安い経費ですむはずです。

　また、印刷に頼らず、インターネット上にホームページを開いて、「電子機関紙」をつくることも一案でしょう。ただ、だれでもアクセスできるという状況ではないので、インターネットに情報を載せておけば、自然と広範に流布されると思い込むのは早計です。インターネットを活用する場合も、印刷物と併用すべきでしょう。

---

**ボランティア**

　英語のボランティア（Bolunteer）は、「自由意思」を意味するラテン語が語源である。「自発性（自主性）」「無給性（無償性）」「公益性（公共性）」「創造性（先駆性）」が基本的性格。日本の辞書には、「自発的に障害者・老人に対する奉仕や児童教育などの社会福祉活動を行う人びと。篤志奉仕者。民間奉仕者」とある。ボランティア休暇制度を導入する企業が一九九一年頃から急速に増えてきた。社員が福祉などボランティア活動に従事する場合、一定の条件で有給休暇をみとめる制度である。企業への社会貢献の要請の高まりや労働時間短縮の流れを受けたものであるといわれる。一九九七年一月から国家公務員のボランティア休暇制度（年間五日以内）も発足した。もっとも、目的を限定した休暇制度は時短とはいえない。

労働相談で忙しい労働組合事務所

プロブレムQ&A

XI

# 組合と上部団体、政党とはどういう関係ですか

# Q71 労働組合をつくったら上部団体に入らなければならないのですか

**上部団体とはどんな組織で、どんな役割を果たしているのですか。「単産」とはどんな組合ですか。「連合」も上部団体になるのですか。**

日本の労働組合組織は、単位《たんい》組合《くみあい》（そのほとんどが、企業または事業所を単位とする企業別組合）を基本単位として、産業別連合体《さんぎょうべつれんごうたい》（企業別組合の産業別連合体。単産と呼ばれます）、全国中央組織（ナショナルセンター）、につらなっています。このタテのラインを補うかたちで、地域組織があります（地区組織（大都市の区、市郡）および地方組織（都道府県））。上部団体とは、単位組合から見た上部団体のことですから、上記組合組織のうち、単産および地域組織、がこれにあたります。

単産は、製造業（金属、機械、化学など）、建設業、資源エネルギー、交通運輸、情報通信、金融、商業、サービス、医療衛生などの産業別に、その産業に所属する企業別組合（合同労組《ごうどうろうそ》の場合もあります）が加盟してつくられた全国組織です（単産に加盟しない「独立組合」もかなりあります）。

(1) 単産の「組合員」は個人ではなく、企業別組合である（外国の産業別全国組合（National Union）の場合、「組合員」は個人の労働者）。したがって、単産の実態は「共

---

**一般労働組合**

日本の単産名のなかに一般労働組合という名称のついた労働組合がある。一般労働組合（General Union）とは、各種の職業・産業に分散する労働者、とくに、不熟練労働者・雑労働者を広く包含する単一労組であることを特徴としている。その代表的な例がイギリスの運輸一般労働組合、アメリカのティムスターズ（ティムスターズとは、四頭だて馬車の馭者の意味）などである。イギリスでは職種別または職業別組合の伝統が強く、産業別組合は鉄道、石炭などかぎられた産業にしか発展しなかった。そこで、職業別組合の組織対象にならない労働者や屋外労働者、商業労働者、一つの産業に

通の利害」で寄りあつまった企業別組合のルーズな連合体である（大企業の組合と中小企業の組合は、同じ産業でも、別々の単産をつくることが多い）。

(2) 単産より、加盟組合の企業別組合の方が、高い自主性と自治権をもっている。

以上から明らかなように、単産の実態は「仲良しクラブ」であり、組織活動の重点は、加盟組合の維持・関係調整にあります。したがって、単産加盟の運動的メリットを一言でいえば、企業側がつくっている「業界団体」のそれと変わりありません。

とくに、未組織労働者の組織化という基本的な組織活動の課題を、ほとんどの単産は果たしていません。その点では、地域組織も大同小異《だいどうしょうい》であり、情報の連絡交換と、春闘《しゅんとう》をはじめとする各種のカンパニア活動に限定されています。

単産に加盟し、特定のナショナルセンターの系列に入ると、かえって活動の自由を失うというケースさえあります。上部団体に加わらず、しかも、会社側とはキッチリ一線を画して、はたらく者の権利を守って闘う組合をつくり出すことはけっして不可能ではありません。それどころか、個別の企業のワクやカベをこえて、産業別の組合をつくり、一人でも加入できるシステムにしたり、地域ごとにだれでも入れる組合（コミュニティ・ユニオンなど）を結成したり、というかたちの組織もあちこちで芽生《めば》えて活動しています。既存の企業別組合―上部団体（単産）の組織ブロックにとらわれない、自由な組合づくりの発想こそが、二十一世紀にははたらく者の権利や自由を闘いとることができるのだ、との見方さえ強まっているほどです。

---

定着しない不熟練・半熟練の労働者などが、十九世紀末頃から一般労働組合に組織されるようになった。日本では、主に中小企業労働者を職種の区別なく組織する全国一般労働組合（連合、全労連、全労協の三つに別れている）、東京土建一般労働組合などがある。

# Q 72 上部団体、地域にはどんな労働組合の組織がありますか

**ナショナルセンターとかローカルセンターは、どんな組織ですか。産業別組織の「単産」と地域組織はどのように組織的につながっているのですか。**

一つひとつの労働組合（日本の場合は、ほとんどが企業別組合）は、単組（単位労働組合）および単一組合と呼ばれています。労働者の労働条件を守り、改善向上していくためには、それぞれの労働組合が会社と個々バラバラに交渉していたのではなかなか前進しません。また、労働条件はそれぞれの会社で個々バラバラにきまるのではなく、あるていど産業別に同じ水準できまっています。

そこで、労働条件を改善するために力を合わせようと、労働組合が産業別にあつまってつくられた連合体が、単産と呼ばれています。例えば、日立、松下、東芝などの電機関係の労働組合があつまってつくられている単産が電機《でんき》連合《れんごう》です。日本の場合は企業別組合がほとんどですので、電機連合のように、単組が産業別にあつまって単産（自動車総連《じどうしやそうれん》、電力総連《でんりよくそうれん》、私鉄総連《してつそうれん》など）がつくられています。

しかし、最低賃金制や労働基準法など、労働者全体の労働条件に直接かかわる問題は、単組や単産だけではなかなか改善されません。そこで、全国の労働組合がい

っしょになって運動して、労働条件をよくしていこうと、単産が全国的にあつまってつくられたのが全国中央組織（ナショナルセンター）です。昔は、日本のナショナルセンターも「総評《そうひょう》」（日本労働組合総評議会）と「同盟《どうめい》」（日本労働組合総同盟）に大きく二分されていましたが、次頁の図のように一九八九（平成元）年に、「連合」（日本労働組合総連合）、「全労連《ぜんろうれん》」（全国労働組合総連合）、「全労協《ぜんろうきょう》」（全国労働組合連絡協議会）の三つに再編成されました。

労働組合は、産業別の単産やナショナルセンターに結集して活動するだけでなく、全国それぞれの地域でも、力を合わせて要求を実現するために、横断的な地域組織をつくって日常的に活動しています。

政令都市の区、大きな都市、郡、いくつかの市町村ごとに地域組織がつくられており、地区労とか地域労連などと呼ばれています（地区組織）。それらの地区組織や単産の支部組織、単組などがあつまって都道府県ごとに組織がつくられており、県連合、県労連、県評などと呼ばれています（地方組織）。それらの都道府県組織（ローカルセンター）は、ほとんどがナショナルセンターの「連合」「全労連」「全労協」に加盟したり、いっしょに活動しています。しかし、ローカルセンターのなかでも東京地評《とうきょうちひょう》のように、どのナショナルセンターにも加盟していない組織もあります。同じように地区組織のなかでも東京の千代田区労協や中央区労協のように、どのナショナルセンターやローカルセンターにも加盟しないで活動している組織もあります。

**単位組合と単一組合**

単位労働組合（単組）とは、連合団体である労働組合以外の労働組合（労働組合法第五条第二項）。上部団体に加入していると否とを問わず、上部団体を構成すべき単位組織となる労働組合をさす。すなわち、構成員たる労働者が個人加入の形式をとり、独立の組合規約・役員・財政をもつものである。これに対し、単一労働組合は、個人加盟方式のいわゆる単産（単位産業別組合）のことをいう。全国単一の組合規約と指導部をもち、企業の枠をこえて労働者を組織している。日本では、全日本海員組合、銀行産業労働組合（銀産労）などごく僅かの労働組合があるのみである。全日本損害保険労働組合（全損保）などのように産業別単一労組といっても、その実態はやはり企業別組合の連合体という労働組合がほとんどである。なお、労働省「労働組合基本調査」の統計用語とよく混同されるので注意。

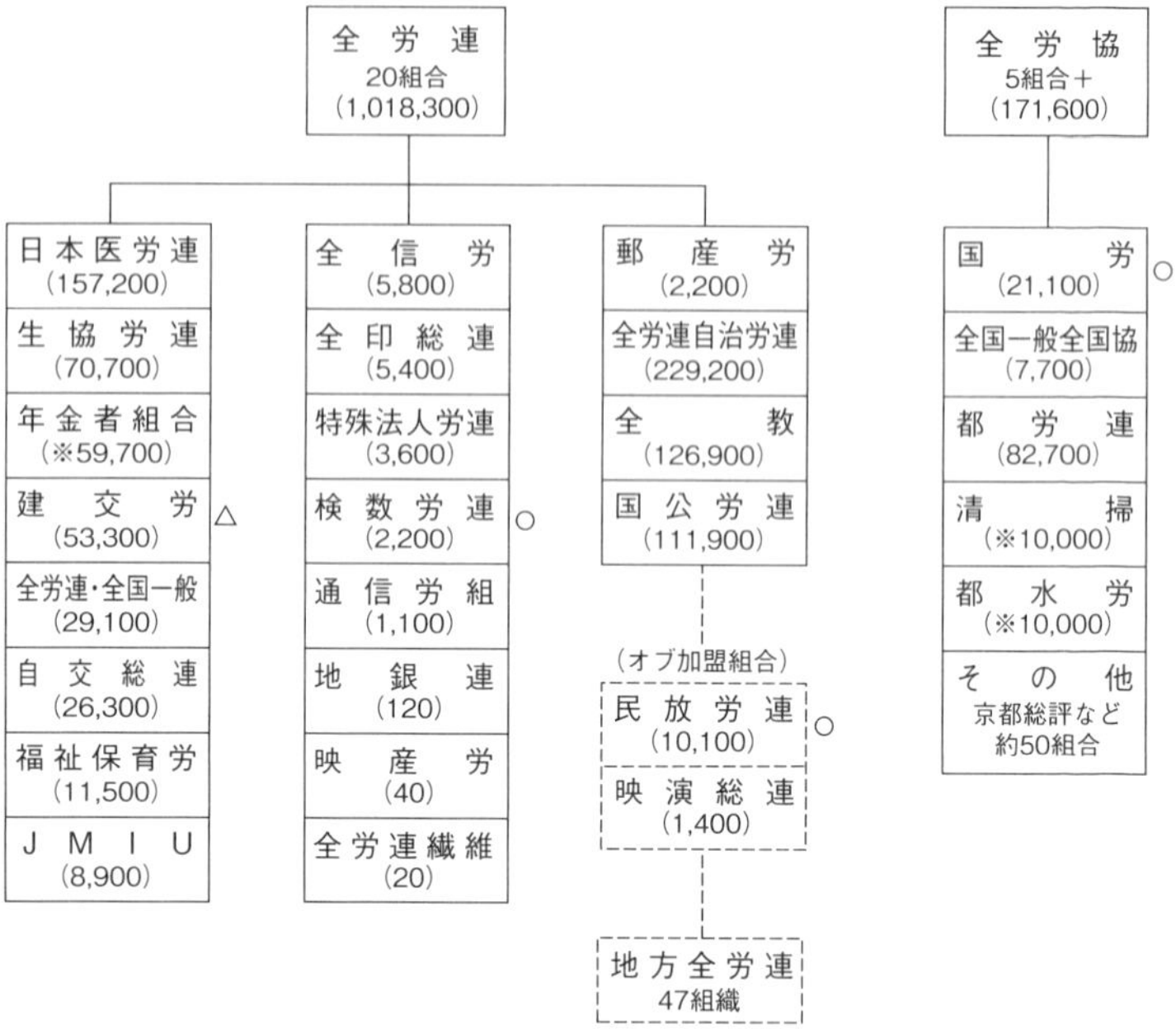


【補注】協議会・共闘組織に、単産（産業別組合）の構成組合が独自に加盟している例が多数みられるので、以下に列記する。

1　化学エネルギー鉱山労協の「化労研」は『ＵＩゼンセン同盟（連合）』の構成組合。
2　交通労協及び建設労連（オブ）加盟の「鉄公労」は、『国公連合（連合）』の構成組合。
3　交運共闘加盟の「全運輸」及び「全税関」は、『国公労連（全労連）』の構成組合。
4　全国港湾（オブ）加盟の「全日通」は、『運輸労連（連合）』の構成組合。
5　建設労連加盟の「首高労」、「農地労」及び「全開発」は『国公連合（連合）』、「都市労」及び「水資労」は『特殊法人労連（全労連）』、「全建労」及び「全港建」は、『国公労連（全労連）』のそれぞれ構成組合。
6　マスコミ労協加盟の「読売労組」「大阪読売労組」及び「読売西部」の３労組は、『新聞労連（無所属）』の構成組合。
7　全国医療及びＵＮＩ加盟協の「ＮＴＴ労組」及び「ＫＤＤＩ労組」は、ともに『情報労連（連合）』の構成組合、ＵＮＩ加盟協加盟の「日放労」は、『ＮＨＫ労連（連合）』の構成組合。
8　連合官公部門・国営企業部会、公労協、ＩＦＢＷＷ－ＪＡＣ加盟の「全林野」は、『森林労連（連合）』の構成組合。
9　連合官公部門・公務員連絡会、公務員共闘、全官公の国公総連、国税労組、政労連、全駐労、税関労連及び国交職組は『国公連合（連合）』の構成組合。
10　全大蔵労連加盟の「全たばこ」は、『フード連合（連合）』、「全財務」及び「財務職組」は、『国公総連（連合）』のそれぞれ構成組合。
11　ＩＴＦ加盟の「日航客乗」は、『航空連（無所属）』の構成組合。

○印を付けた組合は、国際自由労連系の国際産業別組織（ＩＴＳ）加盟組合
△印を付けた組合は、世界労連産業別インター加盟組合
※印は、当該組合の呼称勢力

出所）全国主要労働組合一覧　平成１５年版　（株）労務行政

# 単産のナショナルセンター別系統表

**連合**
58組合
(6,944,500)

| 組合 | 組合員数 | |
|---|---|---|
| UIゼンセン同盟 | (※790,300) | ○ |
| 自動車総連 | (698,900) | ○ |
| 電機連合 | (678,300) | ○ |
| JAM | (437,000) | ○ |
| 生保労連 | (303,200) | ○ |
| 電力総連 | (235,700) | ○ |
| 情報労連 | (233,600) | ○ |
| サービス・流通連合 | (183,700) | ○ |
| JEC連合 | (※166,400) | ○ |
| 私鉄総連 | (141,200) | ○ |
| 鉄鋼労連 | (131,200) | ○ |
| 運輸労連 | (129,900) | ○ |
| 造船重機労連 | (105,700) | ○ |
| フード連合 | (※103,200) | ○ |
| JR総連 | (74,600) | ○ |

| 組合 | 組合員数 | |
|---|---|---|
| JR連合 | (73,100) | ○ |
| 交通労連 | (72,500) | ○ |
| 損保労連 | (52,900) | ○ |
| ゴム連合 | (46,000) | ○ |
| サービス連合 | (44,700) | ○ |
| 紙パ連合 | (42,200) | ○ |
| 全自交労連 | (41,600) | ○ |
| 全国一般 | (40,600) | ○ |
| 全電線 | (36,000) | ○ |
| 海員 | (35,000) | ○ |
| 全国ガス | (28,200) | ○ |
| 航空連合 | (25,500) | ○ |
| セラミックス連合 | (21,600) | |
| 印刷労連 | (21,600) | |
| 全銀連合 | (19,300) | |

| 組合 | 組合員数 | |
|---|---|---|
| 全国農団労 | (18,500) | ○ |
| 非鉄連合 | (17,500) | ○ |
| NHK労連 | (12,800) | ○ |
| 建設連合 | (8,500) | ○ |
| 全労金 | (7,400) | |
| ヘルスケア労協 | (※6,500) | ○ |
| 全信労連 | (5,400) | |
| 労供労連 | (5,100) | |
| 労済労連 | (2,400) | |
| 全国競馬連合 | (2,300) | |
| JA連合 | (2,100) | |
| 港運同盟 | (2,000) | |
| 全造船機械 | (1,800) | |
| 炭労 | (1,100) | |
| 全映演 | (460) | |

| 組合 | 組合員数 | |
|---|---|---|
| 全逓 | (149,500) | ○ |
| 全郵政 | (87,700) | ○ |
| 森林労連 | (10,900) | |
| 全印刷 | (5,000) | ○ |
| 全造幣 | (1,100) | |
| 日林労 | (860) | ○ |
| 自治労 | (997,800) | ○ |
| 日教組 | (331,300) | ○ |
| 都市交 | (36,200) | ○ |
| 全水道 | (31,200) | ○ |
| 自治労連 | (6,900) | |
| 国公連合 | (129,500) | ○ |
| 統計労組 | (100) | ○ |

(オブ加盟組合)

| 組合 | 組合員数 | |
|---|---|---|
| 道季労 | (19,500) | |
| 医薬品労協 | (※12,900) | ○ |

(友好組織)

| 組合 | 組合員数 |
|---|---|
| 日建協 | (48,300) |
| 地方連合 | 47組織 |

## Q73 労働組合は政党の下部組織で、寄付までしているのでは

**労働組合は、政府・政党・企業から自由でなければならないと聞いていますが、給与から選挙カンパが天引きされるのはどういうことでしょうか。**

労働組合は、労働者が自分たちの労働条件をよくしようと、みずからの意思にもとづいてつくられたもので、労働者の思想信条《しそうしんじょう》に関係なく、要求にもとづいて運動をすすめるものです。組合には、いろいろな政党、市民団体、宗教団体などに入って活動している労働者や、そうしたことにまったく関心のないノンポリの労働者が加入していることはあたり前のことです。労働者の多様性を尊重して一党一派に偏《かたよ》らないで、一致する要求にもとづいて労働条件の維持改善のための運動をすすめていくことが、労働組合にとって大事な基本線といえます。

労働組合は、一つの思想信条にもとづいて政権をとることを目的に組織されている政党とは根本的に違いますし、まして、政党の下部組織ではありません。しかし、組合は、組合員がみずからの信条にもとづいて政党活動、市民活動、宗教活動などをする自由を労働者の基本的人権として守っていく必要があります。だからと言って、特定の政党・団体に所属している組合員が、その政党・団体の方針を組合に押

---

基本的人権

人間が生まれながらにして、人間であるがゆえに有する権利。国家権力により制限されない人間固有の権利。近代人権宣言における基本的人権は、国家に対する個人の自由が人権保障の中心であったが、現代国家においては、自由を内容とする個人の権利のみならず、国家に対して、国民が具体的措置を要求する権利を憲法で保障する傾向が強くなっている。日本国憲法においても、「この憲法が国民に保障する自由及び権利」（一二条）とあるから、基本的人権は、政治的権利（一五・四四・九三条等）、生存権（二五条）、教育を受ける権利（二六条）、労働基本権（二七・二八条）を包括するもの

しつけてくるようなことがあれば、断固として排除していくことも必要です。

同時に、会社の経営者が反社会的な企業行動を行なった場合には、組合としてチェック機能を果たしていく社会的責任があります。日本はそのほとんどが企業別組合のため、こうした機能がたいへん弱く、公害や薬害などで一般の市民に多くの被害をもたらしていることは、日本の労働組合の弱点として克服《こくふく》されなければなりません。

また、組合が組合員の要求にもとづき、年金改悪や医療費負担増などに反対して政治的・社会的な運動を行なっていくこともありますが、その場合には、一党一派に偏らないで自民党から共産党まですべての政党にはたらきかけて、一致する要求で政党と共同行動をしていくことが大事です。組合は、組合員の生活や社会的・経済的地位の向上のために、政党や政治をうごかして要求を実現していくことが重要です。

組合が政党に寄付をすることは法律で禁止されており、できません。労働組合法により組合は、組合費をどのように使ったのか、組合員に毎年報告することを義務づけられています。同じように、選挙のときに組合が組合員に選挙カンパを強制したり、ましてや、給与から選挙カンパを天引きするようなことはゆるされません。

選挙活動はあくまで組合員個々の政治信条にもとづいて行なうものであり、組合がタッチする問題ではありません。もし、組合が政党に寄付をしたり、選挙カンパをあつめる行為をすれば、組合員の政治信条の自由をうばう違法行為であり、組合の自殺行為であると言えます。

---

と考えられている。

歴史的には、イギリスの権利章典やフランスの人権宣言に淵源をもち、労働組合運動の発展とともに、団結権、ストフイキ権、労働権が各国でみとめられるようになった。世界人権宣言（一九四八年）や国際人権規約（一九六六年）にいう人権は、これを含んでいる（Q26を参照）。

# Q74 組合役員はみんな政党に入っているのではないですか

組合役員が特定政党の方針を組合に押しつけてくる一方で、会社の意向で組合役員が選ばれ、「御用組合」になっています。こんなことでいいのでしょうか。

これまでの日本の労働組合運動の歴史を見てくると、残念なことに、組合が組合役員の所属する政党の影響を強く受けて運営されてきている事実は否定できません。しかし、こうした弱点や弊害が、現在の「労働組合ばなれ」を引きおこしている原因の一つになっていることを直視する必要があります。

労働組合の役員は、労働組合法によって組合員の直接無記名投票で選ばれることになっています。組合員は、立候補者の経歴などを記載した選挙広報や立候補者の所信表明《しょしんひょうめい》などを見て投票するようになっています。こうして選ばれた組合役員は、最低年一回ひらかれる組合の大会（総会）で、組合員の総意によってきめられた運動方針にもとづいて活動していくことを義務づけられています。こうした労組法の規定や組合の実際の運営を考えると、組合役員が所属している政党の方針・活動と組合の方針・活動とは、なんの関係もないはずです。しかし、もし組合役員が、自分の所属する政党の方針を組合に押しつけてくるようなことがあれば、組合の正規の機関にはかり、組合員の総意にもとづいてその方針を拒否すればよいし、組合員がみずからの選挙権を行使して、そのような役員を排除することができます。

　ところが、日本の多くの組合は企業別組合であり、組合役員の選出に会社当局の意向が反映されやすい欠点をもっています。そのため、会社の思うとおりにならない組合に対しては、会社の意にそう者を組合役員に立候補させ、当選させるためにいろいろ関与することが、会社が組合を思うままに支配するための常套手段《じょうとうしゅだん》として一般化しています。

　さらに会社は、会社の意にそわない者が組合役員に当選した場合、会社の人事権を行使して転勤させるなど、組合役員になれないように人事工作してきます。こうして現在では、日本の多くの企業別組合が、会社の意にそった「御用組合」になってしまいました。こうした「御用組合」は、もはや名ばかりの労働組合でしかありません。しかし、会社の意のままにならない労働組合も数多く存在しています。このような組合に対して、会社は、「組合はアカだ」とか「組合役員はアカだ」とか言って、時代錯誤のアカ攻撃を行ない、組合弱体化をはかってきます（Q65を参照）。

　しかし、もし組合役員が政党に所属していても、それは組合としてまったく関係のないことです。組合と組合員が団結して、毅然《きぜん》と会社の攻撃をゆるさないで闘っていくことが必要です。労働組合は、資本、政党、政府から独立した、自主的な組織であり、会社の支配介入をゆるさない自立した存在として運営されなければなりません。

---

**アカ攻撃**

　日本ではいまから約六十年前の第二次世界大戦がおわるまでは、共産主義政党も労働組合運動も禁止もしくは事実上、禁止されていた。戦前は、共産党に入党しただけで牢屋にぶちこまれ、本人だけでなく家族まで迫害され、野呂栄太郎、小林多喜二など、多くのすぐれた共産党員が獄死したり、拷問によって虐殺された。戦前の天皇制・軍部ファッショ体制を守るために、天皇制や戦争に徹底して反対していた日本共産党をつぶすことが警察や軍隊の主要な仕事となり、学校教育でも「共産党員は非国民」「アカ」などのレッテルをはって、国民が共産党に近づかないように徹底した。戦後も、支配層や戦前の教育を受けた一部の人たちが再び、労働組合運動の高揚をおさえるために「組合はアカだ」「アカに近づくな」などと繰り返した。こうした労働組合や共産党に対する攻撃を「アカ攻撃」という。

## Q75 組合は選挙のとき、特定の政党や候補者を支持・推薦するのでは

労働組合が、特定政党や企業のなかからの立候補者を「組織ぐるみ選挙」として組合員に押しつけるようなことは、組合の自殺行為ではないのでしょうか。

組合員には、さまざまな思想信条の違いがあり、支持政党の違いがあるのはあたり前のことです。組合は一つの価値観でまとまるのではなく、一人ひとりの人格や多様な価値観を尊重して、運営されなければなりません。

しかし、日本ではようやく敗戦後の六十年前に、労働組合が合法的にみとめられた歴史的な経緯もあり、昔は、総評＝社会党、同盟＝民社党というように、政党と労働組合が切っても切れない関係にありました。しかも、組合が特定の政党や候補者を支持・推薦して組合員に押しつける、という大きな誤りを犯してきました。

現在でも、その悪習が「連合」などに受けつがれ、多くの組合が相変わらず、特定の政党や候補者を支持・推薦しています。

そもそも、どのような選挙でも組合に選挙権はありません。選挙で投票できるのは二十歳以上の成人で、男でも女でも、財産のあるなしにかかわらず、だれでもまったく平等に、一票を投票する権利しかありません。国民の基本的人権としての選

挙権をどんなことがあっても守るのが組合のつとめです。組合としては、組合員が選挙に関心をもつよう政党への公開質問状に取りくむなど、組合員を投票行動に向かわせる側面的な活動が必要です。しかし、だれに投票するか、その判断はあくまで組合員一人ひとりに任せておくことが重要であり、そうしないと民主主義政治は育ちません。

「企業ぐるみ選挙」といわれるように、会社が従業員に特定の政党や、特定の候補者への投票を強要するばかりか、仕事中に家庭訪問をさせるなどのひどい例も、あとを絶ちません。一九九七年（平成九年）に仙台高裁は、住宅建設会社の社長らが下請業者をあつめて酒食でもてなし、県議にあいさつさせて票の取りまとめを依頼した事件で有罪判決をくだしました。そして、議員立候補予定者も連座《れんざ》制《せい》の適用により立候補できなくなりました。この判決は、これまで大手をふって行なわれていた「企業ぐるみ選挙」をなくすうえで、画期的な判決といえます。

ましてや、組合が会社と同じように、「組織ぐるみ選挙」をやっていたのでは、その存在価値が問われます。

「革新統一候補者」なら支持・推薦してもよいのでは、という意見もありますが、特定の候補者ということではいっしょです。「革新統一候補者」の判断基準はどこにあるのでしょうか。いったいだれが判断するのでしょうか。組合員はみんな革新的な考えをもった人ばかりでしょうか。組合はあくまで、すべての選挙において、組合員一人ひとりの判断に任せ、組合員の選挙権を尊重していくことが大事です。

---

**特定政党支持**

労働組合は党派・思想・信条・信仰などにかかわりなく広く労働者が団結し、労働条件を維持・改善するための団体であるから、一定の政治的・思想的信条にもとづいて組織される政党とは根本的に組織原則や機能を異にしている。したがって、組合員の政党支持は自由であるのが原則である。しかし、日本では戦後の労働組合運動を二分してきた総評と同盟がそれぞれの大会で、総評は社会党一党支持、同盟は民社党一党支持を決定し、「機関決定による特定政党の支持」を行なってきた。この場合の支持とは、組合の政治要求と政党の政策を対比させ、その適否を検討したうえでの政党支持ではなく、その政党なるが故のいわゆる「丸抱え支持」であった。したがって、こうした「特定政党の支持」によって、国会や地方議会の選挙にあたって組合の人的・物的資源を動員し利用することは、労働組合の組織原則や機能に反するものである。

余談雑談⑫

# フジテレビ株主総会で産経新聞争議の責任を追及

反リストラ産経労（労働組合・反リストラ・マスコミ労働者会議・産経委員会）の松沢弘委員長と山口俊明書記長は、九八年六月二十六日、産経新聞社の実質的な親会社であるフジテレビの上場後初の株主総会に出席し、産経新聞社が組合潰しを狙いとして強行した、松沢委員長不当解雇事件についての責任などを追及した。議長を務めた日枝久社長は、大勢の社員株主を「総会屋」として使い、議案の審議も採決も行わずに会場から逃亡。同社の信用を失墜させて、株価が暴落するという事態まで招いた。

## 1　社員株主が議場前方三列を占拠

当日、受付け開始時間の八時半には、早くもフジテレビの社員株主およそ七〇人が会場の前方三列を占拠していた。定刻の午前十時に社長ら役員が入場してくると、一斉に拍手。とたんに異様な雰囲気が醸し出される。総会には、フジサンケイグループ代表で産経新聞社会長の羽佐間重彰・取締役相談役ら六人もの役員が欠席。出席株主は、委任状による代理人も含めて二二二人、ざっと三分の一が社員株主で占められていた。

松沢委員長と山口書記長は、あらかじめ三七項目にのぼる質問状を提出していたが、答弁に立った副社長は、総会の運営に関する要求を「議事の目的に関連していないので答えない」と切って捨てた。質問状には、①挙手者の発言をすべて保証し、誠実に回答する、②質問、意見、提案などについての発言時間を十分に保証し、討論打切りなどの強行採決を行わない、③社員株主に総会の前列を占拠させて一般株主の発言を妨害したり、威嚇したりすることのないようにする――など当然の提言が記されていた。

質問状では、「フジテレビは、産経新聞社に対して巨額の資金援助を行ってきたが、その方法、内容、目的、理由および累計額を明らかにせよ」とも要求していたが、副社長は「資金援助はやっていない」と言い切り、産経新聞の労働争議については「他社の労働争議で議題と関係ない」として回答そのものを拒否した。

## 2　日枝社長、非民主的議事運営に終始

質疑に入ると、日枝社長は、前方の社員株主ばかりを指して「やらせ質問」で時間を稼ぐというやり方に終始。一般株主で質問できたのは、松沢委員長、山口書記長を含めてわずかに四人だけで、社員株主の半分に過ぎなかった。社長のこうした非民主的なやり方に、

一般株主も強く反発、「この総会はおかしい。前方は社員株主ばかりだ。株主総会の集中日に他社と同じ時間にやるのも問題だ。昨年、フジテレビのニュースキャスターは、集中日に総会をやるようでは経営者の能力が問われるとコメントしていた」と迫った。ところが、答弁した専務は「株主総会の日取りは、決算取締役会の日から自動的に決められる。社員株主は自主的な判断で出席している」と答える始末。

## 3　産経新聞社への資金援助公表も拒む

山口書記長が「郵政省ＯＢの天下り受入れは、マスコミの良心にもとる」と質したところ、社長は「マスコミなど関係ない」とハネつけた。

松沢委員長が「フジテレビは、年間五〇～一〇〇億円の資金を、商法上、理由がつかない形で産経新聞社に援助している。今期の取引額を明らかにせよ」と迫ったのに対しても、社長は「個別の取引については答えない。質問状には十分に答えた」とわずかに二言で逃げた。

突然、社員株主らが「議事進行」と叫び出した。一般株主たちが立ち上がって「議長、議事運営についての緊急動議」と大声で提案したが、社長は急に「皆様、異議ありませんか」と言って、シャニムニ議事を進行させようとする。社員株主の「異議なし」の怒声と、一般株主の「異議あり」の声が交錯する。社長が何を言っているのか全く聞こえない混乱状態となった。社員株主らが松沢委員長や山口書記長の席に押しかけて力ずくでカメラを奪おうとしたり、小突きまわしたりする。「オマエら社員総会屋か」と会場からきびしい抗議の声が浴びせられた。混乱が続くなかで、社長が唐突に「総会はすべて終了」と宣言。議案はまったく審議されず、採決されることもなかった。社長らは、逃げるように会場を去った。

## 4　総会は不成立、商法違反の疑いも

「総会は成立していない。商法違反だ。株主代表訴訟をやるからな」――一般株主たちの抗議の声が響く。

「私は、企業の総務担当なので、勉強のため、いろいろな会社の総会に出席していますが、こんなヒドイ総会は初めてです。マスコミだから、模範になるようなキチンとした総会をやると思ってきたのですが、産経への資金供与は背任の疑いもありますね」との感想をもらす人もいた。大手企業の元総務部長も「これでは、商法改正前の総会と同じだ。違うのは総会屋の代りを社員株主が務めている点だけ。社会を批判し、あるべき姿を追求する使命をもつマスコミは、株主総会でもあるべき姿を示す義務があるはずだ」と批判する。

〔反リストラ産経労・委員長　松沢弘〕

現代の企業は企業集団なので親会社などとも闘う必要がある（産経新聞争議でのフジテレビへの抗議行動で、95年11月16日）

# 資料

# 資料1

# 労働組合の規約モデル

**第一条（名称および事務所）** 本組合は○○○労働組合（以下単に組合という）〔管理職組合の場合＝○○○管理職組合〕と称し、事務所を東京都○○区○○町○丁目○番○号に置く。

**第二条（組合員の範囲）** この組合は、○○○株式会社の従業員ならびに組合が承認した者によって組織する。〔管理職組合の場合＝この組合は○○○株式会社の管理職（管理職資格者を含む）で組織する。ただし、使用者の利益を代表する者は含めないものとする。〕

**第三条（目的および活動）** この組合は、組合員の団結と総意に基づき、組合員の生活と雇用を守るとともに、労働条件の維持改善、経済的社会的地位の向上〔管理職組合の場合＝管理職としての地位ならびに職務の遂行に必要な権利の拡大向上〕、経営の民主化を目的として、その目的の達成に必要な活動を行なう。

**第四条（事業）** 組合は前条の目的を達成するために次の事業を行なう。

(1) 組合員の労働条件の維持改善に関すること

(2) 組合員の福祉増進と文化的地位の向上に関すること

(3) 労働協約の締結、改定および経営民主化に関すること

(4) 同一目的を有する団体との協力、提携に関すること

(5) その他、組合の目的達成に必要なこと

**第五条（平等の原則）** 何人も、人種、信条、宗教、性別、門地、身分または職務上の地位、その他のいかなる場合においても組合員たる資格を奪われることなく組合のすべての問題に参与し、平等の取り扱いを受ける権利を有する。

**第六条（権利）** 組合員は組合規約に定める役員その他の組合を代表するすべての役職に対する選挙権ならびに被選挙権を有する。また、組合の機関ならびに役員の行動について報告を求め、意見を陳述する言論の自由、ならびに組合員の総意に反して行動した組合の機関ならびに役員を必要な手続きに基づいて弾劾し、罷免する権利を有する。

**第七条（義務）** 組合員は組合の規約、方針ならびに機関の決定

を遵守し、協力するとともに、会議に出席して議決に参加する義務を負う。また、規約に定めた組合費および機関で決定した費用を納める義務を負う。

**第八条（機関）** 組合に次の機関を置く。

(1) 大会
(2) 中央委員会
(3) 執行委員会

**第九条（大会）** 大会は組合の最高決議機関として規約、方針など組合の目的達成に必要な重要事項について審議決定する。

二　大会は組合員全員の参加により年一回定期に開催する。また、執行委員会、中央委員会が必要と認めたとき、組合員の三分の一以上から連署により理由を明らかにして請求があったときは、〇〇日以内に臨時大会を開催する。

三　大会の招集は、執行委員会の議をへて執行委員長が行なう。

**第一〇条（中央委員会）** 大会に次ぐ組合の決議機関として中央委員会を置き、必要に応じて開催する。

二　中央委員会の構成については別に定める。

三　中央委員会の招集は、執行委員会の議をへて執行委員長が行なう。

**第一一条（執行委員会）** 執行委員会は組合の執行機関として大会および中央委員会の決議事項を処理するとともに、組合の日常運営にあたる。

二　執行委員会は、執行委員長、執行副委員長、書記長、会計および執行委員で構成し、月一回定期に、また必要に応じて臨時に開催する。

**第一二条（専門部）** 執行委員会のもとに次の専門部を置く。

(1) 組織部
(2) 教育宣伝部
(3) 調査部
(4) 文化厚生部

**第一三条（成立ならびに議決）** 組合のすべての会議は構成員の過半数の出席により成立し出席者の過半数の賛成により議決する。ただし、組合規約の改廃については組合員の直接無記名投票による過半数の賛成、組合の解散については組合員の四分の三以上の賛成を必要とする。

**第一四条（役員）** 組合に次の役員を置く。

(1) 執行委員長　一名
(2) 執行副委員長　若干名
(3) 書記長　一名
(4) 会計　一名
(5) 執行委員　若干名
(6) 会計監査　二名

**第一五条（役員の職務）**

(1) 執行委員長　組合を代表し、業務を統括する

(2) 執行副委員長　執行委員長を補佐し、執行委員長事故あるときはその職務を代行する
(3) 書記長　組合の日常業務を処理し、統括する
(4) 会計　組合財政を司る
(5) 執行委員　組合業務を執行する
(6) 会計監査　執行機関から独立して、組合の会計業務を監査し、定期大会に報告する

**第一六条（選出ならびに任期）**　役員の選出は組合員の直接無記名投票により行なう。

二　役員の任期は定期大会から定期大会までの一年間とし、再選を妨げない。

**第一七条（同盟罷業）**　同盟罷業は組合員の直接無記名投票による過半数の賛成により開始する。

**第一八条（統制）**　組合員が組合の目的に反する重大な行為をしたときは別に定める統制委員会の審査を経て大会の決議により、除名、権利の停止、役員の解任、戒告の処分を行なう。

**第一九条（権利の喪失）**　組合員が脱退しまたは除名されたときは、この組合に関するいっさいの権利を失う。

**第二〇条（加入および脱退）**　規約ならびに方針を承認して組合に加入しようとする者は所定の加入申込書により届け出で、執行委員会の承認により組合員の資格を取得する。

二　組合を脱退しようとする者は理由を明らかにして所定の脱退届出書を執行委員会に提出し、その承認を得なければならない。

**第二一条（財政）**　組合の財政は次の各号によって徴収する加入金、組合費および寄付金、その他の収入により運営する。

(1) 加入金　円
(2) 月次組合費　円
(3) 一時金組合費　円

なお、大会で必要と認められたときは臨時に組合費を徴収することができる。

二　会計年度は、○月○日より翌年○月○日までとする。

**第二二条（会計報告および会計監査）**　執行委員会は毎年一回、主要な寄付者の氏名ならびに現在の経理状況を示す会計報告書を作成して会計監査の監査を受け、組合員によって委嘱された職業的に資格のある会計監査人による正確であることの証明書を添えて、定期大会において報告しなければならない。

**第二三条（財産管理および返還禁止）**　組合財産の管理は執行委員会が責任を負い、何人に対してもこれを返還しない。

**第二四条（規約の改廃）**　この規約の改廃は大会で行なう。

**第二五条（実施）**　この規約は一九〇〇年〇月〇〇日より実施する。

## 資料2

# 伊勢丹の三六協定書

**第一条**　この協定にいう時間外労働とは、所定就業時間を超えて労働する場合をいい、休日労働とは所定の休日に出勤して勤務する場合の労働をいう。

**第二条**　会社は、この規定の時間外労働および休日労働の事由ならびに制限時間の範囲内において必要最少限にとどめ、もって従業員の労働力の安定および健康の維持に努めなければならない。

**第三条**　上長は、時間外労働をさせる場合は原則として二日前までに（二日前が休日に当たる人は前日朝礼時までに）、休日労働をさせる場合は原則として三日前までにその具体的事由および予定時間を当該労働に従事する者に示し、でき得る限り本人の事情を斟酌して行なうと共に不利益な取扱いをしない。

**第四条**　時間外労働および休日労働の具体的事由は別表の通りとする。

——各部門別に具体的に定める——

**第五条**　会社が前条により時間外労働をさせることのできる時間は左記の範囲とする。

女子の場合

一、（早出）午前八時より午前九時四五分に至る一時間四五分

二、（残業）所定の終業時刻より午後八時一〇分まで。但し、所定終業時刻が午後五時四五分の場合は午後七時四五分まで

男子の場合

一、（早出）午前八時より午前九時四五分に至る一時間四五分

二、（残業）所定の終業時刻より午後一〇時まで。但し、業務の都合により必要やむを得ず前項に定める男子の制限時間を超えて早出または深夜勤務を行なわせた場合は事後速かに会社は組合に通告する。

**第六条**　定休日の前日は、次の業務を除き原則として時間外労働は行なわない。

一、店内外の警備、保安業務

二、顧客の送迎、案内、診療所における顧客の救護、シャッター降下およびお預かり品お渡し

三、昇降機保守作業
四、電話交換、放送および保守作業
五、電気、機関の保守作業
六、戸締点検に伴う業務
七、売上金納金、受入れ
八、接客および接客に伴う付帯業務（付帯事項、本項の付帯業務は金銭の受渡しと接客に伴う伝票の処理および商品の整頓）
九、納品車整理
但し、定休日前日必要やむを得ざる場合に限り、次の業務については時間外労働を認める。
(1) 三〇分以内に終了できる投げ込み台、ケース、パイプ内にある商品の整理整頓
(2) 苦情処理に伴う緊急の外出
(3) 緊急を要する商品のお届け
(4) その他とくに組合と協議したもの

**第七条** 定休日の翌日は次の業務を除き早出は行なわない。
一、関係官庁よりの施設、検査立会い
二、納品車整理
但し、定休日の翌日必要やむを得ざる場合に限り、次の業務については早出の時間外労働を認める。
(1) 緊急を要する受注のための外出
(2) 緊急を要する直納
(3) その他とくに組合と協議したもの

**第八条** 前条にかかわらず、会社は毎朝定期的に行なわれる短時間業務として、次の早出業務を行なわせる。
――所属別に業務内容、人員を定める――

**第九条** 会社が第四条により休日労働をさせることのできる（女子を除く）時間は原則として所定就業時間内とする。
但し、特別の事由あるときは就業時間を超えて労働させることがある。

**第一〇条** 会社は休日の宿直勤務該当者および休日（定休日、各個休日）の前日の宿直勤務該当者については各当該日の休日労働を行なわせない。

**第一一条** 時間外労働および休日労働は、次の業務を除き組合集会の日に行なわない。
但し、非組合員を除く、
一、店内外の警備、保安業務、戸締点検
二、顧客の送迎、案内、診療所における顧客の救護および昇降機のシャッター降下
三、昇降機保守作業
四、電話交換および放送業務
五、電気、機関の保守作業
六、売上金納金、受入れ

七、その他とくに組合の同意したもの

**第一二条**　この協定の有効期間中における時間外労働は下記の時間を超えてはならない。

――所属別、月別に具体的に定め、所属と異なる制限時間を適用する特定個人についても定める――

**第一三条**　前条の規定にかかわらず男子の時間外労働については、一週間につき一ヵ月の制限時間の三分の一を越えてはならない。

**第一四条**　この協定の有効期間中における男子の休日労働（各個休日の休日出勤を含む）は下記の時間を超えてはならない。

一、□月中は通算八時間

二、□月中は通算八時間

三、□月中は通算八時間

**第一五条**　前条の規定にかかわらず、下記の担当の男子の休日労働（各個休日の休日出勤を含む）は下記の時間を超えてはならない。

――所属別、月別に具体的に定め、所属と異なる制限時間を適用する特定個人についても定める――なお、この場合、月一人二回以内とする。

但し、やむを得ず三回以上に及ぶ場合は事前に会社、組合協議決定する。

**第一六条**　業務の都合により必要やむを得ず第一二条～一五条に定める制限時間を超える時はその都度事前に会社は組合と協議決定する。

なお、会社はかかる事態の起らぬよう十分指導しなければならない。

**第一七条**　当番勤務は第一六条、第一一条の規定にかかわらず行なうものとする。また、当番勤務の時間は第一二条に定める制限時間の枠外とする。

**第一八条**　この協定の有効期間は昭和□□年□月□□日より昭和□□年□月□□日までとする。

## 資料３　ユニオンのホームページ

多くのユニオンがインターネット上にホームページを持ち、組合員向けに、また労働問題をかかえる労働者向けにさまざまな情報提供を行っている。ここでは東京管理職ユニオンのホームページを参考に、メニューから具体的な内容や利用法について紹介する。

「ユニオンとは」

ユニオンの活動全般についての案内。一般にそれぞれのユニオンごとの特色が述べられている。

「リストラ対応マニュアル」

一番相談者の多い会社からのリストラ関連攻撃に対して、労働者はどのように対応すべきかをケースごとに紹介。

「ユニオン原則」

ユニオンの基本運動方針の表明。ちなみに東京管理職ユニオンは個別の争議に関して「指導も救済もしない」との方針を掲げ、組合員の自己決定責任を前面に押し出している。

また日常の活動では、組合員による相談活動の重要性について述べている。

「スケジュール」

主として組合員向けの活動スケジュール。

「相談事例紹介」

具体的なトラブルについての相談内容と解決に至る対応等を参考例として紹介している。

「相談」

従来は来所、あるいは電話による相談のみの対応であったが、電子メールによる相談が可能となり、遠隔地からの相談も増えてきている。

ホームページURL：http://www.mu-tokyo.ne.jp/

| 名　　称 | 所　在　地 | 電話・FAX |
|---|---|---|
| ・西湘地域県政総合センター労働課 | 小田原市荻窪 350-1 | 0465-32-8000 |
| ・足柄上地域県政総合センター労働課 | 足柄上郡開成町吉田島 2489-2 | 0465-83-5111 |
| 愛知県産業労働部労働福祉課（労働相談コーナー） | 名古屋市中区三の丸 3-1-2　県西庁舎 | 052-954-6375 |
| ・尾張事務所産業労働課 | 名古屋市中区三の丸 2-6-1 県三の丸庁舎 | 052-961-8070 |
| 労働分室（一宮労働コーナー） | 一宮市若竹 3-1-12　県一宮勤労福祉会館 | 0586-81-6103 |
| ・海部事務所産業労働課 | 津島市西柳原町 1-14　県海部総合庁舎 | 0567-24-6104 |
| ・知多事務所産業労働課 | 半田市出口町 1-36　県知多総合庁舎 | 0569-22-4300 |
| ・西三河事務所産業労働課 | 岡崎市明大寺本町 1-4　県西三河総合庁舎 | 0564-26-6100 |
| ・豊田加茂事務所産業労働課 | 豊田市元城町 4-45　県豊田加茂総合庁舎 | 0565-32-6119 |
| ・新城設楽事務所産業労働課 | 新城市字石名号 20-1　県新城設楽総合庁舎 | 05362-3-6104 |
| ・東三河事務所産業労働課 | 豊橋市八町通 5-4　県東三河総合庁舎 | 0532-55-6010 |
| 大阪府総合労働事務所 | 大阪市中央区石町 2-5-3　府立労働センター南館 3 階 | 06-6946-2605 |
| ・北大阪センター | 豊中市新千里東町 1-2-4　信用保証ビル 6 階 | 06-6872-3030 |
| ・南大阪センター | 堺市北区長曽根町 130-23 堺商工会議所会館 5 階 | 072-258-6533 |
| 福岡県労働局生活労働部労働政策課 | 福岡市博多区東公園 7-7 | 092-622-1004 |
| 福岡県労働福祉事務所 | | |
| ・福岡労働福祉事務所 | 福岡市中央区赤坂 1-8-8　福岡西総合庁舎 | 092-735-6149 |
| ・北九州労働福祉事務所 | 北九州市小倉北区城内 7-8　小倉総合庁舎 | 093-592-3516 |
| ・筑後労働福祉事務所 | 久留米市合川町 1642-1　久留米総合庁舎 | 0942-30-1034 |
| ・筑豊労働福祉事務所 | 飯塚市新立岩 8-1　飯塚総合庁舎別館 2 階 | 0948-22-1149 |

| | | | |
|---|---|---|---|
| 佐賀県労働組合総連合 | 佐賀市神野東 4-12-12　ハラダビル 1 F | 0952-30-7626 | 0952-32-1028 |
| 長崎県労働組合総連合 | 長崎市桜町 5-7　宮崎ビル 3 F | 095-828-6176 | 095-832-8045 |
| 熊本県労働組合総連合 | 熊本市神水 1-30-7　コモン神水内 | 096-384-2942 | 096-384-2957 |
| 大分県労働組合総連合 | 大分市東浜 1-4-10　東浜ビル 201 | 097-556-3420 | 097-556-6551 |
| 宮崎県労働組合総連合 | 宮崎市大和町 134-2 | 0985-22-6829 | 0985-32-6830 |
| 鹿児島県労働組合総連合 | 鹿児島市真砂町 86-9　辻ビル 2 F | 099-259-0321 | 099-255-3454 |
| 沖縄県労働組合総連合 | 那覇市旭町 8 | 098-869-8645 | 098-869-8647 |

## ❺弁護士関係

| 名　　称 | 所　在　地 | 電話・FAX |
|---|---|---|
| 日本弁護士連合会（日弁連） | 東京都千代田区霞が関 1-1-3 | TEL 03-3580-9841 |
| 法テラス（日本司法支援センター本部） | （東京都千代田区九段北 4-2-6 市ヶ谷ビル 6 階） | TEL 0570-078374<br>（おなやみなし） |
| 日本労働弁護団 | 東京都千代田区神田駿河台 3-2-11<br>総評会館内 | TEL 03-3251-5363<br>FAX 03-3258-6790 |
| 自由法曹団 | 東京都文京区小石川 2-3-28<br>DIK マンション小石川 201 | TEL 03-3814-3971 |
| 日本民主法律家協会 | 東京都中央区京橋 2-1-11 宝友ビル | TEL 03-3567-9740<br>FAX 03-3567-9756 |

## ❻労政（主管）事務所関係

| 名　　称 | 所　在　地 | 電話 |
|---|---|---|
| 東京都産業労働局労働部労働環境課 | 新宿区西新宿 2-8-1 都庁第一本庁舎 31 F | 03-5320-6110 |
| 東京都労働相談情報センター | | |
| ・飯田橋事務所 | 千代田区飯田橋 3-10-3　東京しごとセンター 9F | 03-5211-2346 |
| ・大崎事務所 | 品川区大崎 1-11-1<br>ゲートシティ大崎ウェストタワー 2F | 03-3495-6110 |
| ・池袋事務所 | 豊島区東池袋 4-23-9 | 03-5954-6110 |
| ・亀戸事務所 | 江東区亀戸 2-19-1　カメリアプラザ 7F | 03-3637-6110 |
| ・国分寺事務所 | 国分寺市南町 3-22-10 | 042-321-6110 |
| ・八王子事務所 | 八王子市明神町 3-5-1 | 0426-45-6110 |
| 神奈川県商工労働部労政福祉課 | 横浜市中区日本大通 1 | 045-210-5739 |
| 神奈川県労働センター | | |
| ・横浜労働センター | 横浜市中区寿町 1-4 | 045-633-6110 |
| ・川崎労働センター | 川崎市高津区溝の口 1-6-12 | 044-833-3141 |
| 横須賀三浦地域県政総合センター労働課 | 横須賀市日の出町 2-9-19 | 046-823-0427 |
| ・湘南地域県政総合センター労働課 | 平塚市西八幡 1-3-1 | 0463-22-2711 |
| ・県北地域県政総合センター労働課 | 相模原市富士見 6-5-8 | 042-755-1121 |
| ・県央地域県政総合センター労働課 | 厚木市水引 2-3-1 | 046-224-1111 |

| | | | |
|---|---|---|---|
| 群馬県労働組合会議 | 前橋市本町 3-9-10 群馬県労働センター | 027-221-2093 | 027-221-8509 |
| 埼玉県労働組合連合会 | さいたま市浦和区高砂 3-10-11<br>第 1 木村ビル | 048-838-0771 | 048-838-0775 |
| 千葉県労働組合連合会 | 千葉市中央区長洲 1-10-8<br>自治体福祉センタービル 3F | 043-225-5576 | 043-221-0138 |
| 東京地方労働組合総連合 | 東京都豊島区南大塚 2-33-10<br>東京労働会館内 | 03-3943-6461 | 03-3943-6471 |
| 神奈川県労働組合総連合 | 横浜市中区桜木町 3-9<br>横浜平和と労働会館 7F | 045-212-5855 | 045-212-5745 |
| 新潟県労働組合総連合 | 新潟市西堀通 3-799 カメリア 207 | 025-222-2275 | 025-229-5116 |
| 山梨県労働組合総連合 | 甲府市朝日 5-7-2<br>山梨平和と労働会館内 | 055-252-3807 | 055-252-5490 |
| 長野県労働組合連合会 | 長野市高田 276-8　県労連会館 | 026-223-1683 | 026-227-1783 |
| 富山県労働組合総連合 | 富山市豊田町 1-128-11 | 076-433-5850 | 076-433-4750 |
| 石川県労働組合総連合 | 金沢市昭和町 5-13　国労北陸会館 1 F | 076-231-3199 | 076-264-2442 |
| 福井県労働組合総連合 | 福井市勝見 3-16-9　辻ビル 2 F | 0776-27-3660 | 0776-27-3673 |
| 岐阜県労働組合総連合 | 岐阜市西野町 6-25　早川ビル 2 F | 058-252-3013 | 058-253-4996 |
| 静岡県労働組合評議会 | 静岡市駿河区稲川 2-2-1 | 054-287-1293 | 054-286-7973 |
| 愛知県労働組合総連合 | 名古屋市熱田区沢下町 9-7<br>労働会館東館 3 階 | 052-871-5433 | 052-871-5618 |
| 三重県労働組合総連合 | 津市垂水 609-1　かねますビル 3 階 | 059-223-2615 | 059-223-4495 |
| 滋賀県労働組合総連合 | 大津市島の関 7-8 | 077-521-2536 | 077-521-2534 |
| 京都地方労働組合総評議会 | 京都市中京区壬生仙念町 30-2<br>ラポール京都 6F | 075-801-2308 | 075-812-4149 |
| 全大阪労働組合総連合 | 大阪市北区錦町 2-2 国労大阪会館 1 F | 06-6353-6421 | 06-6353-6420 |
| 兵庫県労働組合総連合 | 神戸市中央区栄町通 3-6-7<br>大栄ビル 1003 | 078-335-3770 | 078-335-3830 |
| 奈良県労働組合連合会 | 奈良市西木辻町 200-27　新谷ビル 2 F | 0742-26-7135 | 0742-27-3314 |
| 和歌山県地方労働組合評議会 | 和歌山市湊通り丁南 1-1-3　名城ビル | 073-436-3520 | 073-436-3554 |
| 鳥取県労働組合総連合 | 鳥取市西町 3-101-2　岸根ビル 2 F | 0857-21-3171 | 0857-21-3172 |
| 島根県労働組合総連合 | 松江市母衣町 55　島根県教育会館 2 F | 0852-31-3396 | 0852-21-8998 |
| 岡山県労働組合会議 | 岡山市春日町 5-6<br>岡山勤労者福祉センター内 | 086-221-0133 | 086-221-3595 |
| 広島県労働組合総連合 | 広島市東区光町 2-9-24<br>広島ロードビル 2 F | 082-262-1550 | 082-261-5059 |
| 山口県労働組合総連合 | 山口市中央 4-3-3　山口県労働会館 2 F | 083-932-0465 | 083-932-0412 |
| 徳島県労働組合総連合 | 徳島市川内町 鶴島 115　黄金ビル 1 F | 088-665-6644 | 088-665-2117 |
| 香川県労働組合総連合 | 高松市福田町 8-10　高松民主会館 3 F | 087-822-8201 | 087-822-8202 |
| 愛媛地方労働組合連合会 | 松山市三番町 8-10-2<br>愛媛自治労連会館 3 F | 089-945-4526 | 089-945-8195 |
| 高知県労働組合連合会 | 高知市丸ノ内 2-1-10<br>高知城ホール 3 F | 088-872-3406 | 088-822-7969 |
| 福岡県労働組合総連合 | 福岡市南区清水 1-22-9<br>福建労会館 4 F | 092-551-5390 | 092-551-5420 |

| | | | |
|---|---|---|---|
| せんしゅうユニオン | 大阪府和泉市池上町 547 | 0725-45-8106 | 0725-45-5697 |
| 在日高麗労働者連盟 | 大阪市天王寺区東上町 7-6 あおいビル 2 F | 06-6773-1986 | 06-6773-1814 |
| 北葛ふれあいユニオン | 奈良県香芝市瓦口 2001 | 0745-78-7740 | (FAX 共用) |
| ユニオンあしや | 兵庫県芦屋市親王塚町 1-4-103 | 0797-23-8110 | 0797-32-4095 |
| 労働組合武庫川ユニオン | 兵庫県尼崎市東難波町 4-18-23 尼崎市立労働センター内 | 06-6481-2341 | 06-6481-4727 |
| 神戸ワーカーズユニオン | 神戸市中央区雲井通り 1-1-1 ツイン雲井 215 | 078-232-1838 | 078-232-1839 |
| あかし地域ユニオン | 兵庫県明石市相生町 2-7-12 勤労福祉会館明石地労協内 | 078-912-2797 | (FAX 共用) |
| 姫路ユニオン | 姫路市東延末 1-64 | 0792-88-1734 | (FAX 共用) |
| 紀ノ川ユニオン | 和歌山市雑賀屋町 9 宮田ビル 2F 和歌山地区労センター内 | 073-422-7024 | 073-425-4170 |
| 香川ふれあいユニオン | 香川県高松市丸の内 7-18 | 087-851-3522 | 087-822-9688 |
| えひめユニオン(愛媛地域合同労働組合) | 愛媛県松山市朝日ヶ丘 2-9-50 | 089-924-2497 | 089-923-0733 |
| 地域ユニオンとっとり | 鳥取市立川町 5-240-3 | 0857-24-4270 | 0857-24-6872 |
| 女性・地域ユニオンおかやま | 岡山市春日町 5-6 勤労福祉センター地区労内 | 086-225-2023 | (FAX 共用) |
| 広島連帯ユニオン | 広島市安佐南区八木 4-2-5 | 082-873-1446 | 082-873-1475 |
| スクラムユニオン・ひろしま | 広島市東区二葉の里 1-13-16 | 082-264-2310 | (FAX 共用) |
| 連合福岡ユニオン | 福岡市博多区店屋町 6-5 小松ビル 1F | 092-273-2114 | 092-273-2160 |
| 大分ふれあいユニオン | 大分市今津留 1-18-2 ふれあい会館内 | 097-551-7574 | 097-551-7652 |
| 連合宮崎コミュニティユニオン | 宮崎市別府町 3-9 労働福祉会館 3 階 | 0985-26-4649 | 0985-26-4923 |
| 姶良(あいら)ユニオン | 鹿児島県姶良郡加治木町本町 403 有明ビル 2 階 | 0995-63-1700 | 0995-63-1701 |

## ❹全労連地方組織関係

| 名　　称 | 所　　在　　地 | 電話番号 | ＦＡＸ番号 |
|---|---|---|---|
| 北海道労働組合総連合 | 札幌市白石区菊水 3 条 3-2-17 | 011-815-8181 | 011-815-4545 |
| 青森県労働組合総連合 | 青森市大野字若宮 165-19 | 017-762-6234 | 017-729-2186 |
| 岩手県労働組合連合会 | 盛岡市本町通り 2-1-36 浅沼ビル 5F | 019-625-9191 | 019-654-5092 |
| 宮城県労働組合総連合 | 仙台市青葉区五橋 1-5-13 平和友好会館 1F | 022-211-7002 | 022-211-7004 |
| 秋田県労働組合総連合 | 秋田市中通 7-2-21 国労会館内 | 018-834-1808 | 018-834-1816 |
| 山形県労働組合総連合 | 山形市香澄町 1-14-7 アーバン最上 2F | 023-615--2172 | 023-615-2173 |
| 福島県労働組合総連合 | 福島市五月町 2-5 一番丁ビル | 024-522-3097 | 024-522-3102 |
| 茨城県労働組合総連合 | 茨城県東茨城郡茨城町谷田部 295 茨城労働福祉センター内 | 029-219-1031 | 029-219-1032 |
| 栃木県労働組合総連合 | 宇都宮市八千代 2-3-9 | 028-684-5317 | 028-645-5261 |

| | | | |
|---|---|---|---|
| 神奈川シティユニオン | 川崎市幸町 2-684-1 | 044-555-3362 | 044-555-3362 |
| なのはなユニオン | 千葉市中央区本千葉町 10-23 DIK マンション 906 号社会科学研究所気付 | 043-227-3860 | 043-224-5682 |
| 江戸川ユニオン | 東京都江戸川区中央 4-12-14 | 03-3651-7300 | 03-3674-2723 |
| すみだユニオン | 東京都墨田区押上 1-24-3 押上小宮ビル 301 | 03-3829-5029 | 03-3829-3390 |
| ふれあい江東ユニオン | 東京都江東区亀戸 7-8-9 松甚ビル 2F | 03-3638-3366 | 03-5626-2423 |
| 千代田ユニオン | 東京都千代田区三崎町 2-2-13 三崎信愛ビル 502 現代思想社気付 | 03-3261-1128 | 03-3238-0797 |
| 東京ユニオン | 東京都新宿区西新宿 7-22-18 オフィスKビル 1 F | 03-5338-1266 | 03-5338-1267 |
| 北部パートユニオン | 東京都豊島区南池袋 3-13-16 連合西北部地協内 | 03-5911-0510 | 03-5911-0303 |
| よこはまシティユニオ | 横浜市鶴見区豊岡町 20-9 サンコーポ豊岡 505 | 045-575-1948 | (FAX 共用) |
| 連合かながわ・横浜勤労者ユニオン | 横浜市磯子区中原 1-1-28 県労働総合センター内 | 045-383-3315 | 045-774-8075 |
| 女のユニオン・かながわ | 横浜市神奈川区青木町 2-1-613 | 045-451-3776 | 045-451-6967 |
| 神奈川県央コミュニティ・ユニオン | 神奈川県相模原市中央 3-6-6 トーエイビル 302 | 042-768-8455 | 042-768-8808 |
| 山梨ユニオン | 甲府市相生 2-7-17 労農福祉センター内 | 055-235-3161 | 055-232-4423 |
| まつもとユニオン(長野一般) | 長野県松本市中央 4-7-22 松本地区労働組合会議内 | 0263-33-9513 | 0263-33-6000 |
| 名古屋ふれあいユニオン | 名古屋市中区正木 4-8-8 メゾン金山 711 号室 | 052-679-3079 | 052-679-3080 |
| ユニオンなごや | 名古屋市中区千代田 3-32-8 七本松団地 230 | 052-323-9204 | (FAX 共用) |
| 静岡ふれあいユニオン | 静岡市葵区柳町 16-1 | 054-271-7302 | 054-271-7339 |
| 女のユニオン・にいがた | 新潟市関谷下川原 2-18 | 025-231-3188 | (FAX 共用) |
| 富山県地域合同労働組合 | 富山県高岡市本丸町 7-1 | 0766-22-4649 | 0766-22-3974 |
| ユニオン・みえ | 津市桜橋 3-444 | 059-225-4088 | 059-225-4402 |
| きょうとユニオン | 京都市南区東九条上御霊町 64-1 アンビシャス梅垣ビル 1 階 | 075-691-6191 | 075-691-6145 |
| ユニオンとうなん | 大阪市東住吉区中野 4-8-5 | 06-6708-2730 | 06-6708-2732 |
| 連合大阪地方ユニオン | 大阪市中央区北浜東 3-14 府立労働センター 11 F | 06-6944-1105 | 06-6944-0055 |
| おんな労働組合(関西) | 大阪市北区天満 3-5-3 大宝北天満ロイヤルハイツ 406 | 06-6354-2270 | (FAX 共用) |
| 北摂地域ユニオン | 大阪市北区堂山町 8-13 堂山ビル 4 階 | 06-6315-7804 | (FAX 共用) |
| 労働組合北大阪ユニオン | 大阪市北区堂山町 8-13 堂山ビル 4F | 06-6315-7667 | (FAX 共用) |
| ユニオンおおさか | 大阪市港区築港 1-12-27 | 06-6575-3133 | 06-6575-3134 |
| ユニオンひごろ | 大阪市中央区内本町 1-2-13 ばんらいビル 602 市民オフィス内 | 06-6942-0219 | 06-6942-0278 |

| | | |
|---|---|---|
| 全統一労働組合 | 東京都台東区上野 1-1-12　新広小路ビル 5F | TEL 03-3836-9061<br>FAX 03-3836-9077 |
| 全国一般埼京ユニオン | さいたま市浦和区針ヶ谷 3-6-1 植木ビルC号 | TEL 048-835-2730<br>FAX 048-835-2731 |
| 日本電気計器検定所<br>労働組合 | 東京都港区芝浦 4-15-7 | TEL 03-3451-1596<br>FAX 03-3451-4712 |
| 全国一般労働組合<br>東京なんぶ | 東京都港区新橋 5-17-7　新橋小林ビル 2F | TEL 03-3434-0669<br>FAX 03-3433-0334 |
| 神奈川シティユニオン | 川崎市幸区幸町 2-684-1 | TEL 044-555-3411<br>FAX 044-555-3362 |
| 全日本造船機械労働組 | 横浜市鶴見区豊岡町 20-9<br>サンコーポ豊岡 505 | TEL 045-575-1948<br>(FAX 共用) |
| 静岡ゼネラルユニオン | 静岡県焼津市中港 1-2-3 | TEL 054-628-3084<br>FAX 054-627-9717 |
| 大阪ユニオンネットワーク | 大阪市北区天満 2-1-17　金屋町ビル 305 | TEL 06-6355-3101<br>FAX 06-6352-9630 |

### ❸コミュニティ・ユニオン全国ネットワーク（全国ネット）

| 名　　称 | 所　　在　　地 | 電話番号 | ＦＡＸ番号 |
|---|---|---|---|
| 稚内パートユニオン | 稚内市中央 4-11-6　稚内市立病院内 | 0162-23-2771 | 0162-24-1078 |
| 旭川パートユニオン連絡会 | 旭川市４条西６丁目　道北労福センター内 | 0166-24-9015 | (FAX 共用) |
| 帯広市嘱託職員労働組合 | 帯広市西５条南７丁目 | 0155-24-4768 | 0155-26-0131 |
| 札幌ウイメンズユニオン | 札幌市中央区北１条西 23 丁目 1-13<br>ＤＲＭビル２階 | 011-622-6404 | (FAX 共用) |
| 札幌地域労働組合 | 札幌市北区北６条西７丁目<br>自治労会館３階 | 011-756-7790 | 011-756-7792 |
| 札幌パートユニオン | 札幌市中央区北４条西 12 丁目<br>ほくろうビル４階 | 011-210-1200 | 011-210-6677 |
| htu(北海道レジャー・サービストータルユニオン) | 札幌市中央区北１条西３丁目幸ビル 8F　レジャーサービス連合北海道地連内 | 011-281-0199 | 011-281-0396 |
| 登別パートユニオン | 登別市千歳町 3-1-5<br>登別労働会館内 | 0143-85-3337 | 0143-85-3707 |
| パートユニオン盛岡 | 盛岡市紺屋町 2-9　盛岡市勤労福祉会館　盛岡地区労センター内 | 019-651-5438 | 019-651-5306 |
| 秋田コミュニティ・ユニオン | 秋田市中通 6-7-36<br>連合秋田中央地協内 | 018-833-0505 | 018-833-0506 |
| 労働組合おおだてユニオン | 秋田県大館市豊町 2-37<br>大館労働福祉会館内 | 0186-42-6539 | 0186-43-1302 |
| 横手コミュニティ・ユニオン | 秋田県横手市横手町字梅の木後 241<br>横手平鹿労働福祉会館内 | 0182-36-2505 | 0186-36-2516 |
| 本庄コミュニティ・ユニオン | 秋田県本庄市出戸町守瓦谷地 11-904 | 0184-24-0505 | 0184-24-0506 |
| ぐんまユニオン | 前橋市天川大島町 1110-5 | 027-261-2377 | (FAX 共用) |
| わたらせユニオン | 栃木県佐野市浅沼町 796<br>勤労者会館佐野地区労内 | 0283-22-2633 | (FAX 共用) |

# 資料4　労働問題の相談先

| ❶ミドルネット・本書執筆者関係 | | |
|---|---|---|
| 名　　称 | 所　在　地 | 電話・FAX |
| 東京管理職ユニオン | 東京都新宿区西新宿 4-16-13　ＭＫビル 2F | TEL 03-5371-5170<br>FAX 03-5371-5172 |
| 労働組合・ネットワーク<br>ユニオン東京 | 東京都渋谷区千駄ヶ谷 5-15-13<br>千駄ヶ谷エレガンス 202 | TEL 03-5363-1091<br>FAX 03-3358-4721 |
| 管理職ユニオン・東海 | 名古屋市中区栄 5-3-6<br>エルマノス武平町ビル９ＦＡ | TEL 052-249-6669<br>FAX 052-249-6822 |
| 管理職ユニオン・関西 | 大阪市北区東天満 2-2-5<br>第二新興ビル 605 号 | TEL 06-6881-0781<br>FAX 06-6881-0782 |
| 銀行産業労働組合<br>（略称：銀産労） | 東京都千代田区飯田橋 3-11-5<br>20 山京ビル 506 号 | TEL 03-3239-1443<br>（FAX 共用） |
| ・秋田県支部 | 秋田市山王 6-3-3 興和ビル 2F　秋田県労連内 | TEL 0188-23-1165<br>FAX 0188-24-2783 |
| ・新潟県支部 | 新潟市医学町通り 1-67<br>八百源ビル 4F　日朝協会気付 | TEL 025-223-7518<br>（FAX 共用） |
| ・富山県支部 | 富山市宝町 1-3-16　駅前共同ビル 3F | TEL 0764-42-0907<br>（FAX 共用） |
| ・千葉県支部 | 千葉市中央区中央 4-10-15　太陽ビル 3F | TEL 043-221-0331<br>（FAX 共用） |
| ・東京支部 | 東京都千代田区飯田橋 3-11-5<br>20 山京ビル 506 号 | TEL 03-3239-1443<br>（FAX 共用） |
| ・神奈川県支部 | 横浜市中区桜木町 3-9<br>横浜平和と労働会館 5F | TEL 045-211-1009<br>（FAX 共用） |
| ・静岡県支部 | 静岡市稲川 2-1-33<br>清水起業ビル 3F　静岡県評内 | TEL 054-282-7855<br>（FAX 共用） |
| ・愛知県支部 | 名古屋市熱田区沢下町 9-3<br>労働会館本館 404 号室 | TEL 052-883-6965<br>FAX 052-883-6964 |
| ・大阪支部 | 大阪市中央区道修町 3-3-10<br>大阪道修町ビル 401　大阪中央区労連内 | TEL 06-6228-1555<br>（FAX 共用） |
| アメリカンエキスプレス<br>管理職組合 | 千葉市緑区土気町 1566-11 | TEL 043-294-0486<br>（FAX 共用） |
| 反リストラ産経労（労働組合・反リストラ・マスコミ労働者会議・産経委員会） | 東京都足立区本木 2-9-2 | TEL 03-3886-3962 |
| 派遣ユニオン | 東京都新宿区西新宿 4-16-13　ＭＫビル 2F | TEL 03-5371-8808 |

| ❷中小労組政策ネットワーク | | |
|---|---|---|
| 名　　称 | 所　在　地 | 電話・FAX |
| 全日本建設運輸連帯<br>労働組合 | 東京都千代田区岩本町 3-6-5　木所ビル 3F | TEL 03-5802-0868<br>FAX 03-5820-0870 |
| 全国一般労働組合<br>全国協議会 | 東京都港区新橋 5-17-7　新橋小林ビル 2F | TEL 03-3434-1236<br>FAX 03-3433-0334 |

# あとがき

「いま、労働者に求められているのは、みずからの雇用や労働条件はみずから守るという自立精神をもつことです」（Q5）。しかしそう言われても、それではどのようにして「みずから守る」のか、ある日突然、「会社を辞めてくれ」と言われれば、混乱してパニックに陥ってしまうのがごく普通の労働者です。

この本は、そういう目にあってこの際、労働組合に相談したいと考えている方や、これまで安定的に機能してきた日本の社会経済システムがバブル以後おかしくなり、これからは会社や国に依存していたのでは雇用や労働条件が守れなくなるのではという不安を抱いている方を対象に、労働組合の門をたたくにあたって読んでいただくために書かれた「入門書」です。『ひとりでも闘える労働組合読本』という題名ですが、労働組合は団体ですからもちろん一人では組合をつくれないので、仲間をあつめなければなりません。あるいは、一人でも入れる個人加盟の組合に加入するという方法もあります。また、会社にある既存の労働組合（企業別組合）が頼りにならないということもあるでしょう。しかし、個人加盟の組合に加入するとしても、アドバイスや援助はしてくれますが、団体交渉にしても、争議にしても、みずからの問題はみずからでやるしかありません。自立した組合員として、個性を活かして活動することを求められます。「天は自ら助くるものを助く」であり、みずからの力で闘うことが基本です。

自立精神を養うには批判精神をもたなければなりません。みずからの所属する集団や組織に対し常日頃から批判の目をもって対応するよう心がけ、「共同体」を支える文化、因習やタブーと闘う「異邦人」（L'étranger）に徹することです。そして、集団を維持する個人ではなく、集団から自立した個人をめざさなければなりません。日本には、本当の個人加盟の単一組合は稀にしかなく、根付きません。しかし、こうした「異邦人」が組合に結集するのであれば、実現は容易です。

そういう自立した労働者やユニオンメンバーをつくるための労働組合「入門書」としてこの本は書かれたものです。そもそも、労働者にとって労働法とのかかわり合いは、民法や商法・会社法にくらべてはるかに日常的なものであるにもかかわらず、ほとんどの労働者は、労働法は法律の専門家や労働組合の幹部・活動家のためのものだと必要にもかかわらず敬遠しています。しかし、労働法は契約自由を基本原理とする市民法を修正する福祉国家的な権利（生存権的基本権）を保障するものであり、例えば、ストライキ権の保障とは、「使用者に損害を与える権利」「使用者との契約に違反する権利」ととらえることもできます（Q48）。

このたびの三訂版では、第三章として「非正規労働者と正規労働者の働き方は違うのですか」を新しく設け、一章増やして全体で十一章としました。また、Q（クェスチョン）も、第二章Q16、第四章Q30、Q31、第五章Q35、Q38の計5Qを増やし、労働法制の変動（労働契約法、ホワイトカラー・エグゼンプションなど）や個別労働紛争救済機関の新設（労働審判制など）、成果主義、パワーハラスメントなど、最近の動向、話題になっているトピックスを掲載し、問題点のありかや対応方法にアプローチする内容を増補しました。

二〇〇七年十月

著者代表・橋本忠治郎

# ◆キーワード索引

〈著者略歴〉

ミドルネット（管理職・専門職・中高年労働者全国ネットワーク）

1995年4月15日結成された管理職組合の全国ネットワーク。「ひとりひとりが自立した労働組合をめざす」「自主性と多様性を尊重する」を合言葉に活動を行なってきた。その年11月23日に開いたシンポジウム「賃金破壊・雇用破壊・人間破壊に立ち向かう」（会社を辞めさせられた親と会社に入れない娘・息子との対話）は、マスコミにも大きく報道され話題をあつめた。

代表・橋本忠治郎《はしもとちゆうじろう》（東京管理職ユニオン／ＣＳＵフォーラム）
設楽《したら》 清嗣《きよつぐ》（東京管理職ユニオン）
安部《あべ》 誠《まこと》（東京管理職ユニオン）
大野《おおの》 隆《たかし》（全労協・全国一般東京労働組合）
西岡《にしおか》 京《きよう》（アメリカン・エキスプレス管理職組合）
甲賀《こうが》 邦夫《くにお》（銀行産業労働組合）
松沢《まつざわ》 弘《ひろし》（反リストラ産経労）
東《あずま》 直矢《なおや》（東京ユニオン）

［事務局］東京管理職ユニオン
東京都新宿区西新宿4-16-13 ＭＫビル２Ｆ
電話03-5371-5170 FAX03-5371-5172

プロブレムＱ＆Ａ

# ひとりでも闘《たたか》える労働組合読本《ろうどうくみあいどくほん》［三訂増補版］

［リストラ・解雇・倒産の対抗戦法］

2007年11月15日 初版第１刷発行 定価1900円＋税

著 者 ミドルネット©
発行者 高須次郎
発行所 緑風出版
〒113-0033 東京都文京区本郷2-17-5 ツイン壱岐坂
〔電話〕03-3812-9420 〔FAX〕03-3812-7262 〔郵便振替〕00100-9-30776
[E-mail] info@ryokufu.com
[URL] http://www.ryokufu.com/

装幀・イラスト 堀内朝彦
製 作 Ｒ企画 印 刷 モリモト印刷 巣鴨美術印刷
製 本 トキワ製本所 用 紙 大宝紙業 E2000



Printed in Japan ISBN978-4-8461-0716-1 C0336